LES LUMIÈRES DE L'INVISIBLE

JEAN E. CHARON

LES LUMIÈRES DE L'INVISIBLE

Albin Michel

22, rue Huyghens, 75014 Paris

ISBN 2-226-02464-6

Sommaire

Préface

> Il y a plus de choses dans
> le ciel et sur la terre,
> Horatio, que n'en peut
> rêver votre philosophie.
>
> WILLIAM SHAKESPEARE, *Hamlet*

Voici certainement l'ouvrage qui m'a procuré le plus de joie à composer, et cependant celui qui m'a été le plus difficile à écrire.

J'ai une bonne vingtaine d'ouvrages dans ma carrière d'auteur, tant des ouvrages de Physique pure que des textes plus généraux sur la Philosophie des sciences, ou la Philosophie tout court. Pour chacun de ces ouvrages j'avais habituellement, dès le départ, des idées précises sur le contenu du livre que je projetais d'écrire. Et je me livrais sans beaucoup d'hésitation à la rédaction, de la préface au chapitre de conclusion. Mais, pour le présent ouvrage, les idées se précipitaient toutes en même temps dans ma tête, un peu à la façon d'un torrent; de nouvelles interprétations venaient sans cesse remettre en question les précédentes, de telle sorte que, pas plus tôt rédigé, un chapitre m'apparaissait, quelques dizaines de pages plus loin, comme devant être repris, et parfois modifié si profondément qu'il devait être écrit à nouveau. J'ai ainsi été conduit à remanier continuellement ce livre au cours des deux années de sa rédaction, et c'est en fait l'essence de plusieurs livres successivement écrits que je présente ici.

Qu'est-ce qui a bien pu justifier de remettre aussi souvent le travail sur l'établi? Une chose essentielle, celle de toucher au but d'une recherche menée en Physique au cours de vingt-cinq années d'un labeur intensif, conduisant finalement à des résultats qui, je le constatais chaque jour un peu plus, avaient un grand impact et des conséquences importantes dans d'autres disciplines, comme notamment la Biologie et la Psychologie. Ces conséquences étaient, par ailleurs, plus particulièrement significatives encore dans un domaine où nous ne pouvons manquer de tous nous sentir concernés : la connaissance de nous-mêmes et de nos relations, en tant que personnes, avec « les autres » et avec l'Univers qui nous entoure. J'avais, en rédigeant cet ouvrage, un peu l'impression que l'on ressent quand on termine un puzzle : au fur et à mesure que les dernières pièces sont mises en place on découvre *l'ensemble* de ce que le créateur du jeu a voulu représenter, on comprend alors, tout à coup les liens qui se font jour entre des régions paraissant d'abord sans rapport apparent l'une avec l'autre, tandis que, d'autre part, l'interprétation exacte à donner à certains détails se dévoile à son tour un peu mieux au fur et à mesure de la pose des dernières pièces, à ce moment privilégié où enfin on discerne l'ensemble, avec toute sa cohérence, et aussi la beauté intrinsèque qui s'attache à tout ce qui se présente avec, en une seule fois, sa diversité et son unité.

Sur le plan de mes recherches en Physique, ces deux dernières années ont vu *la vérification complète* du « modèle » de la Matière sur lequel je travaillais depuis des années. Une vérification d'un nouveau modèle physique se fait en comparant les caractéristiques structurelles théoriques d'un tel modèle aux valeurs physiques *expérimentalement* mesurées dans la Nature. Mais il reste, bien sûr, de moins en moins de valeurs mesurées qui n'ont pas encore été *calculées* par les théories *déjà* existantes, et pour cette raison les vérifications d'une nouvelle théorie en Physique deviennent toujours plus ardues. On comptait, il y a encore quelques mois, dix-neuf grandeurs physiques fondamentales bien connues par des *mesures* expérimentales, mais dont les théories physiques existantes ne permettaient pas encore *le calcul.* Parmi ces grandeurs on trouve notamment la vitesse de la lumière, la constante de Planck, la charge électrique élémentaire... et encore les masses des particules composant la matière et les atomes, par exemple l'électron et le nucléon... et encore les grandes caractéristiques cosmologiques, comme la « constante » de la gravitation, ou la densité moyenne de l'Univers, ou sa température... En tout, disais-je, dix-neuf grandeurs connues *expérimentalement* seulement et dont le *calcul* (au moins de quelques-unes) au moyen d'un nouveau « modèle » physique constituerait par là même une *validation* du modèle proposé. La Relativité complexe, qui fait l'objet de mes recherches, et qui constitue un prolongement de la Relativité générale d'Einstein, conduit ainsi à un nouveau « modèle » pour la structure des particules formant toute la Matière, ainsi que pour l'Univers considéré dans son ensemble (modèle cosmologique). Et les équations qui représentent ce nouveau modèle comportent une solution unique qui, comme l'ont montré les ordinateurs, fournit l'ENSEMBLE des dix-neuf valeurs expérimentales caractérisant notre Univers qui n'avaient pas encore pu être *calculées*. En d'autres termes, après le modèle de la Matière défini par la Relativité complexe, TOUS les paramètres numériques de l'Univers entrant dans les lois elles-mêmes, on sait enfin « pourquoi » ces paramètres ont la valeur précise que leur trouve l'expérience. On ne pouvait espérer mieux. Il n'y a pas un seul physicien qui, placé devant ce résultat, ne reconnaîtra pas le modèle déduit de la Relativité complexe comme une représentation de la particule de Matière confirmée par l'expérience.

Mais c'est là, paradoxalement, que commencent les difficultés. En effet, le nouveau modèle est bien compatible avec tous les résultats de la Physique des trois premiers quarts de notre siècle, notamment avec les deux grandes théories du moment, qui sont la Théorie quantique et la Relativité générale. Le modèle « unifie » même les résultats anciens (unification des quatre interactions physiques). Mais (hélas ! diront certains) il démontre aussi que *toute* particule possède des propriétés de *mémoire signifiante* : la particule mémorise les informations et connaît la signification des informations mémorisées. Ce qui, en clair, signifie que toute particule individuelle de matière est capable d'un comportement qui n'est pas sans rapport... avec le comportement de tout être *vivant* (y compris nous-mêmes, les humains), des êtres vivants qui possèdent et utilisent eux aussi une « mémoire signifiante » pour choisir à chaque instant leur propre comportement. Le nouveau modèle de la Matière nous dit aussi quelque chose (hélas ! sans doute encore) d'une certaine « Liberté », qui rappelle étrangement ce que nous appelons nous-mêmes « Liberté », et constitue de fait, comme nous le verrons, les racines de notre propre Liberté. Tout ceci est de prime abord « scandaleux » pour la « bonne vieille » Physique : celle-ci croyait traiter d'une Matière bien « inerte », faite un peu à l'image des boules de billard, c'est-à-dire douée de simples propriétés *physiques*... et voilà qu'on découvre, et qu'on *démontre,* en plus, que nos « boules de billard » possèdent *aussi,* tout comme l'ensemble du règne Vivant, des propriétés *mentales,* et plus précisément une mémoire dont chaque particule *individuelle* fait usage pour son comportement. En somme, la distinction entre Matière « inerte » et Matière « vivante » serait aujourd'hui périmée, nous serions tous les participants d'un Univers ENTIÈREMENT VIVANT.

Ceux qui sont un peu familiers avec le milieu « physicien », qui malgré de brillantes exceptions est très généralement satisfait de la compréhension du monde qu'il tire de la Physique « de papa », comprendront sans peine le « pavé dans la mare » que représente la nouvelle conception de la Matière proposée par la Relativité complexe. Et pourtant, rien à faire pour purement et simplement nier les résultats : la démonstration *mathématique* de leur validité est garante du fait qu'un tel nouveau modèle, « en dépit » de sa mémoire, est la représentation *la plus complète* que nous tenons aujourd'hui de la Matière. Certes, celui qui est trop « choqué » par cette nouvelle représentation que fournit la Physique contemporaine des rapports entre le Mental et la Matière peut se contenter de « fermer les yeux ». Mais un sage proverbe n'affirme-t-il pas qu'« Il n'y a pire aveugle que celui qui ne veut pas voir » ?

Ce livre raconte la découverte faite par la Relativité complexe de ces propriétés « mentales » de la Matière, et en examine quelques-unes des conséquences dans les domaines de la Biologie et de la Psychologie. Encore une fois, et nous allons le constater, nous sommes tous « intimement » concernés.

Première partie

DÉCOUVERTE DE LA PSYCHOMATIÈRE

CHAPITRE PREMIER

Les retrouvailles entre l'Imaginaire et la Réalité

Aux yeux de l'homme d'Imagination,
la Nature est l'Imagination elle-même.
L'homme ne voit que ce qu'il est.

WILLIAM BLAKE

ESPRIT ET REPRÉSENTATION. LA SUBSTANCE ET LA FORME. L'ESPRIT, LE MENTAL ET LA MATIÈRE. LE MENTAL ET LE CERVEAU. IMAGINAIRE ET RÉALITÉ.

ESPRIT ET REPRÉSENTATION

La Connaissance est la Représentation que notre Esprit s'efforce de donner de l'Univers qui l'entoure. Nous souhaitons, bien sûr, que cette Représentation soit aussi *complète* que possible.

Mais, d'abord, qu'est-ce qu'une Représentation ?

Par le mot Représentation nous entendons en premier lieu le choix d'une « substance » ; notre Représentation va ensuite consister à modeler des « formes » dans cette substance.

L'ensemble des formes ainsi proposées constituera ce que nous nommons, précisément, la Représentation de notre Univers. Nous opérons ici un peu à la manière du sculpteur, qui va fournir une représentation de son modèle en modelant, dans de l'argile par exemple, des formes traduisant ce qu'il aperçoit, ou ce qu'il imagine, de son modèle.

Mais nous apercevons immédiatement ici un autre élément qui, indépendamment de la substance, est nécessaire pour toute Représentation : c'est « l'œil » qui regarde la Représentation, et est donc ainsi capable de « créer » des formes, en modelant la substance dont il dispose. Le mot « œil » doit ici être pris dans son sens le plus général, le sculpteur peut être aveugle, et dans ce cas il « regardera » les formes de son œuvre en promenant ses mains sur elles, par exemple. Mais il faudra toujours, pour qu'il y ait Représentation, qu'il y ait une sorte de « référentiel » par rapport auquel la Représentation est donnée, il faudra « quelqu'un » qui donne naissance aux formes de la Représentation, et qui soit aussi capable de contempler la Représentation ainsi créée.

Un point important qu'il faut souligner concernant les caractéristiques de cet « œil » qui est capable de contempler la Représentation est qu'un tel « œil » doit être *distinct* de la Représentation elle-même ; l'œil ne peut pas à la fois contempler ce qui est extérieur à lui (la Représentation) et être également partie de la chose qu'il contemple (précisément parce que celle-ci est *extérieure* à lui). Ceci n'est pas très gênant dans le travail d'un sculpteur, ou d'un artiste en général, qui ne prétend pas vouloir représenter *la totalité* de l'Univers. Mais c'est une difficulté réelle quand il s'agit de la Représentation qu'ambitionne de donner la Science, et notamment la Physique, de l'Univers *entier.* Où le physicien, qui propose une Représentation *complète* de l'Univers, va-t-il situer dans cette Représentation son propre *Esprit,* qui est « l'œil » qui crée et contemple la Représentation (et ne peut donc figurer *dans* celle-ci), alors que l'Esprit de notre physicien fait cependant, et sans nul doute, partie de l'Univers, et devrait donc figurer dans une Représentation *complète* de celui-ci ?

Voilà donc posé le problème général de *l'Esprit* dans la Représentation de notre Univers. Il est sans doute l'élément le plus essentiel de l'Univers, et il ne peut cependant figurer « explicitement » dans la Représentation que nous donnons de l'Univers. Il ne peut figurer qu'« implicitement », c'est-à-dire comme un « point » de liaison entre la substance et la forme. Une Représentation complète de l'Univers pourra donc faire figurer l'ensemble de la substance, et également l'ensemble des formes. Et, entre les deux, la Représentation devra laisser subsister le grand « absent », sans lequel pourtant rien ne serait : l'Esprit, l'auteur de la Représentation. Afin de marquer cependant l'existence de l'Esprit dans l'Univers, nous devrons nous contenter de faire comme les mathématiciens, plus particulièrement ceux qui travaillent sur la « théorie des ensembles » : nous dirons que l'Esprit est *l'ensemble vide* (symbolisé par le zéro, écrit $\emptyset$), qui n'est ni un élément « représentable » de l'ensemble de la substance, ni un élément représentable de l'ensemble des formes, mais qui est cependant l'élément nécessaire de liaison entre la substance et les formes, le référentiel sans lequel il n'y aurait aucune Représentation, c'est-à-dire ni substance, ni forme.

LA SUBSTANCE ET LA FORME

Quelle est la « substance » la plus générale que va utiliser le physicien pour ensuite, à partir de cette substance, devenir capable de représenter l'ensemble des formes de l'Univers ? Cette substance est sans aucun doute l'espace et le temps, plus exactement l'espace-temps, comme on nomme depuis Albert Einstein cette substance à partir de laquelle naissent, et peuvent être représentées, toutes les formes de l'Univers. Einstein ne s'y était pas trompé : il souhaitait déjà fournir la Représentation *la plus générale et en même temps la plus complète* de notre Univers. Et rien n'est plus général que l'espace et le temps eux-mêmes. D'autant que, avec sa Relativité générale, Einstein découvrait dès 1915 que *tout* ce qui existait dans l'Univers, que ce soit Matière ou interaction entre éléments de Matière, pouvait être représenté comme des formes de l'espace-temps. Une particule de Matière est par exemple, en Relativité générale d'Einstein, de l'espace-temps « courbé ». Le mouvement de cette particule est lui-même représenté comme des directions privilégiées de la forme spatio-temporelle représentant la particule, ce mouvement est donc lui-même une « forme » de l'espace-temps. Pour représenter, en les distinguant cependant, d'une part la substance (l'espace-temps) à partir de laquelle sont modelées toutes les formes, et les formes effectivement « actualisées » dans le temps, nous dirons que la substance est l'ensemble des formes *potentielles,* c'est-à-dire les entités qui ont la possibilité de « devenir » des formes effectives si l'Esprit les sort du « possible » pour les actualiser dans le réel. Les formes potentielles sont un peu comme les points portés par une ligne continue : tant que l'Esprit ne vient pas les « marquer » sur la ligne, c'est-à-dire leur donner corps dans l'espace et le temps, ces points sont simplement des points « potentiels », des points possibles. L'ensemble de ces points potentiels constitue la substance de la ligne, ce sont des entités qui ne possèdent que la qualité de pouvoir « devenir » des points actualisés dans l'espace-temps. C'est l'Esprit qui, par le choix qu'il fait, transformera un point « potentiel » en point « actualisé ». Il en est de même pour la substance « espace-temps » de notre Univers, fait de l'ensemble des formes potentielles (c'est-à-dire possibles), d'où l'Esprit pourra extraire l'ensemble des formes actualisées.

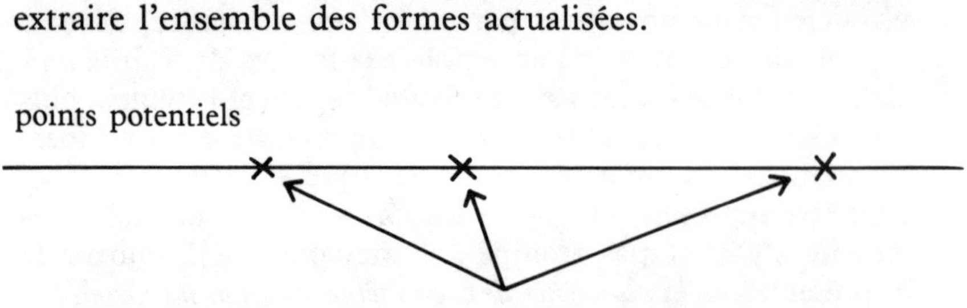

Afin d'éviter la confusion entre les formes potentielles, qui sont les éléments de la substance, et les formes actualisées, nous appellerons les premières *Archétypes*, et les secondes simplement *Formes*. L'ensemble des Formes est donc contenu, par définition, dans l'ensemble des Archétypes. L'Esprit, qui est l'ensemble « vide » ∅ commun aux deux ensembles précédents, est donc celui qui crée les Formes à partir des Archétypes, en « actualisant » les Archétypes dans l'espace et le temps.

Enfin, nous adopterons une terminologie encore plus générale, en nous rapprochant du vocabulaire *ontologique*, qui est naturellement particulièrement approprié quand il s'agit de proposer une Représentation aussi complète que possible de *tout* l'Univers. Nous dirons donc que l'ensemble des Archétypes constitue l'*Être* (« ce qui est », la « substance »), tandis que l'ensemble des Formes constitue le *Verbe*.

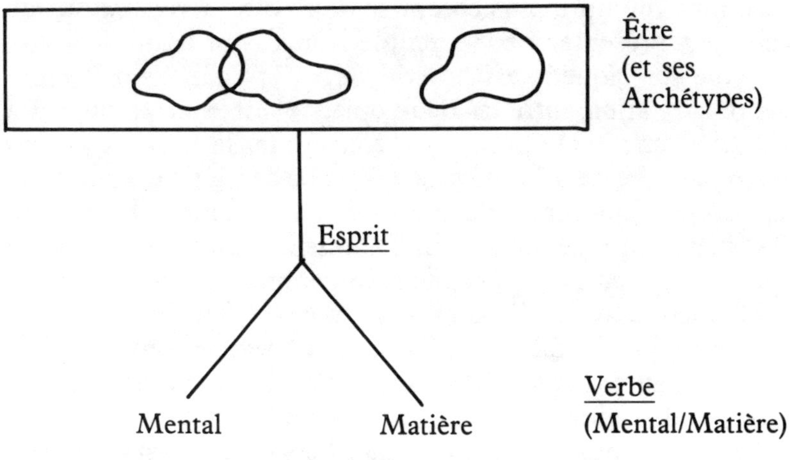

Ainsi, la Représentation générale de l'Univers va-t-elle être faite des relations entre l'Etre et le Verbe, établies par un « invisible » (ou en tout cas non représentable) Esprit.

L'ESPRIT, LE MENTAL ET LA MATIÈRE

Nous avons vu que l'Esprit est « l'œil » capable de contempler à la fois les Archétypes de l'Être et les Formes du Verbe, et d'en fournir une Représentation. L'Esprit est donc le référentiel par rapport auquel va être établie la Représentation. Mais où, dans cette Représentation, va pratiquement figurer la Représentation elle-même ? Il faut bien comprendre cette question. Si je veux « représenter » une forme que j'aperçois, un verre par exemple, il faut non seulement que je sois là pour le regarder (c'est le rôle de l'Esprit), mais il faut encore que je dispose d'instruments (par exemple une feuille de papier et un crayon) pour « mémoriser » quelque part ma représentation du verre. De cette manière je pourrai fournir une représentation toujours plus complète de ce que je vois autour de moi, je représenterai par exemple, après avoir figuré le verre, la table sur laquelle est posé le verre ; et j'aurai ainsi représenté la relation entre les deux objets « verre » et « table ». La question que je me pose alors, concernant la Représentation que j'ambitionne de donner de *la totalité* de l'Univers, est celle-ci : où est représenté, dans cette Représentation, l'objet (ou les objets) qui « mémorise » ma Représentation, de telle manière que mon Esprit puisse ensuite la contempler, et y ajouter éventuellement d'autres Formes de l'Univers ? J'ai compris, dans l'examen que j'ai fait ci-dessus, que l'Esprit lui-même ne pouvait pas figurer dans la Représentation (autrement que comme l'ensemble « vide » $\emptyset$). Mais il ne peut en être de même du « dispositif » qui mémorise pour l'Esprit les Formes qu'il a créées et qu'il veut contempler. Je dois donc pouvoir répondre clairement à cette question concernant la manière de figurer, dans ma Représentation, le « dispositif » qui va « mémoriser » la Représentation ; et je devrais même, si possible, pouvoir préciser en quoi consiste exactement ce dispositif qui mémorise les Formes, pour les soumettre ensuite de manière permanente au « regard » de mon Esprit.

Pour répondre à cette importante question je voudrais revenir quelques siècles en arrière, vers un philosophe qui s'est beaucoup intéressé à l'analyse du fonctionnement de l'Esprit par rapport au monde des formes qui l'entoure : j'ai nommé René Descartes. Au cours de ses six *Méditations,* Descartes réfléchit à la nature de ce qui constitue notre Univers, et il conclut à la célèbre dualité selon laquelle cet Univers est fait de deux entités de natures complètement différentes, qu'il nomme la Pensée et l'Etendue. L'Etendue, c'est ce qui est observable dans l'espace qui nous entoure, ce sont en fait les formes en mouvement. C'est ce que, avec la Relativité générale d'Einstein, nous appellerions aujourd'hui l'espace-temps et ses Formes, ou encore la Matière, puisque la Matière (équivalente à l'énergie) est faite des formes de l'espace-temps. Et puis, nous dit Descartes, il y a la Pensée. Par le mot « Pensée » Descartes n'entend pas certains « effets » que peut avoir la Pensée dans l'Etendue : comme cela a lieu, par exemple, quand je me penche sur une feuille de papier pour y noter le contenu d'une de mes pensées en utilisant des mots (qui, eux, sont bien observables dans l'Etendue : quelqu'un peut les lire sur la feuille où j'écris). Ma Pensée est ce qui est *à la source* de mon acte d'écrire sur la feuille de papier pour exprimer dans l'Etendue, de manière « observable », ce que je pense. Mais cette Pensée à l'origine de mon comportement n'est pas directement observable, ni sur la feuille de papier, ni « quelque part » dans mon cerveau ; comme l'a remarqué Paul Valéry (encore un fin analyste de l'Esprit) : « On pourrait tourner pendant un siècle dans un cerveau, on n'y trouverait jamais un état d'âme. » La Pensée, que plus généralement nous appellerions maintenant *le Mental,* le Mental donc a dans sa nature de ne pas être directement observable, ou en tout cas pas observable dans la Réalité qui nous entoure et constitue ce qu'on nomme l'Etendue, la Matière. Il y a donc lieu de faire, avec Descartes, une distinction fondamentale entre le Mental et la Matière. Le Mental n'appartient pas à l'espace-temps où vient prendre place la Matière, il n'est pas une « forme » d'espace-temps de la Matière, il n'est pas une forme de la Réalité, cette

Réalité étant précisément définie comme l'étendue contenant ce qui est observable, et tout ce qui est observable (les atomes comme les étoiles et les galaxies). Cela ne veut pas dire que le Mental ne traduit pas sa présence en se manifestant indirectement dans la Réalité, nous venons de le voir quand j'écrivais ci-dessus ma Pensée sur une feuille de papier. Il y a donc une interaction possible entre le Mental et la Matière, le Mental peut manifester son existence « quelque part » (mais où ?) en produisant des « formes » dans la Réalité matérielle. Mais la Pensée, le Mental, n'est pas de nature « matérielle », puisqu'il n'est pas directement présent dans l'étendue de la Réalité. Il va de soi, également, que la Matière peut réciproquement interagir avec le Mental : il suffit que je me cogne par mégarde au coin aigu de ce meuble pour faire l'expérience que la Matière est parfois capable de me suggérer des Pensées (aïe !).

Mais où donc vient se situer mon Mental, dans la Représentation que je souhaite faire de l'Univers, si celui-ci n'est pas présent dans le monde de Matière qui forme la Réalité qui m'entoure ? On serait d'abord tenté de confondre ce que je viens de nommer mon Mental, ma Pensée, avec mon Esprit, cet « œil » capable de contempler toutes les formes qui l'entourent. Mais Descartes n'a pas commis cette erreur de confondre la Pensée avec l'Esprit. Il constate en effet que mon Esprit, mon « Je », peut regarder *ma propre* pensée comme si elle était extérieure à mon « Je » ; ce « Je » ne peut donc en aucun cas se confondre avec elle. C'est le célèbre « Je pense, mais je sais aussi que je pense. » Ce « Je », qui « sait » qu'il pense, ne peut donc être confondu avec la Pensée elle-même. Ecoutons Descartes dans sa *Méditation sixième :*

« Je remarque que cette vertu de penser qui est en moi, en tant qu'elle diffère de la puissance de concevoir, n'est en aucune sorte nécessaire à ma nature ou à mon essence, c'est-à-dire à l'essence de mon Esprit car, encore que je ne l'eusse point, il est sans doute que je demeurerais toujours le même que je suis maintenant : d'où il semble que l'on puisse conclure qu'elle dépend de quelque chose qui diffère de mon Esprit. »

Descartes fait ici la distinction fondamentale entre « concevoir », c'est-à-dire notamment « créer » des formes nouvelles, dont seul son Esprit est capable car il peut contempler les formes *potentielles* de l'Etre, et la Pensée, c'est-à-dire le fait de penser (que nous nommerons un peu plus loin « symboliser »), qui est un processus du Mental, et que mon Esprit peut « regarder » à l'œuvre comme le ferait un spectateur des processus se déroulant dans mon Mental. Et, note Descartes, je pourrais ne plus avoir de Pensée, mes processus mentaux pourraient s'interrompre pour un moment que moi, en tant qu'Esprit, je serais toujours là : ce qui interdit d'identifier ma Pensée, mon Mental, avec mon Esprit. Et Descartes va proposer le schéma suivant, pour représenter les relations entre la dualité Matière/Mental d'une part, et l'Esprit d'autre part :

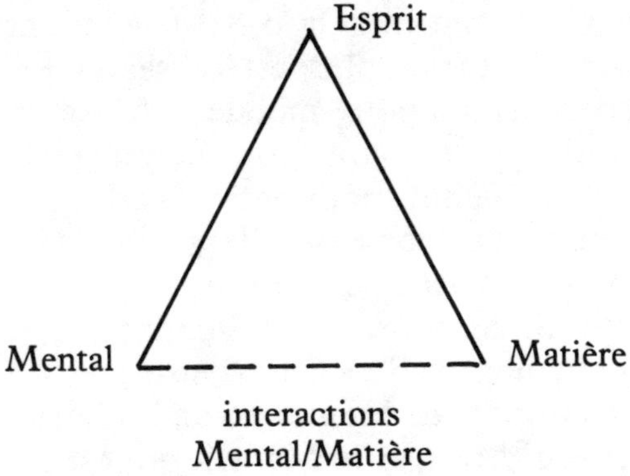

L'Esprit est le référentiel (« l'œil ») qui peut contempler à la fois la Matière et le Mental, ces deux « objets » de nature différente ; mais l'Esprit ne se confond cependant avec aucun de ces deux objets. L'Esprit se trouve comme *à l'intersection* du Mental et de la Matière. Un pointillé indique, sur le schéma, le fait que Mental et Matière sont de nature différente (le Mental n'est pas directement observable dans l'espace-temps de la Réalité où s'étend la Matière), mais que Mental et Matière ont cependant entre eux des *interactions.*

LE MENTAL ET LE CERVEAU

Mais, si le Mental est ainsi la véritable « source » de la Pensée, et plus généralement des processus mentaux, quel est alors le rôle « véritable » du cerveau ? Regardons le cerveau humain, par exemple (mais le même problème se poserait pour toutes les structures vivantes). On constate dans ce cerveau une structure nerveuse extrêmement complexe, faite de milliards de neurones et de synapses, où circulent de manière incessante des milliards d'impulsions électriques, ou de « porteurs » physico-chimiques. Et toute cette structure compliquée, nous le savons par la Biologie, est indubitablement en rapport avec nos pensées et notre comportement. Or, cette structure neurologique, sans le moindre doute non plus, est « observable », elle est une structure appartenant à notre monde « réel », à notre Réalité, à l'étendue qui nous entoure. Pour employer le langage de la Physique einsteinienne, nous pouvons affirmer que ces milliards de connexions porteuses de signaux électriques ou physico-chimiques formant le cerveau sont des Formes de l'espace-temps. Si nous voulons prétendre que le Mental est, par nature, « non observable » dans l'espace de la Réalité, alors on ne peut pas trouver ce Mental parmi les Formes « observables » du cerveau. Mais, si le Mental, qui est la source de la Pensée, n'appartient pas au cerveau, alors « à quoi sert » cet arrangement si complexe fait des générateurs de signaux et des connexions multiples que l'observation moderne nous fait découvrir dans l'examen du cerveau ? Un cerveau qui par ailleurs, comme nous l'avons souligné déjà, joue sans nul doute un rôle fondamental dans nos pensées et nos comportements.

La première réponse pourrait consister à tout simplement nier l'idée que le Mental, la Pensée, soit de nature *différente* de la Matière, comme le font encore les biologistes dits « matérialistes ». Dans ce cas, on dira que la Pensée est « sécrétée » par le cerveau, de la même manière que la sueur est sécrétée par la peau. Mais cette attitude « réductionniste » a cependant de moins en moins cours, même les biologistes matérialistes en apparence les plus « irréductibles » sont amenés à parler de la nature « transmatérielle » de l'information créée et véhiculée par la structure neurologique du cerveau. Ils reconnaissent donc qu'une part *non matérielle* (car quoi d'autre pourrait vouloir signifier le qualificatif « transmatériel » ?) joue un rôle essentiel dans le fonctionnement du cerveau. Mais, dans ce cas, quelle est la « nature » de cette part « transmatérielle » du fonctionnement cérébral ? Comme tout ce qui est « observable » est aussi, depuis la Relativité d'Einstein, de nature « matérielle », nous devons comprendre que ce qui est « transmatériel » désigne, par définition « relativiste », une entité *non observable.* Faut-il donc, dans la Représentation scientifique de l'Univers que nous souhaitons proposer aujourd'hui, faire entrer des entités « non observables » ?

Une autre idée, plus élaborée semble-t-il que celle soutenue par l'attitude purement matérialiste, peut consister à discerner dans la dualité Pensée/Cerveau, ou Mental/Matière une *complémentarité,* sans vouloir à toute force prétendre que le Mental et la Matière soient de même nature. Nous voilà, en somme, au tournant de ce second millénaire, revenus à la célèbre « Querelle des Universaux », qui partageait les philosophes au tournant de l'an mille. Et la notion de « complémentarité » entre le Mental et la Matière ressemble fort à celle du « Conceptualisme », défendue par Abélard (celui d'Abélard et Héloïse) au XIe siècle. Selon la doctrine d'Abélard, la Pensée, le Concept, possède une nature distincte du mot qui l'exprime. Pour le Conceptualisme d'Abélard la Pensée existe comme une conception du Mental, mais ne fait pas partie du monde « réel ». La Pensée, nous dit Abélard, ne doit pas être confondue avec l'expression matérialisée de la Pensée, comme le mot ou la parole par exemple, qui eux sont bien « observables » dans le monde réel. De manière très évidente, il y a des relations étroites entre la Pensée et la structure matérielle (c'est-à-dire la Forme d'espace-temps) qui l'exprime. Pensée et Forme sont ici un peu comme deux aspects *complémentaires* d'un même phénomène. Avec la particularité que ces deux aspects complémentaires appartiennent ici à deux « mondes » différents, le monde réel observable d'une part (le mot) et un monde « non réel », donc inobservable, d'autre part (la Pensée).

Nous nommerons désormais *Imaginaire* ce monde « non réel », dont l'existence avait déjà été postulée par le Conceptualisme d'Abélard, et que nous retrouvons aujourd'hui au cours de l'analyse des rapports entre la Pensée et le Cerveau, le Mental et la Matière. Nous fêtons, à l'approche de notre troisième millénaire, les « retrouvailles » entre l'Imaginaire et la Réalité. Un anniversaire vieux d'un millénaire, qui avait aussi vu la réunion complémentaire d'Abélard et Héloïse, de la Connaissance et de l'Amour.

IMAGINAIRE ET RÉALITÉ

Le Mental fait donc partie du monde de l'Imaginaire, alors que le Cerveau qu'examinent les biologistes dans leurs expérimentations fait partie du monde de la Réalité.

Nous croyons savoir ce qu'est le monde de la Réalité, et d'ailleurs aussi le monde de l'Imaginaire. La Réalité, c'est tout ce qui existe dans ce monde d'espace et de temps qui nous entoure, c'est ce que nous percevons directement avec nos sens, c'est « ce qui est là », indépendamment du fait qu'on le regarde ou non. Finalement la Réalité c'est l'ensemble de ces Formes réelles qui constituent ce qu'on nomme habituellement notre « réalité extérieure » ; et ma perception de ces Formes résulte du fait que, non seulement ces Formes « existent », mais que je suis moi-même Forme (c'est-à-dire partie intégrante de la Réalité), et donc capable d'interagir directement avec les autres Formes qui m'entourent.

Mais qu'en est-il exactement du monde de l'Imaginaire ? Jusqu'ici, nous avions généralement l'impression que l'Imaginaire ne faisait pas partie du champ d'investigation de la Science, ou plus précisément des sciences dites « exactes », comme la Physique ou la Biologie. Ces sciences se qualifiaient précisément d'« exactes » parce qu'elles concentraient leurs recherches sur ce qui était « bien réel », c'est-à-dire, et avant tout, « observable ». Les sciences de la Nature laissaient délibérément de côté les données d'allure un peu « spéculative », comme le rêve, ou l'imagination, ou les phénomènes inconscients. Les sciences dites « exactes » abandonnaient volontiers ce domaine « flou » aux psychologues, aux philosophes... ou aux théologiens. L'Esprit, notamment, était il y a encore quelques années un sujet « tabou » en Physique et en Biologie. Mais voilà que, tout à coup, sans se faire annoncer, l'Esprit vient de sauter dans le laboratoire des physiciens et des biologistes. Ceux-ci viennent de se rendre compte que, s'ils voulaient continuer d'aller de l'avant dans leurs recherches, il allait falloir... revenir mille ans en arrière, aux temps heureux (?!) d'Héloïse et Abélard, et orienter leurs recherches « exactes » vers... l'Imaginaire !

Pour le dictionnaire, l'Imaginaire est « ce qui n'existe que dans l'imagination, ce qui est chimérique ». On conçoit que la Science, qu'elle s'intitule exacte ou non d'ailleurs, ait été d'abord hésitante à laisser pénétrer une telle « chimère » dans son précieux sanctuaire. La Connaissance doit se construire à partir de ce qui existe. Il ne peut y avoir de Connaissance du Néant. Si l'Imaginaire n'existe pas, à quoi bon s'en préoccuper ? Mais, au juste, est-ce exact que l'Imaginaire « n'existe pas » ? Et comment se fait-il que nous en parlions ensemble maintenant, que nous posions une question à son sujet, si l'Imaginaire n'existe vraiment pas, s'il est assimilable au Néant ? Certes, on peut prétendre qu'un rêve ne décrit pas une situation se déroulant dans la Réalité perceptible par nos sens : il n'en reste pas moins vrai que le rêve correspond à un phénomène prenant place dans notre Mental. C'est donc par un simple abus de langage que nous prétendons que le rêve se rapporte à quelque chose « qui n'existe pas » ; c'est simplement parce que nous avons choisi de prendre le terme « exister » d'une manière trop restrictive, comme se rapportant uniquement à ce qui peut être directement perceptible par nos sens. Ou, plus précisément encore, nous avions jusqu'ici réservé le mot « exister » à ce qui pouvait être perçu *par l'ensemble* des sujets possédant les mêmes sens de perception que nous-mêmes, les humains. Si un animal quelconque possède des sens lui permettant de percevoir dans la Réalité des Formes que nous ne percevons pas nous-mêmes, et dont il ne nous dit rien (parce que les animaux « ne disent rien »), notre logique réductionniste nous conduira donc à dire qu'un tel phénomène « n'existe pas ». Et, si cet « animal » est un humain sujet à des phénomènes mentaux hallucinatoires, et que lui, l'humain, nous en parle (parce que les humains parlent), alors la même logique réductionniste nous fera affirmer que les pensées hallucinatoires ne s'appliquent à aucun phénomène réellement « existant ».

Nous n'adressons pas d'autre reproche à cette manière « réductionniste » d'aborder notre monde que celui de constater qu'une telle approche est trop « limitative », et basée sur des préjugés que nos connaissances *actuelles,* et notamment les connaissances scientifiques, ne permettent pas de conserver. Nous l'avons vu, la Pensée « existe » (qui en douterait ?), mais la Représentation de son existence ne peut pas être donnée dans le monde directement perceptible de la Réalité. Il existe un monde de l'Imaginaire, du non directement perceptible, dans lequel nous pourrons donner une Représentation des phénomènes mentaux. Et cela paraît donc être devenu une des tâches fondamentales de la Science contemporaine d'apprendre à fournir une première Représentation du monde de l'Imaginaire, et des interactions de ce monde avec celui de la Réalité, ce monde de la Réalité auquel voulait se limiter une Science réductionniste.

Mieux connaître le monde de l'Imaginaire, c'est finalement chercher à mieux nous connaître nous-mêmes. Et qui s'en plaindrait ? C'est pourquoi nous voulons résolument célébrer aujourd'hui ces « retrouvailles » entre l'Imaginaire et la Réalité. Et porter un toast à notre ami Abélard, et à sa charmante Héloïse.

CHAPITRE II *

La mémoire particulaire

> L'Univers n'est pas quelque chose qui existe « là-bas », indépendamment de nous. Nous sommes irrémédiablement impliqués dans tout ce qui se passe. Nous ne sommes pas seulement des observateurs, nous sommes des participants. Aussi étrange que cela puisse paraître, l'Univers est un *Univers de participation.*
>
> JOHN ARCHIBALD WHEELER

RETOUR A RENÉ DESCARTES. LE MENTAL N'EST PAS L'ESPRIT. LE TEMPS NÉGATIF DU MICRO-UNIVERS MENTAL. L'UNIDUALITÉ MENTAL/MATIÈRE. LE MICRO-UNIVERS DE LA REPRÉSENTATION DU MENTAL. MODÉLISER LE MENTAL *AVANT* LA MATIÈRE. LES PRÉONS ET LES ÉONS. La solution particulière « préons ». La solution générale « éons ». LES QUATRE CHAMPS D'INTERACTION ET LES QUARKS. Les champs d'interaction et les préons. Les quarks et les éons. LA FACE « MATIÈRE » EST UNE ONDE DE PROBABILITÉ DE PRÉSENCE. La face « Matière » *des préons* est l'onde probabiliste psi de la Mécanique ondulatoire. La face « Matière » *des éons* est encore l'onde psi, mais celle-ci est modifiée par la mémoire dont l'éon est porteur. Ce qui est « observé » n'est pas l'onde psi mais l'interface ponctuelle entre le micro-univers Mental et l'onde psi. LE MENTAL N'EST PAS L'ESPRIT : MAIS L'ESPRIT EST TOU-

---

* Ce chapitre 2 pourra peut-être sembler plus difficile au non-physicien ; je suggère, pour ce cas, de simplement le feuilleter. A mon habitude, je n'hésiterai pas à reprendre au cours des prochains chapitres les points les plus « spécialisés », afin de tenter de leur donner un éclairage supplémentaire.

JOURS LÀ, IL « CRÉE » A PARTIR DE L'ENSEMBLE DES COMPORTEMENTS POSSIBLES DES COMPORTEMENTS « LIBREMENT CHOISIS ». L'UNIVERS À L'ÂGE « COMPLEXE ». La Réalité est « apparence », l'Imaginaire est seul « concret ». Voyage sur le dos de la Psychomatière. Moi et les autres : la solitaire solidarité. Moi et les autres nous nous repérons dans le référentiel absolu cosmologique. LA SOLUTION UNIQUE DES ÉQUATIONS DE LA RELATIVITÉ COMPLEXE FOURNIT *L'ENSEMBLE* DES PARAMÈTRES NUMÉRIQUES « DIMENSIONNANT » L'UNIVERS. LA PSYCHOMATIÈRE DISPOSE D'UNE MÉMOIRE, MAIS AUSSI S'EN SERT. L'unidualité Formes/Symboles et les Archétypes de l'Etre. Les propriétés de la Psychomatière. Le paradoxe EPR : un exemple d'Union des mémoires particulaires. UN UNIVERS ENTIÈREMENT VIVANT.

L'Univers qui nous entoure, tel que nous en prenons connaissance, est perçu par notre pensée, c'est-à-dire par ce que nous appellerons plus généralement notre Mental. C'est notamment au moyen d'opérations mentales que les physiciens s'efforcent de représenter la Matière, dont ils constatent l'existence. Comment faut-il, dans ce cas, représenter le Mental lui-même ? Cette question préoccupe les philosophes comme les scientifiques depuis des millénaires. Mais, plus la Physique a réussi à fournir une représentation détaillée de la Matière, plus il est apparu comme indispensable, pour aller encore plus loin dans cette connaissance de la Matière, de préciser les relations entre Mental et Matière. On s'est graduellement rendu compte, comme le souligne ci-dessus le physicien John Archibald Wheeler, directeur du Département de Physique théorique à l'Université d'Austin au Texas, que le Mental de l'observateur était nécessairement *partie intégrante* de la représentation proposée du phénomène observé. Nous ne sommes pas un simple observateur, mais un véritable « participant » à ce que nous observons et représentons ensuite. Les lois dites « physiques » sont donc des lois de la Matière *et du Mental*, et non des lois de la Matière seule. Comme le notait déjà Stendhal, « nous voyons les choses telles que notre tête les peint : il faut donc connaître cette tête ».

Une meilleure connaissance du Mental est donc aujourd'hui

devenue l'un des thèmes essentiels de recherche de la Physique fondamentale. Dans le présent chapitre je me propose d'indiquer les études effectuées dans ce domaine sur une voie d'investigation que je m'efforce de défricher et de faire progresser depuis maintenant quelques décennies déjà : *la Relativité complexe.* Cette théorie, qui est un prolongement de la Relativité générale d'Einstein (représentation quantifiée en espace riemannien *complexe*), a récemment fait l'objet de vérifications expérimentales que nous rappellerons ; ces vérifications justifient l'intérêt qu'il faut aujourd'hui porter au « modèle » que propose la Relativité complexe pour nous éclairer sur les relations entre le Mental et la Matière.

RETOUR A RENÉ DESCARTES

Si nous pensons généralement bien savoir ce que nous entendons par le mot « Matière », cela devient immédiatement beaucoup moins clair, quand nous parlons de « Mental » ; et il convient certainement, quand nous prétendons vouloir parler du Mental dans le langage de la Physique, de commencer par bien préciser la définition que nous souhaitons donner à ce mot. Dans notre premier chapitre nous avons déjà fait une tentative de définition du Mental, en distinguant notamment celui-ci de l'Esprit. Nous avions pour cela fait appel à René Descartes. C'est vers lui que nous allons à nouveau nous tourner, afin de souligner une fois encore ce qu'entend la Physique de la Relativité complexe, quand elle se propose de faire entrer le Mental dans sa représentation de l'Univers.

Descartes reconnaît dans ses *Méditations* deux phénomènes distincts dans l'Univers, qu'il nomme la Pensée et l'Étendue. La distinction « de nature » entre ces deux entités provient du fait que l'Étendue peut être représentée directement dans l'espace et le temps qui nous entourent, alors que la Pensée, en dépit du fait qu'on ne peut pas douter de son existence, ne paraît pas directement localisable comme un phénomène « étendu » dans l'espace. « Nous aurons beau tourner un siècle dans un cerveau, nous rappelait Paul Valéry, nous n'y rencontrerons jamais un état d'âme. » Aujourd'hui, et plus particulièrement encore depuis la Relativité générale, qui représente tous les phénomènes comme des « formes » d'une substance nommée espace-temps, nous sommes conduits à la même conclusion : le Mental (qui est la Pensée cartésienne) se distingue de la Matière (qui est l'Étendue de Descartes) par le fait essentiel que, contrairement à la Matière, le Mental n'est pas directement « observable » comme une structure se situant dans l'espace et le temps. Le Mental est sans doute « représentable » dans un formalisme approprié (on représente bien un « état d'âme »), mais il n'est pas directement « observable ». Et c'est cette particularité d'être non observable qui a d'ailleurs si longtemps rejeté le Mental hors du domaine d'investigation d'une Physique qui, pour mériter son nom de science « objective exacte », voulait (et surtout depuis le début du siècle) n'utiliser *que* le langage de l'observable pour sa représentation des phénomènes. Mais, depuis 1960, ne voit-on pas la Physique construire sa représentation du monde en s'appuyant sur des entités comme les quarks ou les « préons » (les constituants des quarks eux-mêmes) qui, *de manière principielle*, sont acceptés comme n'étant pas directement « observables », en dépit du fait qu'ils forment *tous* les atomes, donc toute la Matière ? C'est, semble-t-il, plus que jamais, avec la Physique d'aujourd'hui, le moment de répéter avec saint Paul : « Le monde est tel qu'il nous apparaît comme fait de choses qui ne nous apparaissent point. » Et le moment aussi sans doute, pour la très sérieuse Physique, d'ouvrir largement ses portes au langage du « non-observable », que nous nommerons le *langage de l'Imaginaire*, désignant par langage de la Réalité toute représentation se rapportant à des phénomènes directement observables (si toutefois, et contrairement à l'avis de saint Paul, il en existe encore !). Et nous poserons comme postulat de base sur lequel paraissent devoir venir s'appuyer les représentations (modèles) en Physique contemporaine :

Univers = Imaginaire + Réalité

LE MENTAL N'EST PAS L'ESPRIT

Ne quittons pas encore tout à fait René Descartes et lisons une nouvelle fois ensemble sa *Sixième Méditation.* « Je remarque, écrit Descartes, que cette vertu de penser qui est en moi, en tant qu'elle diffère de la puissance de concevoir, n'est en aucune sorte nécessaire à ma nature ou à mon essence, c'est-à-dire à l'essence de mon Esprit car, encore que je ne l'eusse point, il est sans doute que je demeurerais toujours le même que je suis maintenant : d'où il semble que l'on puisse conclure qu'elle dépend de quelque chose qui diffère de mon Esprit. »

Descartes met ici l'accent sur le fait que non seulement je pense, mais aussi « je sais » que je pense. Il y a donc en moi comme un point de conscience, que Descartes nomme l'Esprit, qui est distinct de ma pensée puisque, même si je cesse de penser, ce point fondamental de conscience qu'est mon Esprit demeure, et maintient par là même mon existence comme « objet » capable de penser, c'est-à-dire objet à caractéristiques mentales ; et aussi d'ailleurs objet « étendu » dans l'espace, c'est-à-dire objet de Matière.

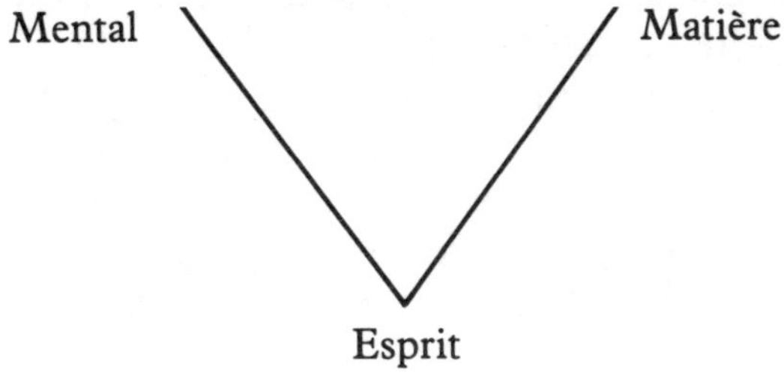

Le « modèle » de Descartes est donc celui figuré ci-dessus : je suis fait, en tant qu'objet, de deux « substances » de natures distinctes, nommées Mental (Pensée) et Matière (Étendue dans l'espace); mais ni mon Mental, ni ma Matière, ne peuvent être identifiés à ce que je suis en tant que sujet conscient, capable de « regarder » comme de l'extérieur à la fois mon Mental et ma Matière : et c'est ce point de conscience, et lui seul, que je nomme mon Esprit.

Nous devons donc bien définir, dès le départ, à l'intérieur de quelles limites viennent se situer les ambitions de la Physique quand elle se propose de fournir aujourd'hui une représentation à la fois de la Matière et du Mental, de la Réalité et de l'Imaginaire. La Physique ne prétend pas représenter l'Esprit, c'est-à-dire le sujet conscient, « l'œil » qui regarde à la fois le Mental et la Matière. La Physique se propose de représenter Mental et Matière un peu à la manière dont on fournirait une représentation du « soft » et du « hard » dans un ordinateur, c'est-à-dire comme deux aspects « complémentaires » de la même entité, l'informaticien utilisant ledit ordinateur jouant dans cette image le rôle de l'Esprit. La Physique du Mental et de la Matière se distingue de l'ancienne Physique, celle de la Matière (l'« observable ») seule, par le simple fait qu'elle va choisir pour ses nouvelles représentations un référentiel et un formalisme capables d'accepter, s'ils s'avèrent « exister », *à la fois* l'observable (la Réalité) et le « caché » (le non directement observable, l'Imaginaire). Cette « nouvelle » Physique est toujours une Physique « de l'objet », et en ce sens toujours une connaissance « objective » : mais c'est une Physique qui accepte de reconnaître que certains objets n'ont pas la qualité d'être directement observables, en dépit du fait qu'ils sont « représentables » et que, dans ce cas, pour de tels objets inobservables, nous nous trouverons mieux de les représenter que de purement et simplement les ignorer. Telle a été la démarche initiale de la Relativité complexe.

LE TEMPS NÉGATIF DU MICRO-UNIVERS MENTAL

La Relativité complexe va donc proposer de rapporter l'Univers à un référentiel riemannien complexe ; ce qui signifie que les 4 coordonnées d'espace-temps de tout point seront désormais complexes, au sens mathématique, au lieu d'être simplement réelles ou imaginaires pures, comme c'était le cas pour la Relativité générale d'Einstein. Chaque particule de matière, qu'elle soit ponctuelle ou étendue dans l'espace observable, va donc maintenant être associée à une partie « imaginaire » complémentaire de sa partie observable.

Pourquoi escompter de cette partie « imaginaire » nouvellement représentée qu'elle puisse jamais décrire un aspect de la particule qui mériterait le nom de « Mental » de la particule ? La Relativité générale possède la réponse depuis près de 50 ans déjà : le physicien Schwarzschild proposait alors une « métrique » où il montrait comment se raccorderaient entre elles deux régions d'espace-temps dont l'une pourrait être entièrement rapportée à un référentiel habituel de la Relativité générale (Réalité observable) et l'autre pourrait être entièrement rapportée à un référentiel complémentaire « imaginaire », au sens mathématique (Imaginaire invisible).

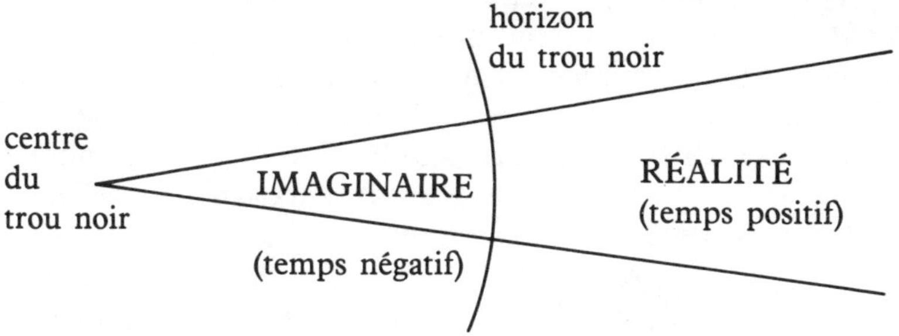

Une telle comparaison, nécessitant donc l'emploi d'un référentiel « complexe », apparaissait, à l'époque de Schwarzschild, comme nécessaire dans l'étude des trous noirs, ces étoiles dont Einstein avait déjà prévu qu'elles achèveraient leur vie en devenant invisibles. Et Schwarzschild avait constaté que, quand on traversait la frontière d'espace entre le visible et l'invisible, non seulement le temps et l'espace échangeaient leurs rôles respectifs (comme cela doit avoir lieu en passant d'une région « réelle » à une région « imaginaire », au sens mathématique), mais encore que *le temps changeait de signe*. Cette dernière caractéristique est fondamentale, car elle a pour effet de remplacer l'évolution naturelle à entropie croissante (désordre croissant) des phénomènes de la Réalité observable par une entropie naturelle *décroissante* (ordre croissant) des phénomènes dans l'Imaginaire invisible. Où pourrait-on mieux s'attendre à pouvoir correctement représenter les processus du Mental que dans une telle région Imaginaire d'espace-temps, où l'entropie décroissante entraînera que toute information sera « mémorisée » de manière indélébile, et évoluera en s'articulant de manière toujours plus « signifiante » (ordre croissant) avec les informations déjà mémorisées ? Certes, ces propriétés « néguentropiques » d'une région hypothétique imaginaire de l'espace-temps ne « prouvent » pas l'existence d'un Mental complémentaire de la représentation observable de toute particule ; de telles propriétés sont cependant *requises* dès le départ pour représenter des phénomènes tels que l'expérience nous les fait entrevoir dans ce qu'on nomme habituellement le Mental : des phénomènes de « mémorisation signifiante ».

Au demeurant, il n'y a pas lieu d'être trop surpris de voir intervenir en Physique des régions de l'Univers où le temps est « négatif ». Il vaudrait beaucoup mieux, au lieu de nous laisser surprendre, nous souvenir que *la logique* à laquelle nous faisons appel pour représenter l'Univers est telle que les grandeurs caractérisant cette représentation apparaissent *par paires*, dont l'une est le « symétrique » de l'autre. Nous reviendrons longuement sur logique et représentation dans notre chapitre 3 (l'Intuition et la Raison particulaires). Mais notons dès maintenant cette intervention d'éléments symétriques dans la Nature. C'est ainsi que l'Univers nous a fait apparaître des charges électriques positives et négatives, une matière et une antimatière (cette dernière se traduisant dans les équations de la Physique comme une matière d'énergie négative). Une des idées les plus fécondes de la Physique de ces 20 dernières années a plus généralement été d'associer à chaque système de particules des symétries fondamentales, dont on examine ensuite la conservation éventuelle : ces symétries se nomment par exemple la parité, l'isospin, la quantité de mouvement, l'énergie, la charge électrique... et aussi le temps. La plupart des phénomènes physiques sont en effet tels qu'ils devraient pouvoir se réaliser aussi bien dans un univers où le sens du temps aurait été inversé, c'est-à-dire où le temps serait négatif au lieu d'être positif, comme c'est le cas dans l'espace de la Réalité. On est donc en droit de s'attendre qu'un jour la Physique découvre des régions de notre Univers où le temps serait inversé par rapport à celui de la Réalité, c'est-à-dire où le temps serait remplacé par un « antitemps ». Et, comme nous allons le voir, il semble que ce moment soit arrivé : l'antitemps caractérise l'évolution des phénomènes dans le micro-univers du Mental.

L'erreur à ne pas commettre est de faussement imaginer qu'un univers caractérisé par un antitemps (temps négatif) serait tel qu'un observateur plongé dans cet antitemps « rajeunirait » sans cesse (et alors, jusqu'où ?). La Physique fait une distinction fondamentale entre *la durée* (qui mesure l'âge, le vieillissement) et le temps. La durée est un *invariant* : quel que soit le signe du temps dans l'univers qui vous entoure, votre vieillissement demeurera toujours positif... c'est-à-dire que vous vieillirez toujours de la même façon. Ce qui est changé de manière essentielle, dans un monde à temps négatif, c'est l'ordre dans le temps des causes et des effets : le temps positif, celui de notre espace cosmologique habituel, est tel que la cause des phénomènes présents est à rechercher *dans le passé*; autrement dit, le passé détermine le présent, ce qui constitue la base même du déterminisme. Si le temps est négatif, il nous faudra rechercher *dans le futur* la justification des phénomènes présents. Mais alors, c'est clair, nous venons de donner la définition même des processus du Mental : le Mental prolonge par la logique le comportement présent, de manière à atteindre une situation *future*. Et, si cette logique offre *plusieurs* situations possibles à partir du présent, alors le Mental opère *un choix* de manière à réaliser une, et une seule, de ces situations futures. En d'autres termes, non seulement nous ne devons pas nous étonner de découvrir un micro-univers « Mental » doté d'un temps négatif, mais *il fallait* qu'il en soit ainsi pour rendre compte correctement de ce que l'expérience constate quand elle regarde opérer le Mental. Et, s'il faut s'étonner de quelque chose, c'est du temps qu'il a fallu à nos physiciens pour réaliser que la représentation « complexe » de Schwarzschild (proposée dès les années 1930) était exactement ce qu'il nous manquait pour faire enfin entrer le Mental dans la représentation de la Science. Il est vrai que ce Mental faisait tellement peur à nos « mécanistes » d'hier ! Il n'y a pire aveugle que celui qui ne veut pas voir, remarquions-nous déjà dans notre Préface.

L'UNIDUALITÉ MENTAL/MATIÈRE

Un aspect qu'il faut encore souligner est le suivant : dans une telle représentation à référentiel complexe, Mental et Matière ne vont pas former deux entités séparées, ou même séparables, mais une véritable *unidualité*, c'est dire deux aspects distincts du *même* objet. Ceci doit être compris dans le même sens que lorsqu'on dit que les aspects corpusculaire et ondulatoire forment aussi une unidualité, c'est-à-dire constituent deux aspects complémentaires d'une *même* particule (et nous verrons qu'il ne s'agit pas là d'une simple analogie, l'unidualité onde/corpuscule est une *conséquence* de l'unidualité Mental/Matière). Autrement dit, il n'y a pas de particules spécifiques porteuses du Mental seul, mais le Mental, s'il est démontré par le formalisme de la Relativité complexe, se présentera comme un aspect (dont on n'aurait pas jusqu'ici tenu encore compte) *de chaque particule de Matière*, et plus généralement de chaque point de l'espace observable. Nous serions, dans ce cas, non pas les participants d'un Univers de Matière, mais les participants d'un Univers de « Mental/Matière », que nous nommerons un Univers de *Psychomatière.* Visiblement, l'enjeu ne concerne pas ici la Physique seulement, mais aussi la Philosophie. N'en déplaise aux physiciens un peu trop « matérialistes » !

LE MICRO-UNIVERS DE LA REPRÉSENTATION DU MENTAL

Une des caractéristiques essentielles de la nature du Mental, déjà signalée par Descartes comme nous l'avons vu, est ce fait que la « face » Mental de la Psychomatière (la Pensée) n'est pas *directement* observable. La particule n'est observable que par sa « face » Matière, qui constitue avec la face Mental une unidualité.

Il semble qu'on puisse ajouter à la caractéristique d'invisibilité des structures Mentales celles de « personnalisation ». Nous ne partageons pas nos propres structures Mentales avec celles de notre voisin, les éléments de notre mémoire, comme par exemple la signification précise que l'on attribue à chaque symbole mémorisé, constituent notre propriété *personnelle.*

Ces deux attributs du Mental, invisibilité et personnalité, ont servi de guide pour la « modélisation » du Mental en Relativité complexe. A chaque point matériel de la Réalité observable la Relativité complexe va associer *un micro-univers Mental*, avec lequel le point matériel forme une unidualité. Par micro-univers il faut entendre un espace « fermé » dont rien ne peut directement sortir, où rien ne peut entrer. Mais un micro-univers Mental peut cependant expérimenter des interactions « virtuelles » avec l'espace de la Réalité ou avec les autres micro-univers Mentaux, à la manière dont on rend compte en Physique des interactions électrofaibles (interactions par échange de photons ou neutrinos « virtuels »).

Les caractéristiques qui précèdent font ressembler beaucoup la structure du micro-univers du Mental à celle d'un trou noir. Mais, comme une première analyse le montre aisément, il ne peut alors s'agir d'une structure « gravitationnelle », comme pour le cas des trous noirs cosmiques. Le modèle servant de base à l'étude d'un micro-univers Mental sera celui d'un trou noir « fort », c'est-à-dire constitué à partir des interactions fortes, ce qui a pour effet de réduire le rayon du micro-univers Mental aux dimensions familières au niveau particulaire (de l'ordre du dix-millième de milliardième de millimètre).

Un autre avantage du modèle « trou noir » est, comme il est bien connu, sa *relative simplicité* : un trou noir est complètement défini par sa masse propre (densité propre × volume), sa vitesse angulaire de rotation sur lui-même et sa charge électrique. Le micro-univers du Mental sera, de la même façon, complètement défini par sa masse propre (ou sa densité propre), son spin (ou plutôt celui d'un neutrino en rotation dans le micro-univers) et la température du rayonnement noir qui emplit l'espace du Mental (rayonnement dont la Relativité complexe démontrera l'étroite parenté avec la charge électrique élémentaire).

Par ailleurs, le micro-univers Mental est présumé posséder une pulsation radiale cyclique.

Enfin, tous les mouvements prenant place dans le micro-univers du Mental obéissent aux règles habituelles de quantification.

MODÉLISER LE MENTAL *AVANT* LA MATIÈRE

Un des aspects les plus significatifs de la Relativité complexe, qui ambitionne d'englober dans sa représentation les *deux* faces distinctes du Mental et de la Matière, acceptées comme présentes en *chaque point* de l'Univers (Imaginaire + Réalité), est ce fait que la recherche va s'appuyer dès le départ sur *la structure du Mental*, et non pas sur la structure de la Matière. Toute la Physique passée avait admis (Physique « objective ») qu'il fallait commencer par bien connaître la face Matière de l'Univers, quitte à examiner ensuite (mais ensuite seulement) si la complexification de cette Matière pouvait éventuellement faire émerger des propriétés « mentales ».

La Relativité complexe procède à l'inverse : elle réfléchit d'abord sur les caractéristiques essentielles qu'on peut attendre d'une structure mentale de l'Univers au niveau de chaque point, et elle propose un formalisme permettant de « modéliser » la face Mental de l'Univers en chaque point, comme nous l'avons indiqué ci-dessus. Ensuite, mais ensuite seulement, la Relativité complexe recherche comment, formant une unidualité complémentaire avec le Mental, se présente la face Matière de l'Univers.

Trois raisons viennent justifier cette approche s'appuyant d'abord sur le Mental (et non d'abord sur la Matière) :

— En premier lieu le fait que c'est le Mental (et non la Matière) qui va avoir en charge de proposer une représentation de l'Univers : il paraît donc naturel de commencer notre recherche en examinant soigneusement les « mécanismes » selon lesquels fonctionne le Mental ;

— Ensuite, le fait que le Mental paraisse pouvoir être modélisé selon une structure « micro-trou noir fort » nous encourage à commencer par l'étude des structures mentales : en effet, comme nous venons de le voir, les modèles « trous noirs » sont *relativement simples*, et définis en fait par trois quantités fondamentales seulement, alors que les structures matérielles que nous découvre la face Réalité de l'Univers sont, comme chacun sait, extrêmement diverses et complexes, et doivent donc faire appel à des modèles nombreux et compliqués ;

— Enfin, en dépit du fait que les mécanismes du Mental sont quantifiés, la représentation du Mental *n'est pas probabi-*

liste, c'est-à-dire peut faire l'objet d'un modèle géométrique véritable, sans devoir se réduire à une simple « probabilité de présence » de chaque partie de ce modèle géométrique. Alors que, comme le confirmera la Relativité complexe, et comme nous allons y revenir, toute la face « Matière » de l'Univers n'est représentable qu'en termes de « probabilités de présence » des points matériels observés. En d'autres termes, la Relativité complexe va montrer que c'est la structure *géométriquement représentable* du Mental qui va justifier le comportement probabiliste de la face Matière de l'Univers. Et il paraît donc dans ce cas recommandable de commencer par tenter une représentation du Mental *avant* la représentation de la Matière.

Comme on était alors en droit de s'y attendre, en entamant ainsi sa modélisation par la face Mental des choses la Relativité complexe va retrouver *dès l'abord* des caractéristiques de l'Univers que la Physique ancienne considérait comme « invisibles », inobservables par principe. Ce seront les quarks, ces constituants des particules de Matière ; et aussi les préons, que la Physique contemporaine soupçonne d'être des sous-structures des quarks eux-mêmes (nous verrons qu'il faudra mettre des réserves à ce jugement). La Relativité complexe, qui dispose d'un formalisme pour représenter l'Imaginaire (l'invisible), va pouvoir proposer *une représentation géométrique définie* de ces aspects « invisibles » de l'Univers. Elle va pouvoir *compléter* la Physique ancienne, qui demeurait jusqu'ici cantonnée dans la représentation de la face « Matière observable » de l'Univers, délaissant l'étude du Mental... avec lequel est cependant écrite toute la Physique !

LES PRÉONS ET LES ÉONS

La Relativité complexe va d'abord établir les équations *les plus générales* représentant le micro-univers quantifié et en pulsation cyclique du Mental (dix-sept équations intégro-différentielles non linéaires couplées, ou Système E). Ces équations mettent en évidence deux sortes de structures mentales :

La solution particulière « préons »

La structure *préon* correspond à une solution *particulière* des équations générales (Système E) : c'est la solution pour laquelle la densité de matière et la température du rayonnement noir du micro-univers Mental sont identiquement nulles. Ce micro-univers possède alors un rayon, une période de pulsation et une énergie totale qui ne dépendent que de l'énergie du neutrino en rotation dans le micro-univers Mental. Le rayon moyen et la période sont inversement proportionnels à l'énergie du neutrino. Les préons forment un spectre *continu* d'énergie entre 0 et l'infini.

La solution générale « éons »

La structure *éon* correspond à la solution *générale* du Système E modélisant le micro-univers Mental. Cette fois, non seulement l'énergie du neutrino, mais encore la densité de matière et la température de corps noir ne sont pas nécessairement nuls dans le micro-univers. Les énergies des structures « éons » forment alors un spectre *discontinu*, correspondant à des quantifications croissantes du mouvement de rotation du neutrino. Les trois premières énergies sont exactement celles correspondant aux masses propres des trois leptons chargés connus, l'électron, le muon et le tau. Mais il en existe d'autres, indiquant l'existence possible de leptons lourds possédant des masses plus élevées que le tau. Le spectre complet des éons se caractérise par une même température de corps noir et une même période de pulsation du micro-univers éonique (seule l'énergie du neutrino est différente d'un éon au suivant). La Relativité complexe calcule que la charge électrique invariante portée par chaque éon, qui ne dépend que de la température de corps noir du rayonnement photonique, est celle expérimentalement observée (charge électrique élémentaire).

LES QUATRE CHAMPS D'INTERACTION ET LES QUARKS

À partir de ces structures élémentaires du micro-univers Mental pourront se constituer des structures *plus complexes.* Nous en distinguerons deux :

Les champs d'interaction et les préons

Les quatre *champs physiques connus,* les champs électromagnétiques et faibles d'une part (champ électrofaible), les champs forts et gravitationnels d'autre part (champ gravito-fort), comportent en Relativité complexe une face « Mental », étendue dans l'espace imaginaire, et venant complémenter la face « Matière », étendue dans l'espace de la Réalité. Ces faces « Mental » sont, en Relativité complexe, constituées par un ensemble infini dénombrable de préons, dont les énergies sont localement celles des champs considérés.

Les quarks et les éons

Chaque fois que l'énergie locale d'un champ fort correspondra à l'une des valeurs du spectre discontinu d'énergie caractérisant les énergies éoniques, les préons se transformeront localement en éons. Ce sera le cas dans le champ fort des hadrons, que la Relativité complexe décrit comme une structure en pulsation où la densité d'énergie varie entre un maximum (centre du hadron) et zéro (frontière du hadron). L'étude de la structure hadronique effectuée en Relativité complexe montre qu'il existe dans cette structure *six* niveaux d'énergie où les préons deviennent ainsi des éons. Là encore, les éons de la structure hadronique composent la face « Mental », l'aspect « Matière » correspondant étant nommé *quarks*.

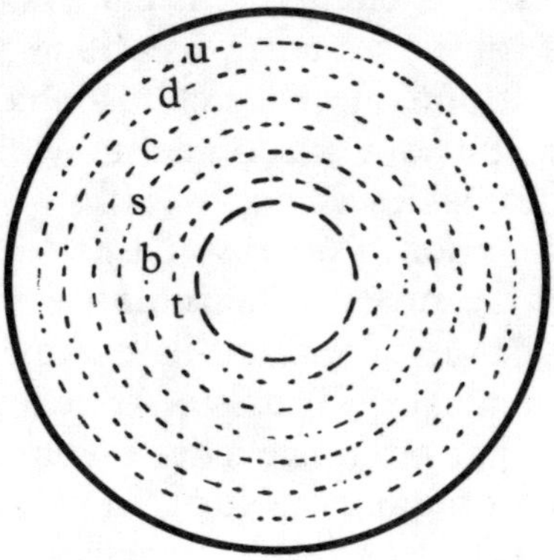

Les 6 niveaux des quarks dans la structure hadronique

Les éons hadroniques (ou quarks) se regroupent selon les niveaux de densité d'énergie du hadron qui autorisent leur existence, comme indiqué dans le schéma ci-dessus. À chaque niveau on constate qu'il peut se former trois types de regroupements : un éon unique (ou état singulet), une paire éon-antiéon (l'antiéon ayant même masse propre mais une charge électrique opposée), enfin un état triplet formé de trois éons occupant le même niveau. La Relativité complexe montre par ailleurs qu'un effet de « saturation » (analogue à la saturation des interractions fortes) se produit pour la charge électrique des éons quand ceux-ci sont plusieurs à occuper le même niveau : la charge électrique de chaque élément de la paire éonique est de ± 2/3, tandis que chaque élément de l'état triplet possède la charge ± 1/3 (chaque niveau ayant donc une charge électrique totale *entière*, 0 ou ± 1).

Par ailleurs, la Relativité complexe montre encore que les deux niveaux singulet et doublet (paire) comportent un mouvement de rotation des éléments éoniques du niveau autour du centre hadronique, le long de la trajectoire hadronique que constitue ce niveau ; le calcul montre qu'il s'agit d'une interaction ayant une valeur de l'ordre de celle des interactions fortes. Par contre, l'état triplet ne comporte pas de mouvement de rotation de ses trois éléments. L'état singulet peut atteindre des énergies comprises entre 1 et 50 Gev quand on tient compte de la rotation éonique (l'état doublet ayant toujours une énergie nulle, puisque chacun de ses deux éléments représente des énergies égales et opposées).

Nous nommerons donc « quarks » l'aspect « Matière » de chacun des éléments des niveaux hadroniques, et nous distinguerons les quarks par le niveau qu'ils occupent ; la Relativité complexe montre ainsi qu'il existe *six* types de quarks, que nous désignerons par référence à des rayons *décroissants* dans la structure hadronique : u (up), d (down), c (charm), s (strange), b (beauty) et t (top), reprenant naturellement ici la terminologie déjà acceptée dans l'étude des quarks. Pour chaque quark nous aurons alors, comme nous l'avons noté ci-dessus, trois énergies possibles, suivant l'état d'occupation du niveau considéré (c'est-à-dire aussi suivant leur charge ± 1, ± 2/3 ou ± 1/3).

Le tableau suivant rassemble les calculs sur les énergies des quarks obtenus par la Relativité complexe.

niveau quark	nom quark	rayon niveau 10^{-14} cm	énergie propre quark (Gev)	densité niveau 10^{15} g/cm³	état ± 1 (singulet) énergie en Gev	états − 2/3 et + 2/3 énergie en Gev		état ± 1/3 (triplet) énergie en Gev	
						1 qu.	tot.	1 qu.	én. tot.
u	up	1,75	0,0005	0,003	1,09	1,09	0	0,0005	0,0015
d	down	1,74	0,103	8,21	1,09	1,09	0	0,103	0,309
c	charm	0,42	1,74	139	4,54	4,54	0	1,74	5,22
s	strange	0,17	3,39	270	10,9	10,9	0	3,39	10,17
b	beauty	0,12	5,04	401	15,2	15,2	0	5,04	15,12
t	top	0,04	6,64	534	46	46,1	0	6,64	19,92

Les énergies propres des trois premiers quarks u, d, et c sont respectivement, comme nous l'avons vu, celles des 3 leptons chargés connus (électron, mu et tau) ; les quarks s, b et t seraient les leptons « lourds » d'énergies plus grandes que le tau. Il est probable qu'ils se transforment en électrons et neutrinos quand ils quittent la structure hadronique.

La Relativité complexe indique donc que les hadrons sont non seulement composés de quarks (responsables du champ électro-faible), mais aussi d'un champ gravito-fort. Les aspects « Mental » de ces structures matérielles sont respectivement des éons et des préons. Les structures « Mental » peuvent être représentées géométriquement de manière définie ; par contre, comme nous allons le voir maintenant, les structures « Matière » sont sujettes à des incertitudes de localisation dans l'espace et le temps de la Réalité. Ceci va conduire à l'observation « probabiliste » de toute Matière, interdisant une représentation géométrique définie de ce qui va être observé.

LA FACE « MATIÈRE » EST UNE ONDE DE PROBABILITÉ DE PRÉSENCE

Nous avons donc vu que la face « Mental » de l'Univers (supposé posséder une géométrie complexe) était représentable, pour chaque point « Matière » de la Réalité observable, comme un micro-univers fermé et en pulsation entièrement situé dans la partie Imaginaire de l'espace-temps complexe et se caractérisant par sa masse propre, sa température de corps noir et l'énergie du neutrino en rotation dans ce micro-univers. Les *préons* correspondent au spectre continu d'énergie du cas où la masse propre et la température de corps noir sont identiquement nulles (énergie totale égale à l'énergie du neutrino). Les *éons* correspondent au spectre discontinu d'énergie pour lequel aucun des trois éléments constitutifs du micro-univers (masse propre, température de corps noir, énergie du neutrino) n'est nul.

Nous cherchons maintenant à fournir une représentation des faces « Matière », complémentaires dans l'espace de la Réalité de ces faces « Mental » que sont respectivement les préons et les éons.

La face « Matière » des préons est l'onde probabiliste psi de la Mécanique ondulatoire

En Relativité complexe le neutrino du micro-univers préonique possède non seulement un mouvement quantifié de « spin » demi-entier, mais encore un mouvement quantifié de pulsation (nommé « pulse ») de valeur égale, puisque le micro-univers est lui-même en pulsation. Ces deux mouvements combinés entraînent la génération dans l'espace de la Réalité d'une onde psi d'action entière, obtenue par « fusion » (au sens de Louis de Broglie) de deux états associés d'action demi-entière. Cette onde psi possède exactement les caractéristiques de l'onde probabiliste de la Mécanique ondulatoire pour une énergie corpusculaire égale à celle du préon considéré. La Relativité complexe permet cependant ici de donner une représentation de *la source* de l'onde psi : cette onde est *complémentaire* dans l'espace de la Réalité du mouvement du neutrino dans le micro-univers Mental de l'espace Imaginaire. Cette onde psi constitue la face « Matière » du préon considéré.

La face « Matière » des éons est encore l'onde psi, mais celle-ci est modifiée par la « mémoire » dont l'éon est porteur

L'aspect sans doute le plus essentiel apporté en Physique par la Relativité complexe est la démonstration que le rayonnement photonique noir enfermé dans le micro-univers éonique constitue la « mémoire » de ce micro-univers. Les photons ont ici à la fois un spin entier et un « pulse » entier : comme il est alors bien connu (Marie-Antoinette Tonnelat, par exemple), la « fusion » de ces deux états quantifiés d'action entière fournit un état d'action totale 2 h. Cet état comprend non seulement la représentation de l'onde psi de Maxwell (c'est-à-dire l'onde probabiliste psi générée par le neutrino éonique), mais encore des *composantes supplémentaires* (au total 16 au carré soit 256 au lieu de 16 pour psi) qui sont susceptibles de « se charger » de valeurs numériques sous forme de conditions initiales de ces composantes supplémentaires. La Relativité complexe montre que ces valeurs numériques « signifiantes » (puisqu'elles se rapportent chacune à des composantes, c'est-à-dire des symboles déterminés) jouent le rôle *d'éléments signifiants de mémoire* pour la structure mentale éonique.

Par ailleurs, étant donné que les phénomènes se déroulant dans le micro-univers éonique sont à *entropie non croissante* (temps négatif), les éléments de mémoire associés aux photons noirs du micro-univers éonique sont *indélébiles* : la mémoire est ici *cumulative* (et non pas « substitutive », comme les mémoires d'ordinateurs). Si les éléments signifiants de mémoire deviennent trop nombreux, alors la mémoire éonique *double* son état de quantification, passant de l'état 2 h à l'état 4 h. Comme l'a si bien montré encore Louis de Broglie dans son étude systématique des états d'action totale nh (n = 1, 2, 3, 4...), les photons éoniques composent alors un champ dont le nombre total de composantes est, pour 4 h, de 16^4 = 65 536, avec autant de positions de mémoire signifiantes disponibles (toujours sous forme de valeurs numériques entrant comme conditions initiales des composantes du champ « mnémonique »). Par ailleurs, en doublant ainsi à chaque fois la valeur des états de quantification, la mémoire s'étend *tout en demeurant cumulative* (c'est-à-dire sans « effacement » des éléments déjà mémorisés), ce qui est exigé par l'entropie non décroissante des phénomènes éoniques.

On notera que ces valeurs croissantes par « doublement » des états quantifiés de mémoire entraînent de véritables franchissements de « seuils » de mémoire (ou de « conscience »), compte tenu de la croissance très rapide de la mémoire disponible d'un état quantifié au suivant. Voici le nombre de composantes, donc aussi des éléments signifiants susceptibles d'être mémorisés par le micro-univers Mental, pour les cinq premiers « états de conscience » du Mental :

16^1 = 16 (onde psi générée par le neutrino seul)
16^2 = 256 (photons ordinaires, spin 1)
16^4 = 65 536 (photons de spin total 2, soit 1 et 2)

$16^8 = 4{,}3.10^9$ (photons de spin total 4, soit 1, 2 et 4)
$16^{16} = 1{,}8.10^{19}$ (photons de spin total 8, soit 1, 2, 4 et 8)

Étant donné *le couplage* entre l'onde de probabilité de présence psi générée par le neutrino, onde psi dont les composantes figurent nécessairement aussi dans le champ du rayonnement noir éonique, quel que soit son état de quantification, l'onde psi *se modifie* au fur et à mesure que viennent se cumuler les nouveaux éléments de mémoire. Le champ des « probables » se précise donc sans cesse, conduisant à un comportement paraissant de moins en moins probabiliste. C'est finalement ce qu'on observe pour tout individu « conscient » : plus il est « conscient », c'est-à-dire plus nombreux sont les éléments signifiants qu'il est capable de cumuler et d'articuler entre eux dans sa mémoire, moins son comportement est « aléatoire », plus il « sait ce qu'il fait », et notamment « où il va ». La Relativité complexe nous indique qu'un tel comportement devenant de plus en plus « défini » au fur et à mesure que se développe la mémoire est vrai dès le niveau du Mental éonique.

Ce qui est « observé » n'est pas l'onde psi mais l'interface ponctuelle entre le micro-univers Mental et l'onde psi

Le micro-univers du Mental, qu'il soit préon ou éon, « agit » à tout instant, puisqu'il est dans tous les cas et continuellement émetteur d'une onde psi, et aussi, dans le cas des éons, émetteur d'un champ électro-faible. Ce qu'il nous intéresse d'observer n'est cependant pas seulement le champ mais aussi *la source* du champ lui-même. Cette source est l'interface entre le micro-univers Mental et le champ émis par ce micro-univers. Nous allons voir que cette interface est ponctuelle et que sa « trace » dans l'espace de la Réalité définit la *trajectoire* de la particule de Psychomatière (Mental + Matière).

— *Les phénomènes se déroulant dans le micro-univers Mental ont comme face complémentaire dans la Réalité des phénomènes de nature ondulatoire émergeant d'une source ponctuelle située « quelque part » dans l'horizon de ce micro-univers.*

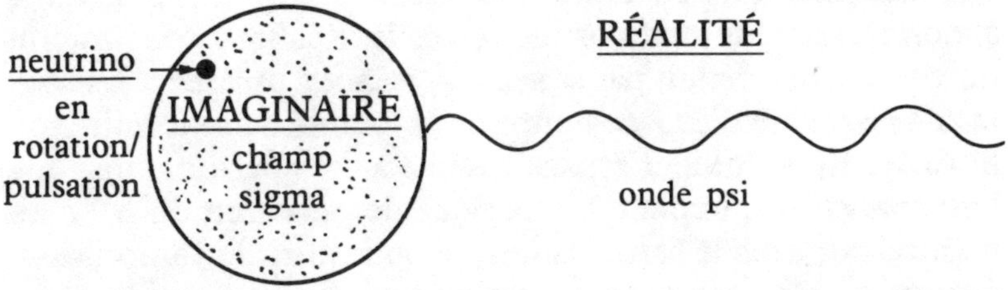

Tout point du micro-univers Mental possède en effet des coordonnées *complexes*, c'est-à-dire possède une « face » située dans l'Imaginaire et une « face » complémentaire dans la Réalité (unidualité Mental/Matière). Quelle est la « trace » globale dans la Réalité de *l'ensemble* des points constituant la totalité du micro-univers Imaginaire ? Les astrophysiciens des trous noirs cosmiques, qui rencontrent un problème similaire, disent que la partie invisible du trou noir possède un « horizon » étendu dans l'espace-temps cosmique qui nous entoure. En *tout point* de cet horizon viennent s'intégrer les effets cumulés de *la totalité* des phénomènes se déroulant dans tout le micro-univers Mental pendant une période de pulsation du Mental. C'est ce qu'on vérifie mathématiquement (comme l'a montré par exemple John Archibald Wheeler) en calculant l'intégrale sur l'espace *et le temps* de tous les points de l'horizon d'un micro-univers du type « trou noir » : cette intégrale est nulle, ce qui confirme l'aspect *ponctuel* de toute manifestation du micro-univers Mental (ou trou noir) dans l'espace de la Réalité. Autrement dit, nous sommes là une fois de plus devant l'un des nombreux aspects paradoxaux du « côtoiement » Imaginaire/Réalité : malgré son horizon « étendu » dans l'espace de la Réalité, le micro-univers du Mental vient se manifester dans la Réalité à travers une source *ponctuelle*, située « quelque part » dans cet horizon. Ce qui revient à affirmer que la place exacte de cette source à l'intérieur de l'horizon est *indifférente*, puisqu'un observateur y constatera *les mêmes* phénomènes, tous issus d'une source ponctuelle, quel que soit le lieu de l'horizon où il se place. Ceci, comme on le voit en y réfléchissant un peu, donne une véritable structure *granulaire* à notre espace-temps cosmique de la Réalité : tout micro-univers Mental réduit par sa seule présence à un aspect *ponctuel* la zone étendue d'espace-temps de la Réalité où se localise son horizon. Le volume d'espace associé à cet horizon, ainsi que le temps correspondant à la période de pulsation du Mental, n'entreront dans le formalisme que pour justifier l'impulsion-énergie représentée par la source ponctuelle émanant du Mental (aucune source d'impulsion-énergie ne pouvant être associée à un volume d'espace-temps rigoureusement ponctuel, c'est-à-dire nul). On peut dire, d'une autre façon, que tous les points de l'horizon du Mental et tous les instants de la durée d'une période du Mental doivent être « affichés » avec *une seule* valeur de la coordonnée espace et *une seule* valeur de la coordonnée temps. En ce lieu ponctuel d'espace et à cet instant du temps se déroulent des phénomènes étendus dans l'espace et le temps... mais dans *un autre* univers, celui du Mental, qui possède un espace et un temps qui lui sont propres.

— *La génération des Formes dans l'espace de la Réalité*

Cette « contraction » locale de l'espace et du temps de la Réalité, réduisant un volume non nul à un seul point, par réduction ponctuelle de l'horizon d'un préon ou d'un éon, entraîne des effets *géométriques* sur l'espace-temps de la Réalité. C'est finalement ce qu'avait pressenti Einstein en proposant une géométrie *riemannienne* pour représenter l'espace-temps de la Réalité (à l'époque supposé constituer la totalité de l'Univers). La présence des micro-univers du Mental dans la partie Imaginaire de l'Univers entraîne une déformation de l'espace-temps de la Réalité, c'est-à-dire fait apparaître *des Formes* dans cette Réalité.

À vrai dire, une difficulté se présente pour véritablement

représenter ces Formes de la Réalité : la réduction *à un seul point* de l'horizon d'un micro-univers Mental (éon ou préon) *dissimule* l'échelle de la réduction qui a été effectuée, puisqu'un point, qui représente un volume *nul* d'espace-temps, correspond dans chaque cas à une réduction infinie d'un volume fini d'espace-temps (l'horizon considéré). En fait, ce que nous avons constaté dans le paragraphe qui précède, c'est que chaque point de l'espace-temps de la Réalité « sous-tend » en quelque sorte des régions étendues, non locales mais finies, d'un autre espace-temps (préons et éons). La Relativité complexe, qui est un formalisme géométrique, va discerner et résoudre cette difficulté en montrant qu'il est nécessaire d'introduire deux *constantes absolues* nouvelles, l'une représentant un volume, l'autre une durée, qui permettront d'associer à chaque déformation locale en chaque point de la Réalité une « courbure » de l'espace-temps en ce point (et plus précisément une courbure scalaire riemannienne). La Relativité complexe montrera que ces deux constantes absolues sont la période de pulsation de l'éon et le volume moyen de son horizon en pulsation. C'est l'introduction de ces deux constantes, permettant d'exprimer les caractéristiques géométriques de chaque point de la Réalité, qui va faire de l'espace de la Réalité un *ensemble de Formes*. Alors que chaque micro-univers Mental, porteur comme nous l'avons vu de « fusion » d'états quantifiés de neutrinos et de photons, est fait des composantes multiples du champ global représentant cette fusion, avec pour chaque composante des conditions initiales (nombres). Nous avons nommé Symboles ces composantes associées à des nombres du champ mnémonique Mental.

Nous participons donc finalement à un Univers de Formes (Réalité) et de Symboles (Imaginaire).

— Le mouvement de la particule de Psychomatière dans l'espace de la Réalité définit la « trajectoire » de cette particule.

Puisque à tout instant est observable dans la Réalité la source ponctuelle de l'onde psi émise par un préon ou un éon, il n'y a aucune ambiguïté pour parler ici de la « trajectoire » de la particule de Psychomatière dont le préon ou l'éon constitue le micro-univers Mental. Certes, la Mécanique quantique, qui ne rapportait les phénomènes qu'à l'espace-temps de la Réalité, et n'avait donc dans sa représentation que l'onde psi de probabilité de présence, et non le micro-univers Mental constituant la source de cette onde psi, refusait ce concept de « trajectoire » appliqué à une particule de Matière : on se souvient d'Heisenberg « démontrant » l'impossibilité pratique d'observer un corpuscule sans « effacer » la trajectoire réelle que possédait ce corpuscule avant l'observation. Cet argument tombe en Relativité complexe : il existe à chaque instant un micro-univers Mental *bien défini* émettant continuellement l'onde de probabilité psi, l'interface ponctuelle entre micro-univers et onde précisant sans ambiguïté la trajectoire recherchée, parfaitement représentable géométriquement par ses coordonnées d'espace-temps dans la Réalité.

L'onde psi de chaque particule de Psychomatière possède bien toujours, comme auparavant, son caractère probabiliste : cette onde apparaît cependant plutôt, en Relativité complexe, comme une sorte d'onde « radar » émise autour d'elle par la particule, d'abord pour se faire connaître à l'univers qui l'entoure, et aussi, puisque cette onde se charge des caractéristiques de son monde extérieur (sous forme de conditions initiales), elle permet à la particule de connaître les régions de son monde extérieur où les *lois physiques* l'autorisent à orienter sa trajectoire : cette particule de Psychomatière ne peut pas, par exemple, accéder à une région où l'onde psi n'indique pas une probabilité de présence positive pour elle. Comme nous l'avons vu, dans le cas où le micro-univers Mental est doté d'une « mémoire signifiante » (éons), l'onde psi de ce micro-univers peut être sensiblement différente de ce qu'elle est au cas où cette mémoire n'existe pas (préons). Il existe des probabilités de présence accrues dans les régions où cette mémoire suggère de conduire la trajectoire. Nous en verrons un exemple tout à l'heure avec le « paradoxe » EPR, où l'expérience permet de constater cet effet sur l'onde psi de la mémoire éonique. Mais, quelle que soit la forme de l'onde psi, la particule de Psychomatière est *libre* d'orienter sa trajectoire vers *toutes* les régions pour lesquelles l'onde psi indique pour la particule une probabilité de présence positive. C'est là un résultat important de la Relativité complexe que nous voudrions souligner maintenant.

LE MENTAL N'EST PAS L'ESPRIT : MAIS L'ESPRIT EST TOUJOURS LÀ. IL « CRÉE » À PARTIR DE L'ENSEMBLE DES COMPORTEMENTS POSSIBLES DES COMPORTEMENTS « LIBREMENT CHOISIS »

On connaît les interminables discussions, ayant d'ailleurs encore cours aujourd'hui, qui ont agité la Théorie quantique autour du problème des « variables cachées ». Existe-t-il des paramètres, dont ne tiendrait pas (ou pas encore) compte la Théorie quantique, qui permettraient par leur découverte de remplacer la représentation probabiliste par une représentation « plus complète » ? On admet (généralement) que ces paramètres « cachés », à supposer qu'ils existent, ne sauraient ramener à la représentation déterministe d'antan : on se contenterait de « comprendre » comment de telles variables justifient par leur seule existence un « mécanisme probabiliste » inévitablement inclus dans les processus de génération des phénomènes ; en somme, une sorte de « jeu de dés » venant décider des comportements physiques. Albert Einstein, avec son célèbre : « Le bon Dieu ne joue pas aux dés », avait paru fermer la porte à une telle voie, ambitionnant en fait (avec sa Relativité générale à représentation strictement déterministe) de revenir à la possibilité de prévision complète et précise du déroulement des phénomènes.

La Relativité complexe pourrait, à première vue, venir apporter de l'eau au moulin des « variables cachées » : elle obtient en effet une quantification de la Relativité générale, et met en évidence une « mémoire particulaire » qui pourrait précisément être considérée comme le contenant des dites variables cachées. Nous venons en effet de voir que cette mémoire interagit directement avec l'onde psi de probabilité de présence, et interagit différemment d'une particule à l'autre, puisque les contenus mémorisés sont logiquement différents. Cela paraît, à première vue au moins, pouvoir constituer une justification du probabilisme, et même une meilleure justification que le simple « jeu de dés ». Einstein aurait sans doute été ouvert à une telle interprétation, s'appuyant sur une mémoire particulaire.

Mais, à la réflexion, cette interprétation est très insuffisante pour rendre compte de la connaissance théorique et expérimentale actuelle concernant le probabilisme.

— Tout d'abord, on peut noter que ceci conduirait à un probabilisme « statistique » : chaque particule, compte tenu de sa mémoire, adopterait le comportement *le plus probable* indiqué par sa propre onde psi, donc aurait un comportement personnel vraiment déterministe ; ce n'est que la variété des mémoires qui conduirait aux probabilités observées, le probabilisme étant donc ici déduit de la considération *statistique* des comportements individuels *d'un grand nombre* de particules. Ce qui est contraire à l'« interprétation de Copenhague » (probabilisme non statistique), validée par l'expérience ;

— Ensuite, nous remarquerons que la Relativité complexe démontre l'existence de certaines particules de Psychomatière ne possédant *pas de mémoire*. Ce sont les préons, qui composent les champs gravito-forts. Va-t-on dire que les préons n'auraient pas de comportement probabiliste, alors qu'ils émettent comme les éons une onde psi de probabilité de présence ? C'est naturellement inacceptable ;

— Enfin, un argument pour rejeter la « mémoire particulaire » comme l'élément nouveau venant justifier à lui seul le probabilisme observé repose sur l'hypothèse... que les mémoires particulaires ne sont pas vides (si elles sont vides, à quoi bon parler d'elles ?). En effet, si ces mémoires ne sont pas vides, c'est qu'elles ont à un certain moment, au moins certaines d'entre elles, « créé » de toutes pièces des symboles signifiants, des symboles qu'elles n'ont « appris » d'aucune autre mémoire. S'il n'en était pas ainsi il ne pourrait y avoir accroissement continuel des symboles mémorisés, ainsi que paraît bien nous le démontrer l'évolution (minérale, végétale, animale, humaine...). Nos particules mémorisantes sont comme de petits robots, capables (grâce au logiciel ultrasophistiqué qu'ils portent) d'échanger des informations avec le milieu extérieur et les autres robots similaires qui habitent ce milieu extérieur : mais s'ils sont vraiment *seuls*, rien qu'entre robots, comment ont-ils fait pour « créer » au départ leur logiciel ? Il faut finalement admettre qu'ils ne sont pas seuls, mais qu'ils sont en relation avec « quelqu'un » qui s'occupe d'eux ; et un « quelqu'un » qui a accès à tous les « possibles », de manière à ajouter aux mémoires robotiques des informations dont aucune de ces mémoires ne dispose encore.

C'est ce que nous sommes logiquement amenés à conjecturer nous aussi pour nos éons et nos préons : ils possèdent la propriété de « créer » des comportements nouveaux qui ne leur sont dictés ni par leur mémoire, ni par leur onde psi. En d'autres termes, ils ont droit à un comportement *libre*, même si, comme nous l'avons vu, l'extension de leur mémoire les conduit progressivement à une onde psi leur « suggérant » toujours plus un comportement défini.

Et, pour justifier de cette liberté intrinsèque, nous sommes conduits à revenir à René Descartes, comme nous l'avions déjà fait au début de ce chapitre. Descartes nous disait qu'il faut logiquement admettre que, situé à l'intersection de mon Mental et de ma Matière, il y a « quelqu'un » qui est capable de « regarder » aussi bien mon Mental que ma Matière, qui n'est donc ni mon Mental, ni ma Matière, qui est ma véritable conscience profonde, et que j'appelle pour cela mon « Je », ou mon Esprit. Et, ajoute Descartes, cet Esprit est en relation avec l'ensemble des *possibles*, que Descartes nomme Dieu, et que nous appellerons *l'Être* (pour reprendre la terminologie actuelle de certains physiciens, Bernard d'Espagnat par exemple).

L'Être, c'est donc l'ensemble des possibles ; et, par l'intermédiaire de mon Esprit, par une démarche *intuitive* plus que rationnelle, je peux « créer » l'actuel à partir de l'ensemble des possibles, à partir de l'Être.

Nous admettrons que ces conclusions sont non seulement valables pour moi, individu humain, mais aussi pour l'ensemble des particules de Psychomatière dont je suis constitué. Ou plutôt, ces conclusions sont valables pour moi *parce qu'elles le sont déjà pour ces particules.* Dès le niveau le plus simple d'organisation, les particules possèdent la liberté de *choisir librement* leur comportement propre parmi tous les comportements acceptables (acceptables d'après les lois physiques et la mémoire signifiante, celle-ci personnelle à chaque particule). C'est finalement cette liberté fondamentale qui me paraît aujourd'hui comme seule capable de rendre compte pleinement du probabilisme « non statistique » dont font expérimentalement preuve les particules *individuelles* de Psychomatière. On notera que cette intervention du « pouvoir créateur » de la Psychomatière dans le déroulement des phénomènes rejoint l'interprétation de la Théorie quantique dite des « multiples mondes » (*multiple worlds*, John Wheeler) : parmi tous les mondes possibles, faits des comportements *possibles* de toute la Matière de l'Univers, *un seul* monde est finalement « choisi » par cette Matière... ce qui permet là aussi de justifier de l'observation expérimentale du probabilisme *non statistique.*

L'UNIVERS À L'ÂGE « COMPLEXE »

La Réalité est « apparence », l'Imaginaire est seul « concret »

La Relativité complexe, en proposant une représentation de l'Univers où *chaque point* se présente comme une unidualité Mental/Matière (Psychomatière), et où l'espace-temps complexe est « biface » (Imaginaire et Réalité), modifie radicalement l'image de l'Univers que proposait la Physique précédente. La différence provient non seulement de l'entrée du

Mental dans la représentation scientifique, mais aussi (et peut-être surtout) du fait que ce qu'on nommait jusque-là « Matière » se trouve en quelque sorte « évacué » de la Réalité, pour être transféré dans l'Imaginaire. C'est l'ensemble des micro-univers du Mental qui portent l'impulsion-énergie de l'Univers (préons et éons) ; c'est aussi, comme nous l'avons vu, ces mêmes micro-univers du Mental qui sont responsables de la « courbure » locale de l'espace-temps de la Réalité ; l'onde psi de probabilité de présence est encore générée par le mouvement du neutrino dans ces micro-univers, et constitue d'ailleurs une onde de phase (à vitesse toujours supérieure à c) qui ne transporte aucune énergie ; et quand l'observation discerne le « corpuscule » associé à cette onde psi, c'est encore la trace ponctuelle dans la Réalité de ce micro-univers Mental qui se manifeste à l'observateur. En bref, la Réalité n'est, dans l'Univers complexe, que *l'apparence* observable d'un Imaginaire qui, lui, est bien « concret », mais directement non observable. Alors que nous pensions que la Réalité était « l'objective » réalité, et que l'Imaginaire était « pur imaginaire », voilà que nous constatons soudain que la Réalité est pure apparence tandis que l'Imaginaire constitue seul le « concret » ici-bas. Il est vrai, pour être juste, que la pensée orientale aurait, depuis des millénaires, déjà voulu nous en persuader ; mais qui donc, parmi nos « savants » occidentaux, si confiants d'être à eux seuls porteurs de la « lumière du savoir », pouvait prendre au sérieux une telle « rêverie » ?

Les idées successives que se sont formées les physiciens de la structure de la *particule individuelle* au cours de notre siècle peuvent être schématisées comme page suivante :

1. Au début de ce siècle la Physique considérait la particule individuelle comme une sorte de « boule de billard ». Cette particule était vaguement sphérique, et douée de propriétés *physiques* seulement ; elle était naturellement entièrement située dans la Réalité observable... Réalité qui était supposée constituer *tout* l'Univers. L'espace Imaginaire, dont nous sommes

conduits à parler aujourd'hui, devait donc être assimilé au « néant », il n'« existait pas » ;

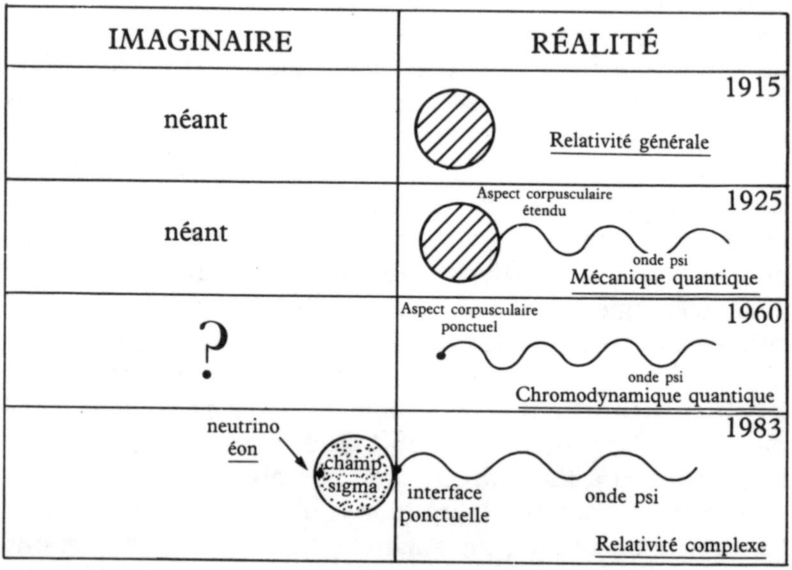

2. Puis, vers les années 1925, les physiciens constatent que l'aspect « boule de billard » ne rend pas compte de *toutes* les propriétés observées de la particule individuelle. Cette particule possède aussi un aspect *ondulatoire*, représentable comme une onde psi se propageant dans l'espace de la Réalité. Mais cette onde psi est cependant particulière, c'est une onde dite « de phase », n'ayant aucun caractère « objectif » (on ne doit pas chercher à l'observer directement). Cette « non-objectivité » de psi se traduit d'ailleurs par le fait que cette onde se propage à vitesse *toujours* plus grande que la vitesse de la lumière... qui est, depuis Einstein et sa Relativité (1905), une vitesse qu'aucun phénomène « objectif » ne saurait dépasser. L'onde psi, si elle est mesurée dans le référentiel de la particule individuelle elle-même, est d'ailleurs une onde sphérique à vitesse *infinie*, c'est-à-dire que cette onde atteint simultanément et immédiatement *tous* les points de l'espace dè la Réalité, si éloignés soient-ils. On doit donc compléter à ce moment-là la repré-

sentation particulaire, qui ne peut plus conserver son simple aspect « boule de billard », il faut maintenant lui ajouter cette étrange onde psi. La Mécanique ondulatoire (ou quantique) va alors expliquer que l'onde et le corpuscule forment une *unidualité*, ce sont deux aspects « complémentaires » de *la même* entité, qui a toujours nom « particule individuelle ». On a l'aspect « corpusculaire » et l'aspect « ondulatoire » de cette particule. L'onde psi, qui n'a aucun caractère « objectif », est alors qualifiée d'onde « subjective », dont le carré de l'amplitude ne fait que renseigner les observateurs humains que nous sommes sur la probabilité de trouver la particule ici ou là au cours d'une observation faite à un instant donné. On voit pour la première fois le « subjectif » s'introduire dans la représentation de la particule individuelle ; mais de manière encore maladroite cependant : le subjectif n'est pas une propriété de la particule elle-même, mais de *l'individu humain* qui l'observe. Curieux « mélange » du Mental humain et de la Matière « inerte », mais prémonition peut-être de ce que va préciser 50 années plus tard la Relativité complexe, en nous parlant sans ambage de l'interaction Mental/Matière ;

3. Vers les années 1960, la Physique se rend compte que l'essence de l'aspect corpusculaire n'est pas une « boule de billard », c'est-à-dire un objet aux dimensions finies, non nulles et mesurables : cet aspect corpusculaire de la particule est *ponctuel*, c'est-à-dire assimilable pour sa structure spatiale et ses interactions à un point « mathématique » (de volume nul, et donc sans forme géométrique particulière, par définition). C'est la « naissance » des *quarks*, particules ponctuelles dont seraient faits, en dernière analyse, les hadrons, qui composent les noyaux atomiques. *Toutes* les particules individuelles connues (leptons, photons) sont également, et rapidement, réputées elles aussi avoir un aspect corpusculaire « ponctuel ». Un peu plus tard on découpera même le « ponctuel » en ponctuel « plus petit », en suggérant que les quarks eux-mêmes pourraient bien contenir des sous-structures ponctuelles, nommées *préons*. C'est l'arrivée en Physique de la *Chromodynamique quantique*, qui prête à ces objets ponctuels des propriétés « subjectives », c'est-

à-dire des propriétés faites pour renseigner une nouvelle fois l'observateur humain. Ces propriétés subjectives se nomment, par exemple, l'étrangeté, la couleur, la beauté, le charme... L'onde subjective psi est toujours là, elle se rapporte maintenant à *chaque* corpuscule ponctuel. Curieusement, on est alors obligé de constater que la Réalité s'est littéralement « vidée » de son contenu concret, « objectif » : l'analyse de la Physique a fini par conduire à une Réalité faite de points sans volume associés chacun à une onde subjective psi. Où est donc alors passée notre bonne vieille « énergie » einsteinienne d'antan, supposée meubler à elle seule tout l'espace-temps de la Réalité ?

4. C'est l'espace-temps einsteinien qui s'élargit, en s'adjoignant un espace-temps Imaginaire, complémentaire de l'espace-temps de la Réalité observable. C'est dans cet Imaginaire, et là seulement, que se localise finalement (et paradoxalement) l'énergie. La Réalité porte le subjectif, l'Imaginaire porte l'objectif. *Chaque* particule individuelle possède un aspect « Imaginaire » se représentant comme un micro-univers fermé et en pulsation, entièrement situé dans l'espace Imaginaire, et dont la structure précise est fournie par les équations de la Relativité complexe (préons et éons). Autrement dit, il y a autant de micro-univers Imaginaires à espace-temps indépendant qu'il y a de particules individuelles. Chaque micro-univers Imaginaire est lui-même la source de l'onde subjective psi de la particule individuelle, onde qui se propage dans l'espace de la Réalité ; mais cette onde psi est la propriété de la particule individuelle elle-même, et non pas celle de l'observateur humain qui cherche à localiser cette particule individuelle dans l'espace-temps de la Réalité. L'aspect « ponctuel » de la particule individuelle n'est que l'interface ponctuelle (l'horizon) séparant l'Imaginaire particulaire de la Réalité. Un aspect très nouveau est mis en évidence par ce nouveau « modèle » particulaire : chaque particule individuelle de Matière dispose, dans son micro-univers Imaginaire, d'une « mémoire signifiante » sigma, dont il va falloir désormais tenir compte pour justifier *complètement* du comportement *individuel* de chaque particule.

Voyage sur le dos de la Psychomatière

Voici, pour fixer un peu mieux les idées (cela est sans doute nécessaire), l'image de la « Réalité observable » que nous propose le formalisme de la Relativité complexe :

« Plaçons-nous, par exemple, dans le référentiel propre de la particule de Psychomatière nommée *électron*, dont le micro-univers Mental est l'éon de masse minimum, et dont la face Matière est l'onde psi de cette particule, issue de la source ponctuelle située à l'interface Mental/Matière. On considère l'électron à un instant T de l'espace-temps observable (Réalité). Que perçoit-on dans ce référentiel propre de l'électron (que perçoit l'électron) à cet instant T ?

L'onde psi est ici une onde de phase sphérique se propageant autour de l'électron à vitesse infinie et épousant au passage toutes les Formes locales de l'espace-temps à cet instant T. Ces formes vont constituer les « conditions initiales » de l'onde psi. Le micro-univers Mental de l'électron a donc ainsi une connaissance *instantanée* du « paysage » de Formes qui constitue son monde extérieur, et cela jusqu'aux distances les plus *extrêmes* de ce monde extérieur. C'est donc ici la connaissance par l'intermédiaire des Formes, c'est-à-dire par l'interraction de l'onde psi avec les champs gravito-forts (gravitationnels et forts). Ces champs gravito-forts ont aussi un effet local direct sur le comportement de l'électron, qui est astreint à suivre une géodésique de la Forme locale de son monde extérieur. Cela signifie que l'électron est généralement « en mouvement » dans tout référentiel qui n'est pas son référentiel propre. Dans un tel référentiel extérieur l'électron possède pour le passé (t plus petit que T) une trajectoire ponctuelle bien définie, et son onde psi fournit sa probabilité de présence en tel ou tel lieu pour tout instant ultérieur (t plus grand que T).

Par ailleurs, (et comme le montre la Relativité complexe), le micro-univers Mental de notre électron a des interactions

« virtuelles » avec *tous* les préons et éons de son Imaginaire extérieur : ce sont les interactions par champs électro-faibles (électromagnétiques et faibles). Ces interactions virtuelles à distance sont, elles aussi, instantanées, mais dépendantes pour leur intensité de la distance des sources d'interaction.

Ainsi soumis à cet instant T à des interactions physiques, et doté d'une connaissance du « paysage » extérieur (tenant compte comme nous l'avons vu des éléments de sa propre mémoire signifiante), l'électron peut à cet instant T « librement choisir » son comportement. Naturellement, tout aura changé à l'instant ultérieur, y compris donc le choix de comportement dont décidera l'électron.

Pour modifier son comportement par rapport à celui qu'il avait à t = T, et adopter celui qu'il choisit à l'instant t plus grand que T, il faut et il suffit à l'électron de modifier la géodésique locale du lieu où il se trouve, puisque l'électron (comme tout point en Relativité complexe) suit une géodésique de l'espace-temps (et pas seulement une géodésique gravitationnelle) en ce lieu précis. Ici vient jouer *l'unidualité* entre les Symboles et les Formes : toute modification de la structure symbolique du micro-univers Mental, c'est-à-dire toute modification des conditions initiales des composantes du champ de mémoire de ce micro-univers, entraîne une modification de la Forme (tenseur de courbure) au point de la Réalité où se situe ce micro-univers. Ceci permet à l'électron de « participer » au moyen de son seul Mental aux Formes de son monde extérieur (comme l'indiquait John Wheeler dans le texte en exergue au présent article).

Moi et les autres : la solitaire solidarité

Nous avons noté déjà le caractère *personnel* du micro-univers Mental de chaque particule de Psychomatière : toute la face Mental de la particule, et notamment tous les Symboles de la mémoire signifiante, sont enfermés dans un micro-univers clos fait d'un espace-temps personnel, différent à la fois de l'espace-temps collectif de la Réalité et des espaces-temps personnels propres aux autres particules de Psychomatière.

Mais, au contraire, il faut maintenant souligner le caractère *collectif* de la face Matière de chaque particule de Psychomatière. Toutes les ondes psi des particules se propagent dans *le même* espace-temps, celui de la Réalité. Certes, chaque particule occupe une place bien à elle dans l'espace-temps de la Réalité, et est soumise en cette place à des contraintes qui lui sont spécifiques, et ne sont donc généralement pas identiques à celles que subit la particule voisine. Il n'en est pas moins vrai que chaque particule partage avec toutes les autres *la totalité* de l'espace de la Réalité, un peu comme si ce Tout de la Réalité, qui constitue ce qu'on nomme habituellement l'espace cosmologique observable (modèle cosmologique), était l'immense « corps » collectif de *chaque* Mental personnel. On retrouve ici l'idée, chère à la Physique contemporaine, qu'il y aurait *non-séparativité* entre tous les points de l'espace cosmologique : la Relativité complexe montre que cette affirmation est justifiée sur le plan de la Réalité, le plan de la Matière ; mais c'est au contraire le personnel (et non le collectif) qu'il faut affirmer sur le plan de l'Imaginaire, le plan du Mental. Moi et les autres, pourrait dire chaque particule de Psychomatière, nous vivons une « solidarité solitaire », un « collectif personnalisé ».

Moi et les autres nous nous repérons dans le référentiel absolu cosmologique

Chaque particule de Psychomatière choisit comme nous l'avons vu son propre comportement, sous la contrainte des lois physiques et de sa propre mémoire. Mais nous avons vu également que chaque particule est solidaire (unidualité) d'une onde psi de probabilité de présence appartenant à la Réalité, qui se propage *à vitesse de phase infinie* dans le référentiel propre de la particule. Les conditions initiales de cette onde, qui dépendent du « milieu extérieur » de la particule, vont être à tout instant enregistrées dans la mémoire particulaire, et participer ainsi au choix du comportement particulaire à ce même instant.

Il paraît clair cependant que la particule ne peut pas référencer ses éléments de mémoire relatifs au milieu extérieur dans son référentiel propre (la particule se déplace sans cesse). Elle va faire choix du seul référentiel « absolu » dont dispose chaque particule, celui qu'on désigne généralement en astrophysique comme le référentiel cosmologique, et dans lequel on représente les « modèles cosmologiques » de l'Univers dans sa totalité. La particule de Psychomatière va cependant pouvoir profiter des caractéristiques propres à son onde de phase psi, qui se propage autour d'elle *à vitesse infinie* : cette onde permet, compte tenu de sa vitesse infinie, de définir, puis d'adopter un référentiel cosmologique particulier, que la Relativité complexe désigne comme le *référentiel étendue-durée*. L'onde psi à vitesse infinie met en effet la particule individuelle en contact avec tous les points de la Réalité qui ont *le même âge* entre eux et le même âge qu'elle-même, en comptant cet âge à partir de l'instant zéro de l'Univers cosmologique (« big bang »). L'ensemble de ces points de même âge t constitue ce que nous nommerons *l'étendue* de la Réalité à t. Quand on associe à l'étendue l'axe absolu des durées, qui est familier aux modèles cosmologiques (principe cosmologique), on trouve ce référentiel *absolu* étendue-durée, qui est le référentiel commun dans lequel chaque particule peut mémoriser ses positions successives par rapport *à l'ensemble* de la Réalité. La Relativité complexe a démontré l'intérêt d'un tel référentiel étendue-durée utilisé dans le comportement particulaire, et a notamment montré que nous aurions avantage, nous les astrophysiciens préoccupés par la représentation de l'Univers dans son ensemble, à suivre l'exemple des particules de Psychomatière : le modèle cosmologique échappe alors à cette fameuse « singularité » à l'origine, à l'instant du « big bang », qui rend si « suspectes » (pour ne pas dire plus) toutes les spéculations de certains astrophysiciens qui prétendent, d'une façon paradoxale, déduire de ce bref instant « singulier » originel *toute* l'évolution future de l'Univers. Des milliards d'années d'évolution déduits de l'étude de l'évolution des premiers milliardièmes de milliardièmes... de seconde originels..., instant qui constitue par ailleurs une « singularité » des équations telles qu'on les écrit dans le référentiel cosmologique habituel : qui nous convaincra qu'une telle représentation de l'évolution cosmique peut s'appuyer, pour sa représentation, sur des données aussi fragiles et incertaines ? On aurait mieux à faire en choisissant le référentiel cosmologique adopté par *toute* la Psychomatière, qui est allée tout de suite *au plus simple.* Mais, remarquait déjà Aristote, « devant les choses les plus simples les hommes sont comme les chauves-souris devant la lumière : ils sont aveugles ».

LA SOLUTION UNIQUE DES ÉQUATIONS DE LA RELATIVITÉ COMPLEXE FOURNIT *L'ENSEMBLE* DES PARAMÈTRES NUMÉRIQUES « DIMENSIONNANT » L'UNIVERS

La Relativité complexe n'est jamais que le prolongement en espace-temps à quatre dimensions *complexes* d'un formalisme de représentation que la Théorie quantique et la Relativité générale avaient établi et vérifié dans un espace *purement* imaginaire et un temps *purement* réel (ou vice versa). En ce sens, il suffit en Relativité complexe de faire une « partition » de l'espace en choisissant les référentiels particuliers à la Théorie quantique et la Relativité générale pour retrouver *exactement* tout le formalisme, et donc aussi tous les résultats *déjà* vérifiés par l'expérience, de ces théories précédentes. Ces théories ne sont, en somme, que des « cas particuliers » de la Relativité complexe. Mais ceci, qui rend automatiquement la Relativité complexe « compatible » avec tout le formalisme et les résultats expérimentaux déjà vérifiés, ne peut naturellement être considéré comme une vérification de la Relativité complexe elle-même.

La vérification doit précisément chercher à porter sur le fait que la Relativité complexe est une représentation « plus large » que les théories précédentes, ce qui se traduit par le fait qu'elle fait apparaître des « lois » physiques *plus nombreuses* que par le passé : ce sont les lois du Mental, qui viennent maintenant s'ajouter aux lois de la part « matérielle » de l'Univers, dont se préoccupait exclusivement l'investigation de la Physique précédente.

La Relativité complexe conduit à trois systèmes d'équations intégro-différentielles non linéaires couplés entre eux, dits Systèmes E (pour éonique), H (pour hadronique) et C (pour cosmologique).

Le Système E décrit le micro-univers Mental comme un trou noir « fort » (c'est-à-dire formé par interactions fortes) en pulsation. Nous avons donné quelques détails sur ce modèle au début de ce chapitre, nous n'y reviendrons donc pas. Ce modèle conduit au spectre continu d'énergie des préons, et au spectre discontinu d'énergie des éons.

Le Système H traite d'un ensemble infini de préons, dans un formalisme qui se rapproche beaucoup de celui utilisé par les astrophysiciens (particulièrement ceux de l'école soviétique de Sahakian et Ambartsoumian de l'Université de Moscou) pour modéliser les étoiles hyperdenses en Relativité générale. L'équation d'état entre densité et pression du cas stellaire est, dans notre cas, remplacée par la quantification du mouvement de pulsation de la structure hadronique.

Quant au Système C, il représente le modèle cosmologique adapté au tenseur d'énergie particulier à la Relativité complexe, et fait en outre l'hypothèse d'un état total de l'Univers d'action rigoureusement nulle (sur une période de « pulsation » d'un espace-temps fermé et cyclique). On obtient ici, et pour la première fois, un modèle cosmologique sans singularité à l'origine des durées (avec cependant toujours un « big bang »).

Ces trois Systèmes E, H et C ne sont nullement indépendants l'un de l'autre, et l'on constate des liens étroits entre les paramètres cosmiques et particulaires (comme on peut s'y attendre dans une représentation de « grande unification »).

En fait, comme le démontre la Relativité complexe, l'exigence *de compatibilité* entre ces trois Systèmes conduit à une *solution générale unique*. Cette solution unique livre les valeurs de tous les paramètres entrés dans les équations, qui comprennent TOUTES les *constantes fondamentales de la Physique* :

vitesse de la lumière

constante de Planck

charge électrique élémentaire

masse des 3 leptons chargés connus
(et prévision des masses des « suivants »)

masse propre du nucléon

coefficients des interactions fortes, gravitationnelles,
faibles et électromagnétiques

Toutes ces valeurs, expérimentalement bien connues, sont *calculées* par la solution unique des Systèmes couplés E, H et C. Ceci doit être considéré comme une excellente *vérification expérimentale* du formalisme de la Relativité complexe.

À ces valeurs de vérification directe de la théorie, la solution unique des trois Systèmes E,H,C vient également ajouter les valeurs calculées de l'ensemble des autres caractéristiques fondamentales de l'Univers, allant du particulaire au cosmique. L'expérience ne fournit généralement pas encore pour ces valeurs des indications *très précises*, mais plutôt des ordres de grandeur. Les équations de la Relativité complexe fournissent, pour ces autres caractéristiques, des valeurs précises qui sont toutes compatibles avec ces ordres de grandeur, mais qu'il conviendra pour l'expérience de confirmer par la suite.

Voici, à titre indicatif, ces autres valeurs, telles qu'elles sont calculées par la Relativité complexe (avec, quand il y a lieu, leurs variations dans l'étendue et la durée) :

éon et leptons chargés

période de pulsation
rayon du micro-univers
caractéristiques différentielles des 3 neutrinos connus
masses propres des leptons chargés plus « lourds » que le tau

hadrons et quarks

masses propres, énergies, charges électriques des 6 quarks
rayon « moyen » du nucléon (en pulsation)
distribution de densité dans le nucléon
distribution spatiale des quarks dans le volume hadronique

modèle cosmologique

âge de l'Univers
densité propre actuelle
température du rayonnement noir cosmique
énergie cinétique moyenne de la matière
paramètre de décélération
rayon en fonction du temps
constante cosmologique
période de pulsation

Toutes ces valeurs, notons-le, ne concernent que la « mécanique » de l'Univers. Mais, dans un Univers de Psychomatière, comme c'est le cas dans la représentation complexe, le Mental, et notamment *le contenu symbolique signifiant* mémorisé par chaque micro-univers du Mental, joue un rôle fondamental. Et ce contenu *n'est pas et ne pourra jamais* être complètement connu (nous dirons heureusement !) puisque, comme nous l'avons vu, ce contenu est en *création continuelle* (comportement librement choisi de chaque particule de Psychomatière).

LA PSYCHOMATIÈRE DISPOSE D'UNE MÉMOIRE, MAIS AUSSI S'EN SERT

L'unidualité Formes/Symboles et les Archétypes de l'Être

La Relativité complexe nous fournit donc une représentation de notre Univers où des particules de Psychomatière évoluent dans un espace-temps complexe. Chaque particule est une *unidualité de Formes et de Symboles.* Par « unidualité » il faut entendre que Formes et Symboles sont deux aspects complémentaires de *la même entité*, au même titre que le dehors et le dedans, ou plus précisément encore l'onde et le corpuscule en Mécanique quantique. La Forme est la « face » de la Psychomatière située dans l'espace de la Réalité, les Symboles composent la « face » de la Psychomatière située dans l'espace de l'Imaginaire. L'aspect « corpusculaire » de la Psychomatière est fait de l'interface ponctuelle entre le micro-univers du Mental, constituant l'Imaginaire « personnel » à la particule considérée, et l'onde de phase psi de probabilité de présence, se propageant dans l'espace « collectif » de la Réalité (à vitesse infinie dans le référentiel propre de la particule). L'aspect « ondulatoire » est précisément représenté par cette onde psi elle-même, ou plutôt par cette onde psi venant « épouser » la Forme géométrique riemannienne de la Réalité partout où cette onde se propage, comme nous l'avons expliqué plus haut. La Relativité complexe fournit les équations représentant cette onde psi en espace de Riemann.

Ce qu'il est important de souligner c'est que, de la même façon qu'on ne peut plus parler en Univers complexe du Mental ou de la Matière *séparément* (mais uniquement du Mental/Matière), on ne peut plus parler séparément des Formes et des Symboles, mais seulement de l'unidualité Formes/Symboles. L'un n'engendre pas l'autre : l'un et l'autre sont deux aspects de la même chose. Si les Symboles se modifient on a donc une modification *concomitante et simultanée* des Formes, et vice versa.

Il est intéressant de situer l'unidualité Forme/Symbole par rapport à l'ensemble des possibles de l'Être. Une Forme/Symbole est *l'actualisation* dans l'espace et le temps d'un « possible » de l'Etre, obtenue au moyen d'un libre choix de l'Esprit. Reprenant la terminologie platonicienne, avec laquelle avait lui-même renoué le psychologue Carl G. Jung, nous appellerons *Archétype* le « possible » choisi par l'Esprit dans l'Être qui donne naissance à une ou plusieurs Formes/Symboles. L'Archétype est l'« Idée » platonicienne, c'est le « potentiel » qui, par le choix de l'Esprit, devient « actuel ». L'Archétype, tant qu'il demeure dans l'Être à l'état potentiel, est *vide* de « contour » (Forme) et *vide* de « signification » (Symbole). L'Archétype est simplement un « devenir », tandis que la Forme/Symbole est un « devenu ». Le schéma suivant peut représenter ces relations entre Archétype et Forme/Symbole dans le cadre global de la trilogie de l'Être, de l'Esprit et du Verbe :

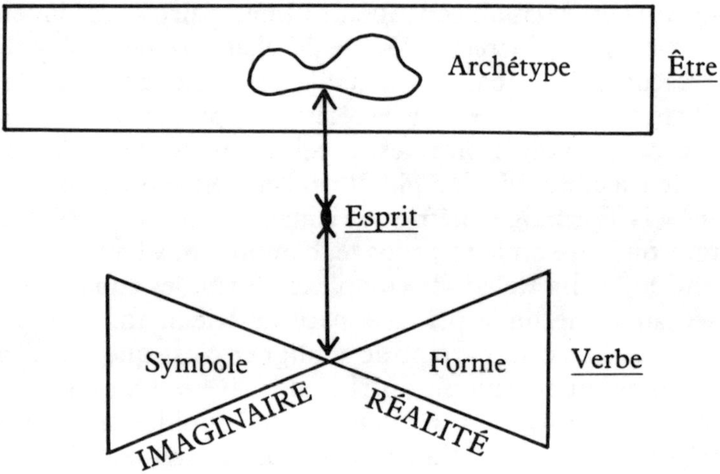

Nous aurons l'occasion de revenir sur la notion importante d'Archétype au cours de notre dernier chapitre, qui concernera les « racines du comportement ».

Les propriétés de la Psychomatière

Les propriétés générales de toute particule de Psychomatière sont au nombre de quatre :

1. Création de Formes/Symboles ;
2. Mémorisation signifiante de Formes/Symboles ;
3. Interaction entre Formes/Symboles ;
4. Union des Formes/Symboles.

La *Création*, comme nous l'avons décrite déjà, désigne le processus *intuitif* qui permet à la particule de *librement choisir* des Formes/Symboles, et donc notamment son comportement (qui est une Forme/Symbole) dans le cadre des « contraintes » autorisées par les lois physiques et sa propre mémoire. Nous venons de voir que le processus de Création s'opère par le libre choix qu'effectue l'Esprit d'un Archétype de l'Être, afin d'actualiser cet Archétype en le transformant en une ou plusieurs Formes/Symboles.

La *Mémorisation signifiante* désigne le processus qui permet à la particule de « donner existence » aux composantes symboliques de son champ de mémoire (« fusion d'états quantifiés), au moyen de conditions initiales (nombres). Certaines de ces composantes ne sont pas indépendantes l'une de l'autre, et permettent donc de définir des Symboles mémorisés *reliés entre eux* (mémoire « signifiante »). Rappelons que, compte tenu du caractère néguentropique de l'espace-temps du micro-univers Mental, cette mémoire signifiante est *indélébile*, les nouveaux éléments de mémoire viennent se cumuler avec les anciens, mais ne viennent jamais se substituer à eux. Un examen plus approfondi du fonctionnement de cette mémoire particulaire montre que l'ensemble des Symboles mémorisés possède *une structure logique*. Nous constaterons au chapitre 3 qui suit que cette structure logique fait appel, à la fois, à l'Intuition et à la Raison. Les mathématiciens nomment logique des « treillis de Boole » la logique qui étaye les opérations de l'Intuition, et logique des « structures de groupe » la logique qui organise les processus de pensée de la Raison. Nous y reviendrons.

L'*Interaction* est la propriété de la Psychomatière qui désigne précisément les 4 interactions physiques, regroupées ici deux à deux : l'interaction électro-faible et l'interaction gravito-forte. La première concerne les éons (éventuellement regroupés en quarks), la seconde concerne les ensembles infinis de préons, qui composent les champs forts et gravitationnels. La représentation « unitaire » de ces deux grands types d'interaction (grande unification) est faite du Système E-H-C d'équations couplées, dont la solution unique fournit, comme nous l'avons vu, *l'ensemble* des caractéristiques de l'Univers (leptons chargés et neutres, photons, hadrons, modèle cosmologique).

Enfin, l'*Union* désigne un processus fondamental, que met en évidence la Relativité complexe : il s'agit de deux particules A et B de Psychomatière *unissant* les contenus de leurs mémoires respectives, de telle sorte qu'après cette Union la mémoire de A est faite de l'union de ses propres Symboles (et leurs conditions initiales) aux Symboles de la mémoire de B ; et, de même, B possède après cette Union dans sa propre mémoire à la fois ses anciens Symboles et ceux de A. On voit qu'il s'agit là d'un véritable *transfert de connaissances* d'une particule à l'autre. Et, compte tenu de l'unidualité Formes/Symboles, c'est aussi un *transfert de Formes* : les particules « unies » vont avoir ensuite des comportements *analogues*.

L'étude du modèle du champ de mémoire (fusion d'états photoniques quantifiés) suggère que l'Union entre deux particules de Psychomatière peut se produire si elles se disposent à proximité l'une de l'autre *avec leurs spins respectifs inversés* (position « tête-bêche »), de façon à réaliser à elles deux un *état de spin total nul*. Comme on le sait, ceci peut se produire si les deux particules sont voisines l'une de l'autre et plongées toutes deux dans un même champ magnétique : les axes de spin deviennent alors parallèles (et parallèles à la direction du champ magnétique), ou « antiparallèles » si les sens des spins sont parallèles mais inversés. Cette dernière position « antiparallèle » est encore appelée position « tête-bêche » du couple de particules, c'est la position qui offre la possibilité d'obtenir des « Unions » entre particules (c'est-à-dire des états de spin total nul). Avec pour conséquence de voir ensuite les deux particules adopter des *comportements analogues*, quand elles sont placées ultérieurement dans des situations elles-mêmes analogues. Certes, compte tenu de sa propriété de Création, il restera à chaque particule la possibilité de « choisir » un comportement différent de celui de la particule « jumelle », malgré l'identité de leurs mémoires. On peut néanmoins s'attendre que leurs comportements « se ressemblent », précisément comme ce serait le cas pour deux jumeaux qui auraient reçu une éducation identique. C'est ce que vont *vérifier* les comportements respectifs des particules en cause dans ce qu'on nomme le « paradoxe EPR ».

Le « paradoxe » EPR : un exemple d'Union des mémoires particulaires

Le paradoxe d'Einstein, Podolski et Rosen (ou paradoxe EPR) avait été signalé par ces trois physiciens dès le début du siècle, dans une tentative pour montrer que le probabilisme quantique ne fournissait pas une description « complète » des phénomènes physiques. Rappelons d'abord le paradoxe, tel qu'il résulte des faits expérimentaux.

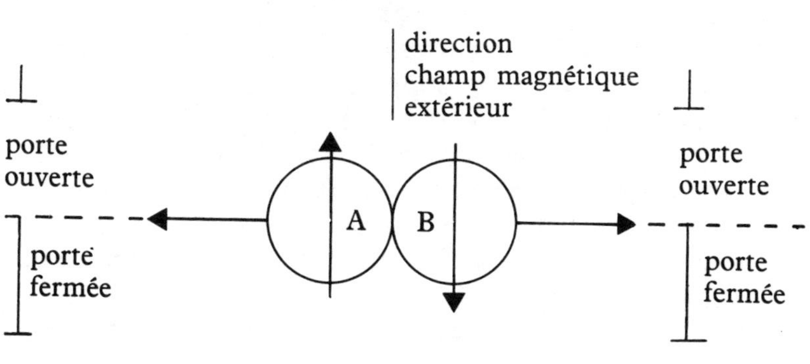

Deux protons sont initialement placés côte à côte dans un champ magnétique, de telle façon qu'on puisse obtenir un état de spin total nul pour la paire de protons (spins « tête-bêche »). On sépare ensuite les protons en les envoyant dans deux directions opposées.

Puis on présente devant chacun d'eux, alors qu'ils sont déjà très loin l'un de l'autre, un « filtre » composé (symboliquement bien sûr) d'une porte ouverte et d'une porte fermée, de telle sorte que chaque proton, d'après le comportement probabiliste que lui octroie la Mécanique quantique, a 50 % de chances de passer par la porte ouverte et 50 % de chances de s'arrêter devant la porte fermée. Et c'est effectivement ce que l'expérience vérifierait... si les deux protons n'avaient pas été placés « tête-bêche » au départ de leurs voyages respectifs. Mais voici que, pour nos deux protons A et B qu'on a « accouplés » tête-bêche, l'expérience fait apparaître un tout autre comportement des protagonistes du « couple » : si A passe la porte ouverte, alors B en fait autant ; et si A s'arrête devant la porte fermée, alors B s'arrête aussi. Au moins cela a-t-il lieu le plus souvent : A comme B est une particule « libre » (ou « libérée » !), et il lui arrive de vouloir le manifester parfois, en refusant d'adopter le comportement de son partenaire dans le couple. Mais la probabilité 50/50 prévue par la Théorie quantique « orthodoxe » n'est en tout cas pas vérifiée ici, A et B semblent vouloir le plus souvent *se comporter de façon analogue* : si tu passes, je passe ; si tu ne passes pas, je m'arrête aussi.

L'Union des mémoires de A et B, qui s'est effectuée quand on a placé au départ ces particules tête-bêche l'une près de l'autre dans un champ magnétique, rend naturellement compte des observations EPR, et supprime en fait tout paradoxe. L'Union des mémoires particulaires de A et B, qui prépare ces particules à avoir des comportements analogues (sauf quelques rares accès de libre émancipation), explique pourquoi elles agissent généralement de même si on les place devant la même alternative. Et cela prouve en même temps que non seulement chaque particule dispose d'une mémoire, mais encore qu'elle utilise effectivement cette mémoire dans son comportement.

UN UNIVERS ENTIÈREMENT VIVANT

Les propriétés de la Psychomatière, confirmées tant sur le plan théorique qu'expérimental, ne vont pas manquer d'avoir un impact dans la représentation des structures dites « vivantes », et dans l'étude des comportements du Vivant.

Nous consacrerons la seconde partie de cet ouvrage à examiner ces comportements du Vivant, et nous verrons à quel point la Psychomatière témoigne alors des propriétés de cette mémoire signifiante que nous venons de mettre en évidence, dès le niveau d'organisation le plus simple. En fait, nos biologistes ont jusqu'ici fait « commencer » la Vie chez les plus petites structures présentant de façon visible un comportement « autonome ». En somme, on a supposé que la Vie commençait là où le microscope (électronique) commençait « à voir ». C'est encore là l'une des fâcheuses conséquences d'avoir voulu limiter le champ d'investigation de la Science à ce qui était « observable ». La véritable connaissance, nous pensons l'avoir montré, commence avec l'invisible, et plus précisément avec l'Imaginaire. Nous aurions sans doute dû prêter beaucoup plus d'attention à l'avertissement d'un Pascal : « Et si notre œil s'arrête là, que notre imagination passe outre. » Les scientifiques ont dédaigneusement ~~voulu~~ abandonner l'Imaginaire aux poètes. Mais les poètes, comme les enfants, étaient plus près du royaume des cieux. Nous constatons aujourd'hui que cette Réalité « concrète » qu'ambitionnait de représenter la Science de ces derniers siècles prend racine dans l'Imaginaire, et que ce qu'on avait pris pour la Réalité tangible n'est au contraire qu'apparence, un espace abstrait de représentation où flottent des points sans dimension dans un océan de probabilité de présence.

Ce Monde de pure Matière, qu'avait si bien voulu nous imposer une connaissance « matérialiste », fait aujourd'hui place à un monde *entièrement* fait de mémoire signifiante, de logique et de liberté. Nous participons, chacun de nous, à un

Univers possédant la qualité « vivante » jusque dans les plus petites parcelles de son immense corps.

Avant de mieux encore nous en convaincre, en regardant « vivre » la Psychomatière de l'Univers dans la seconde partie de cet ouvrage, nous compléterons les connaissances que la Relativité complexe nous apporte de cette Psychomatière, en examinant avec un peu plus de détails la Logique (chapitre 3) et la Liberté (chapitre 4) au niveau particulaire.

CHAPITRE III

L'Intuition et la Raison particulaires

Sans l'Esprit, l'Univers n'existe pas.

PARMÉNIDE

Rien n'est jamais engendré de rien par la puissance divine.

LUCRÈCE

De même le Monde ne tient, l'Etre ne tient qu'en mouvement.

MERLEAU-PONTY

AU COMMENCEMENT ÉTAIT L'ENSEMBLE DES SOUS-ENSEMBLES. L'ESPRIT EN QUÊTE INTUITIVE DE L'ETRE. DIALOGUE DE L'ESPRIT AVEC SON CRÉATEUR. L'Esprit était dans l'Etre et l'Esprit était l'Etre. L'Esprit fait un « libre choix » des Formes archétypales dans l'Etre. LE VERBE D'ESPACE-TEMPS ET LA STRUCTURE DE GROUPE DES POINTS DE L'ETRE. La trilogie Etre-Esprit-Verbe. Notions sommaires sur les groupes. NAISSANCE DES PRÉONS ET DES ÉONS. LA MÉMOIRE SIGNIFIANTE DE LA PSYCHOMATIÈRE. La « fusion » des rotations/pulsations. La structure de groupe de la mémoire particulaire. Lumière sur la lumière mentale (nouménale). FORMES/SYMBOLES ET COMPORTEMENT. L'onde psi analyse la Réalité. Le « dialogue » entre l'onde psi et la mémoire particulaire. Intervention de la Liberté particulaire.

Les particules de Psychomatière vont nous fournir une représentation de l'Univers composée de Formes et de Symboles, ou plus exactement, et comme nous l'avons vu au chapitre qui précède, une représentation faite de l'unidualité Formes/Symboles. Mais comment les particules de Psychomatière elles-mêmes sont-elles « nées » ? Si elles sont capables de fournir une représentation de quoi que ce soit, il conviendrait sans doute de nous dire d'abord d'où elles tirent ce pouvoir de « représenter ». Toute représentation obéit à une certaine « logique » : comment la Psychomatière a-t-elle pu au départ acquérir cette logique ? Qui donc lui a suggéré, ou imposé, telle logique plutôt que telle autre ? Autrement dit, pour être entièrement convaincu des propriétés « mentales » de chaque particule de Psychomatière, nous voudrions bien savoir comment leur sont venues ces capacités dont témoigne le Mental. Notons bien que de telles questions, qui reviennent un peu toujours au bien connu : « Qui a fait la poule : c'est l'œuf ; et qui a fait l'œuf : c'est la poule », ce type de questions concernant l'Univers se posaient déjà à l'époque purement « matérialiste » de la Science : quel « prestidigitateur » a bien pu tirer de ses manches toute la Matière dont nous constatons la présence dans notre vaste Univers ? Mais, avec l'existence du Mental comme partie constituante de l'Univers, il semble qu'on soit tenu de répondre clairement à ce type de question avant d'aller plus avant. Puisque, nous l'avons vu, la Psychomatière est dotée d'une propriété de « Création », pourquoi ne nous explique-t-elle pas d'abord comment elle-même a été créée ? Bref, l'entrée de la Psychomatière en Physique est aussi une source de nouvelles questions fondamentales, que la Physique d'antan se sentait justifiée d'éviter en déclarant simplement que de telles questions concernaient la Métaphysique, et non la Physique. Mais la nature du Mental est l'un des thèmes essentiels de la Métaphysique. La Physique du Mental est donc une Physique qui incorpore dans son domaine d'investigation les grands thèmes de la Métaphysique, et cette Physique nouvelle doit par conséquent prendre ses responsabilités et aller jusqu'au bout de ses questionnements, même si ceux-ci sont du type : « Qui a fait la poule... »

AU COMMENCEMENT ÉTAIT L'ENSEMBLE DES SOUS-ENSEMBLES

Nul ne s'étonnera du fait que, quand il s'agit de procéder à une analyse du Tout, le physicien soit immédiatement tenté d'utiliser ce qu'on nomme en mathématiques la « théorie des ensembles ».

Nous pouvons en effet, dans un tel formalisme, nous poser le problème dès l'abord sous sa forme *la plus générale*. Ainsi, comment va-t-on d'abord définir l'ensemble de l'Univers ? L'Univers c'est le Tout, c'est l'ensemble de tous les possibles. Mais qu'appelle-t-on exactement un « possible » ? Pour éviter de restreindre notre recherche, soyons encore plus général : *l'Univers est l'ensemble de ses sous-ensembles*. Nous ne précisons pas la nature exacte de ces sous-ensembles, nous n'en avons pas besoin pour le moment. Nous supposons seulement que l'ensemble de l'Univers peut être « divisé », c'est-à-dire qu'on pourra « créer » des parties de l'Univers à partir de la substance de l'Univers ; et nous dirons que l'Univers est composé de l'ensemble des parties qui ont ainsi pu être « modelées » avec la substance de l'Univers. C'est un peu comme si on assimilait l'Univers à la terre qui sert au sculpteur à créer ses œuvres : cette terre représente pour le sculpteur la substance dont il tirera la forme de ses œuvres, toutes les sculptures « possibles » sortiront de cette substance terreuse qui est à sa disposition. Quand la terre est devenue sculpture, c'est une partie de la terre totale qui a pris forme. De manière semblable, l'Univers est l'ensemble des « objets » qui pourront être créés à partir de sa substance, l'Univers est l'ensemble de ses sous-ensembles. Nous représenterons cela sur le schéma ci-dessous, qui en théorie des ensembles porte le nom de « diagramme d'Euler-Venn ».

Etre = 1

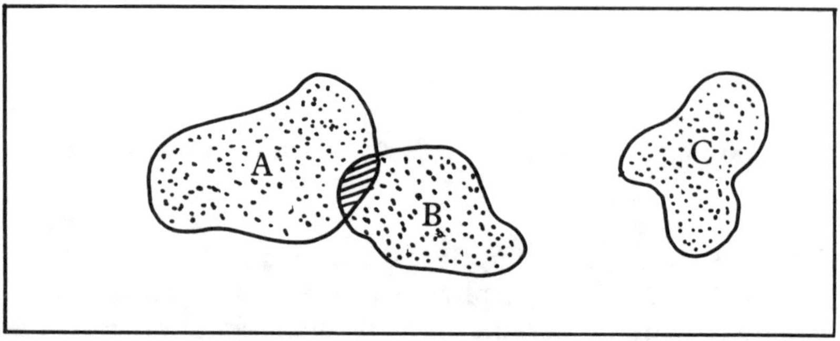

Le rectangle représente l'ensemble de tout l'Univers, le Un, que l'on désigne d'ailleurs par le chiffre 1. Tous les « possibles » de l'Univers sont contenus dans ce Un, que nous appellerons plus généralement l'Etre (ce qui est). Nous avons dessiné 3 sous-ensembles dans l'Etre, désignés par les lettres A, B et C. Deux de ces sous-ensembles (A et B) se chevauchent, c'est-à-dire ont une partie en commun (hachurée). Au contraire, C n'a aucun point commun avec A et B. On voit immédiatement sur ce diagramme la justification de la définition que nous avons donnée de l'Etre : l'Etre est l'ensemble de ses sous-ensembles. On peut remplir le rectangle avec autant de sous-ensembles que l'on désirera, tels que A, B et C, il sera toujours vrai que l'Etre (le rectangle total) sera l'ensemble de tous les sous-ensembles modelés avec sa « substance », tels que les sous-ensembles A, B, et C.

Nous appellerons **Archétypes** les sous-ensembles de l'Etre. A, B, et C sont des Archétypes. L'Archétype est en fait, nous l'avons vu, « vide » de Forme (contours) et de Symbole (signification) tant que l'Esprit ne lui a pas donné existence en l'actualisant dans l'espace et le temps, le transformant en Formes de la Réalité et Symboles de l'Imaginaire. On voit ici que, dès que l'on *nomme* ainsi (c'est-à-dire que l'on attribue un ou plusieurs Symboles) aux Formes, Formes et Symboles deviennent une *unidualité*. L'Etre est donc constitué de l'ensemble des Formes/Symboles « potentiels », que nous désignons comme des Archétypes. Nous reviendrons plus loin sur cette notion importante des Archétypes de l'Etre et de leur « bon ordre » (chapitre 4).

Complétons ce qui précède par quelques notions simples empruntées à la théorie des ensembles et qui pourront nous être utiles.

On appelle **union** de A et B la surface (indiquée en pointillé et comprenant la zone hachurée) couverte dans l'Etre par A et B ; on écrit cette opération :

$$A \cup B$$

qui se lit « A union B ».

On appelle **intersection** de A et B, qu'on écrit :

$$A \cap B$$

et qui se lit « A intersection B », la zone hachurée *seule.*

Enfin on appelle **complément** d'un sous-ensemble quelconque C de l'Etre, qu'on écrit $\overline{C}$, et qui se lit « non-C », toute la surface de l'Etre qui n'est *pas* comprise dans C.

Si deux sous-ensembles de l'Etre, tels que A et C par exemple, ne se chevauchent pas, nous dirons qu'ils sont disjoints, et nous écrirons :

$$A \cap C = \emptyset$$

qui se lit « A intersection de C égale **ensemble vide** $\emptyset$

On voit immédiatement que :

$$A \cup \overline{A} = 1$$

qui se lit « A union non-A égal l'Etre 1 ». L'Union d'un sous-ensemble et de son complément forme donc le Tout, l'Être, l'Univers entier. Nous aurons à revenir sur ce résultat important, qui « donne accès » à l'Etre entier par le rapprochement d'un Archétype et de son complément.

On a noté aussi l'entrée en scène de l'ensemble vide, désigné par $\emptyset$ (zéro), qui dans la représentation de l'Etre et de ses Formes/Symboles revêt une importance toute particulière. En effet, le $\emptyset$ joue un peu le rôle du centre du référentiel, dans la représentation que l'on proposera de l'Etre. Il est à la fois présent et invisible dans l'Etre. Il est présent puisqu'il est un sous-ensemble de l'Être ; il est cependant un sous-ensemble particulier, il est « vide ». Et, puisqu'il est vide, et donc ne couvre aucune surface dans l'Etre, il est invisible dans l'Être. Le ∅ est « l'œil » capable de tout regarder sans être vu, capable de tout représenter sans rien cacher de la représentation. Cet ensemble vide ∅ va jouer dans la représentation, comme nous le verrons mieux tout à l'heure, le rôle de l'Esprit.

On aperçoit cependant une *autre façon* de définir l'Etre. On peut considérer celui-ci comme formé de points (au lieu de formes archétypales), avec la définition mathématique habituelle que l'on attribue au point : intersection de deux droites sans épaisseur. L'Etre est donc aussi formé par un ensemble infini d'éléments ponctuels. Mais nous voyons ici une difficulté pour parler ainsi de l'Etre en termes de points : tous les points se ressemblent, un point n'a pas véritablement de « forme », il ne sert donc à rien de lui donner un « nom » (c'est-à-dire de lui attribuer un Symbole), puisque tous les points sont de prime abord identiques. Les points formant l'ensemble de l'Etre pourront toutefois être distingués les uns des autres *si on précise le mouvement* de chaque point considéré. On pourra encore dire alors, par extrapolation du langage précédent, que le « comportement » (mouvement) du point considéré est encore sa Forme, et nous pourrons à nouveau associer un Symbole distinctif à cette Forme du point considéré. En d'autres termes, l'Etre considéré comme un ensemble infini d'éléments ponctuels va encore pouvoir être défini comme l'ensemble des Formes/Symboles potentiels (Archétypes).

Nous allons voir que, dans cette approche de l'Etre comme un ensemble d'éléments ponctuels en mouvement, la notion de Formes/Symboles « complémentaires» (telles que A et $\bar{A}$, par exemple) est remplacée par la notion (très différente) de Formes/Symboles « symétriques ».

Ces deux approches de l'Etre correspondent en fait à deux représentations *logiques* distinctes : l'Etre est représenté par l'Intuition ou par la Raison, respectivement. Deux approches ayant chacune leurs particularités, comme nous allons le voir maintenant.

L'ESPRIT EN QUÊTE INTUITIVE DE L'ÊTRE

La définition de l'Etre comme étant l'ensemble de ses sous-ensembles est sans doute la définition *la plus générale* qui puisse être fournie de l'Etre, puisqu'on ne précise même pas ici la nature des éléments de l'Etre : on annonce seulement que ces éléments sont ses parties ; l'Etre est composé de ses parties... ce qui est une évidence : connaissez-vous quelque chose qui ne soit pas composé des parties qui le composent ?

Cette définition très générale de l'Etre offre un autre intérêt : elle donne automatiquement à l'Etre une *structure*, c'est-à-dire certaines lois de composition interne entre les éléments de l'Etre (c'est-à-dire les Formes/Symboles potentiels). En effet, on constate que les éléments de l'Etre obtenus comme produits des opérations d'union, d'intersection ou de complémentarité *sont encore des sous-ensembles de l'Etre*, donc appartiennent à l'Etre. Autrement dit, le seul fait d'avoir donné à l'Etre cette définition générale d'être l'ensemble de ses sous-ensembles *a doté l'Etre d'une structure logique interne*, que les mathématiciens nomment une structure en treillis de Boole. Un ensemble est doté d'une structure en treillis de Boole si :

— Il possède un *plus grand* élément et un seul, dit élément universel (dans l'Etre c'est l'Etre lui-même, le Tout, l'Un, désigné par le chiffre 1) ;

— Il possède un *plus petit* élément et un seul, dit élément nul (dans l'Etre c'est le sous-ensemble vide, le $\emptyset$, l'Esprit) ;

— Chaque élément possède un élément *complémentaire* et un seul ; ce qui est bien le cas de l'Etre, comme nous l'avons vu tout à l'heure sur le diagramme d'Euler-Venn.

L'Etre est donc un ensemble où les éléments sont articulés les uns aux autres au moyen d'une certaine *logique*, qui est la logique existant entre les éléments d'un treillis de Boole.

L'existence d'un élément complémentaire *unique* entraîne une propriété toute particulière entre les éléments de l'Etre :

les Formes/Symboles sont complémentaires *par paires.* En d'autres termes, si je choisis une Forme/Symbole A dans l'Etre, j'ai en fait créé dans l'Etre *deux* Formes/Symboles, puisque j'ai aussi fait apparaître $\bar{A}$, qui est la Forme/Symbole complémentaire de A. Entre A et $\bar{A}$ on a les deux relations :

$$A \cup \bar{A} = 1$$
$$A \cap \bar{A} = \emptyset$$

La première relation indique que les deux Formes/Symboles A et $\bar{A}$ que j'ai ainsi créées, si je les mets côte à côte dans ma représentation, *me fournissent la connaissance de l'Etre entier 1*, d'où un sentiment de *plénitude* s'attachant à cette approche intuitive du Tout.

La seconde relation m'indique au contraire que, si je mets ces deux Formes/Symboles A et $\bar{A}$ côte à côte, en remarquant que l'une, A, possède *toutes les caractéristiques possibles que l'autre, $\bar{A}$, n'a pas*, je découvre la place de l'Esprit (le $\emptyset$) dans l'Univers, qui est *mon* Esprit, par le seul fait qu'il est l'élément qui est capable de faire en chaque chose la partition entre son *existence* A et son *essence* $\bar{A}$.

Mais je note une certaine *confusion* qui paraît prendre naissance quand mon Esprit « choisit » (c'est-à-dire *crée*) de cette manière une Forme/Symbole, A : j'ai en fait créé de cette manière, comme je l'ai dit, *deux* Formes/Symboles, A et $\bar{A}$, et la seconde est non seulement complémentaire de A, mais contient aussi parmi ses caractéristiques des aspects *contradictoires* avec A. Par exemple, si A est le symbole correspondant à la Forme « continu », $\bar{A}$ est le Symbole désignant la Forme « non-continu », c'est-à-dire toutes les Formes sauf « continu », ce qui englobe la Forme « discontinu » : en créant le Symbole A, ne suis-je donc pas ainsi occupé à mettre au monde un objet *à la fois* « continu » et « discontinu », ce qui est contradictoire ?

On rencontre ici l'approche bien connue de l'Univers qui est familière à la philosophie orientale : une chose est à la fois elle-même et son contraire ; et elle n'est également ni elle-même, ni son contraire. C'est une approche intuitive de l'Univers, qui a l'énorme avantage de pénétrer les choses à la fois de l'extérieur et de l'intérieur, à travers à la fois leur existence et leur essence; d'où un sentiment de *plénitude* s'associant à ce type de connaissance intuitive. Dans chaque Symbole, dans chaque Forme, c'est en somme la connaissance de l'Etre entier que nous faisons ici.

Mais on conçoit que cette approche « intuitive » ne soit pas à elle seule suffisante pour fournir une représentation complète de l'Univers. Aussi, l'Esprit va-t-il faire une *seconde approche* de l'Etre, où il va mettre en œuvre une autre logique, celle s'appuyant sur le principe d'identité, le principe du tiers-exclu et le principe de non-contradiction, tous trois si chers à la philosophie occidentale. Après avoir gravi les blanches cimes de l'Etre en s'aidant des ailes de l'Intuition, l'Esprit va ensuite prendre le chemin du Verbe en chaussant les solides bottes de la Raison. Efforçons-nous de reconstituer par la pensée ces premières étapes de la Genèse.

DIALOGUE DE L'ESPRIT AVEC SON CRÉATEUR

L'Esprit était dans l'Etre et l'Esprit était l'Etre

Voici donc l'Etre. On ne peut même pas dire que l'Etre était au commencement, car l'Etre est *le Tout*, il contient tous les possibles; le temps et l'espace eux-mêmes sont des Formes de l'Etre, l'Etre *transcende* donc l'espace et le temps, ceux-ci sont des Formes « à devenir ». L'Etre ne se réduit pas plus à l'espace et au temps qu'une ligne continue ne se réduit aux points individuels actualisés sur cette ligne. Les mathématiciens diront que l'infini « continu » des points « potentiels » dont est faite la ligne *transcende* l'infini « dénombrable » des points individuels qui peuvent être actualisés quand on vient les marquer sur la ligne.

Nous avons déjà fait, dans notre premier chapitre, cette distinction entre le continu (points potentiels) et le dénombrable (points actualisés). Les points actualisés s'inscrivent dans l'espace et le temps, la ligne continue, faite de points « possibles », ne s'inscrit pas dans l'espace et le temps, elle transcende l'espace et le temps. C'est ainsi qu'il faut comprendre que l'Etre n'a ni commencement ni fin dans l'espace comme dans le temps, l'Etre *transcende* l'espace et le temps, il contient l'espace et le temps sans se réduire à eux.

Mais l'Etre, nous l'avons vu, ne doit cependant pas être confondu avec le Néant, il possède notamment des relations entre les Formes qui le composent, ces relations définissant une « logique de l'Etre » (union, intersection, complémentation) que les mathématiciens identifient aujourd'hui comme l' algèbre de Boole. Les Formes de l'Etre sont associées entre elles selon une structure relationnelle dite en « treillis de Boole ». Et l'Etre, compte tenu de cette structure, se définit lui-même comme le Tout (c'est-à-dire le nombre entier 1). D'autre part, cette même structure en treillis de Boole dote l'Etre d'un sous-ensemble particulier, qui se manifeste dès qu'on définit dans l'Etre une Forme quelconque A : c'est l'ensemble vide $\emptyset$, qui relie A à son complémentaire $\bar{A}$:

$$A \cap \bar{A} = \emptyset$$
$$A \cup \bar{A} = 1$$

Nous avons nommé Esprit cet ensemble vide $\emptyset$, c'est le centre de conscience qui est capable d'opérer un *libre choix* d'une Forme quelconque A dans l'Etre. Sans l'Esprit il ne peut y avoir de Formes dans l'Etre, donc il ne peut y avoir d'Etre. C'était ce que Parménide avait déjà remarqué il y a plus de 20 siècles, quand il affirmait : « Sans l'Esprit, l'Univers n'existe pas. » L'Esprit, ainsi inséparable de l'Etre, est en fait *l'Esprit de l'Etre* lui-même. L'Esprit était dans l'Etre et l'Esprit était l'Etre.

L'Esprit fait un « libre choix » des Formes archétypales dans l'Etre

La propriété fondamentale de l'Esprit est celle du *libre choix :* l'Esprit choisit librement un Archétype, c'est-à-dire une forme archétypale de l'Etre et l'identifie en *la nommant,* c'est-à-dire en lui attribuant un Symbole. On voit ainsi prendre naissance l'unidualité Forme/Symbole. On note deux caractéristiques de cette propriété de « libre choix » de l'Esprit :

— Elle implique d'abord *l'existence du temps.* « Choisir » est une opération qui se déroule nécessairement dans le temps. L'Esprit va précisément sortir le temps du Néant en s'appuyant sur l'existence des nombres naturels 0 et 1, qui sont partie intégrante de la structure de l'Etre. Le 0 et le 1 rendent possible *l'actualisation* d'une Forme par l'Esprit. Grâce au 0 et au 1 l'Esprit distingue une Forme A dans l'Etre au moyen des relations :

$$A \cup \overline{A} = 1$$
$$A \cap \overline{A} = \emptyset$$

On se souviendra, à propos du rôle essentiel que jouent le 0 et le 1 dans la Genèse de l'Univers, la parole célèbre du mathématicien Léopold Kronecker, l'un des fondateurs de la théorie des ensembles : « Dieu a créé les nombres naturels, tout le reste est création de l'Homme. »

Le 0 et le 1 participent en effet à *l'actualisation* des Formes de l'Etre. *Avant* l'actualisation de A, la Forme A n'a aucune existence; *après* l'actualisation de A, la Forme A « existe ». L'opération d'actualisation suppose donc l'existence du temps, le libre choix de l'Esprit s'effectue dans le temps; sans le temps, l'Esprit ne dispose pas de sa propriété de libre choix. En effectuant son « premier » libre choix, l'Esprit *donne naissance au temps.*

— Le libre choix *implique également l'existence de l'espace.* Il faut en effet que l'Esprit, pour exercer son libre choix d'une Forme de l'Etre, et « nommer » ensuite cette Forme au moyen d'un Symbole, puisse procéder à une *mémorisation* dans un espace approprié de la Forme/Symbole qu'il a ainsi choisie.

Il faut donc que l'Esprit, qui n'est que centre de conscience, s'adjoigne une structure spatiale dans laquelle il pourra mémoriser, et donc ensuite comparer entre elles, les différentes Formes qu'il a choisies dans l'Etre.

Le « dialogue » de l'Etre et de l'Esprit ne va donc pouvoir prendre place que si, inclus dans la structure même de l'Etre/Esprit, peut s'édifier un « univers » construit sur l'espace et le temps. Le « dialogue » entre l'Etre et l'Esprit entraîne l'existence du **Verbe.**

LE VERBE D'ESPACE-TEMPS ET LA STRUCTURE DE GROUPE DES POINTS DE L'ÊTRE

La trilogie Etre-Esprit-Verbe

Puisque la propriété de « libre choix » des Formes/Symboles exercée par l'Esprit suppose l'existence concomitante du Verbe d'espace-temps, le Verbe doit être lui aussi, comme l'était déjà l'Esprit, une conséquence « inévitable » résultant de la « structure logique » de l'Etre. Autrement dit, l'Etre, l'Esprit et le Verbe doivent former une véritable « trilogie unitaire », l'un des termes ne pouvant exister sans la présence des deux autres.

On doit donc rechercher, à côté de la structure logique en « treillis de Boole » des Formes de l'Etre, qui a donné existence à l'Esprit, *une autre* structure logique propre aux éléments de l'Etre, qui donnera existence au Verbe.

Cette nouvelle structure va être propre à chaque Forme de l'Etre (y compris donc l'Etre lui-même) : chaque Forme de l'Etre peut se définir comme un *ensemble de points en mouvement dont les trajectoires d'espace-temps forment un groupe.*

Notions sommaires sur les groupes

Il nous faut donc dire ici quelques mots sur les « groupes » mathématiques, puisque nous découvrons que la structure de groupe joue un rôle essentiel pour tenter de comprendre... ce que nous sommes.

Rien ne nous empêche de supposer *par la pensée* que les Formes de l'Etre sont constituées d'un ensemble de points mathématiques en mouvement, mais à condition que de tels mouvements n'introduisent pas dans l'Etre des caractéristiques physiques *qui n'y étaient pas avant cette hypothèse.* Par exemple, si de tels mouvements entraînent que l'Etre soit associé à de l'énergie, l'hypothèse de mouvement devient inacceptable, car elle revient à doter l'Etre de caractéristiques qu'il n'a pas (rappelons-nous qu'il est simplement l'ensemble de ses sous-ensembles, nous n'avons pas fait entrer des concepts comme celui d'« énergie » dans notre définition de l'Etre). On peut donc doter les points de l'Etre de certains mouvements, mais à condition que ces mouvements soient tels *qu'ils se compensent l'un l'autre,* et que globalement ceci n'ajoute ou ne retire *aucune* des caractéristiques ayant servi à *définir* l'Etre.

Depuis le début du siècle dernier les mathématiciens ont particulièrement bien étudié de telles « opérations » exécutées par un ensemble de points, se caractérisant par le fait que ces opérations peuvent être regroupées entre elles de telle manière que l'effet « global » soit nul. De telles opérations où les causes s'enchaînent aux effets comme dans une sorte de « circularité », de manière que le dernier effet soit la première cause, s'appellent opérations de groupe. L'un des fondateurs de la théorie des groupes fut le jeune Evariste Galois, à qui l'on prête d'avoir en quelques nuits fourni les bases de la théorie... juste avant d'aller se faire tuer en duel. Dans son livre *La Science et l'Hypothèse,* le mathématicien Henri Poincaré écrivait : « Le concept général de groupe préexiste dans notre esprit, au moins en puissance. Il s'impose à nous, non comme forme de notre sensibilité, mais comme forme de notre entendement. » Poincaré soulignait dans ce texte le rôle important des groupes pour rendre compte de notre façon de prendre conscience du monde ; et il faisait déjà le départ entre notre sensibilité (notre Intuition) et notre entendement (notre Raison). Ces deux formes de notre pensée s'appuient en effet, comme nous l'avons déjà remarqué, sur des structures logiques différentes, qui ont respectivement noms : treillis de Boole et groupes d'opérations.

Illustrons les opérations de groupe par un exemple très simple, celui des mouvements de rotation :

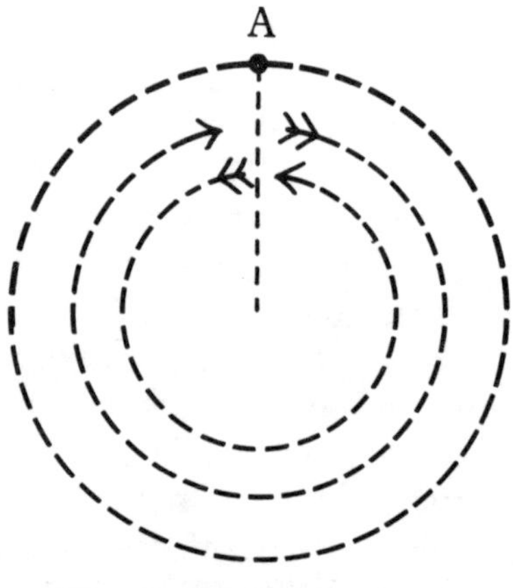

Considérons un point A dans l'Etre. Je peux le considérer comme un point « transcendant » l'espace et le temps, et donc un point pour lequel cela n'aurait pas de sens de parler de « mouvement dans l'espace et le temps ». Mais je peux aussi « appliquer ma pensée » à ce point A et dire qu'il exécute simultanément *deux* mouvements de rotation à même vitesse angulaire sur un cercle, un mouvement étant dans le sens des aiguilles d'une montre, l'autre inverse. Globalement les phénomènes « se compensent », et les représentations de A, soit comme un point « transcendant » de l'Etre, soit comme un point effectuant « par la pensée » ce double mouvement de rotation dans l'espace-temps (c'est-à-dire dans le Verbe), sont équivalentes. L'avantage de la représentation d'espace-temps est, comme nous l'avons vu, qu'elle permet à l'Esprit d'exercer sa propriété de « libre choix »... entraînant par là même la « réalité imaginaire » du Verbe d'espace-temps.

Les mathématiciens diront que les deux opérations de rotation en sens inverse définies ci-dessus pour le point A forment *un groupe.*

Pour qu'un ensemble d'opérations soit un groupe il faut :

— Que ces opérations puissent être combinées entre elles deux à deux suivant une loi déterminée de telle façon que le résultat de l'opération soit encore une opération du groupe. La combinaison des deux mouvements contraires de A était, ci-dessus, la rotation d'un angle nul (A reste à sa place);

— Que dans cet ensemble d'opérations il existe une opération dite *neutre,* c'est-à-dire qui, combinée à une autre opération quelconque du groupe, ne change pas cette dernière. C'est le cas d'une rotation nulle; ou encore d'une rotation de 360 degrés : si j'avais ajouté 360 degrés à l'un des mouvements de A, par exemple dans le sens des aiguilles d'une montre, je me serais toujours retrouvé finalement avec le point A à sa place initiale;

— Enfin, qu'à chaque opération du groupe on puisse en faire correspondre une autre et une seule, dite opération *symétrique,* qui soit telle que la combinaison d'une opération avec sa symétrique fournisse une opération neutre. Si par exemple, dans le double mouvement précédent du point A, l'opération neutre est la rotation d'un angle nul, les deux rotations respectives de A, représentant les parcours de A de 360 degrés dans les deux sens opposés, seront dites opérations symétriques.

La définition formelle d'un groupe mathématique comprend aussi une condition d'associativité entre les opérations, mais celle-ci est plus technique et peut être omise dans cet exposé très simplifié.

Ce qu'il nous faut retenir ici, c'est que l'Esprit va pouvoir se servir de la structure de groupe, qui existe (comme par construction) entre l'ensemble des points constituant les Formes de l'Etre. Dès que l'Esprit procède ainsi, il donne naissance au Verbe (espace-temps) et devient donc capable d'opérer un libre choix des Formes de l'Etre. En actualisant et en nommant ainsi les Formes/Symboles de l'Etre, au moyen d'opérations formant un groupe, l'Esprit donne naissance au Verbe, c'est-à-dire au Mental/Matière.

Ainsi, l'Etre et ses structures logiques (treillis de Boole et structure de groupe) va « mettre en place » la trilogie de l'Etre, de l'Esprit et du Verbe.

Nous avons déjà vu que le « dialogue » de l'Esprit avec l'Etre, basé sur les relations de *complémentarité par paires* des Formes de l'Etre, pouvait être qualifié d'*Intuition.* Le « dialogue » entre l'Esprit et le Verbe, basé sur les structures de groupes de mouvements *symétriques par paires* d'entités ponctuelles, met au contraire en œuvre la Raison. Nous allons maintenant examiner cet aspect faisant entrer en jeu la Raison avec plus de détails.

NAISSANCE DES PRÉONS ET DES ÉONS

La structure de groupe des points de l'Etre va donner naissance à l'espace-temps, et à ces structures de base de l'espace-temps que la Relativité complexe a nommées préons et éons.

Un *préon* est un point mathématique M de l'ensemble de l'Etre; il faut donc lui attribuer une masse propre nulle m = 0, car un point mathématique a, par définition, un volume nul, donc une masse propre nulle. M possède un mouvement de rotation dans un espace clos sphérique, lui-même en pulsation. Il faut que ces mouvements de rotation et de pulsation (qui forment un groupe) s'effectuent à une certaine vitesse, qui pour un point de masse propre m *nulle* ne peut être que la vitesse relative maximale, celle de la lumière c... qui sera automatiquement égalée à l'unité 1, puisque l'Etre ne contient « inscrits » dans sa structure que les nombres naturels 0 et 1. L'opération neutre du groupe considéré est la rotation de 360 degrés (un tour complet) ou la pulsation complète (avec retour de M à son point de départ). Ces deux mouvements de rotation/pulsation ont même période et se partagent l'énergie. Les opérations du groupe sont quantifiées, ce qui signifie que l'*action* h (au sens de la physique, c'est-à-dire l'énergie multipliée par la période) associée à la rotation/pulsation de M est toujours la même, et sera déclarée égale à l'unité h = 1 (encore une fois, l'Etre « ne connaît » que 0 et 1). Si on considère le mouvement de *plusieurs* points tels que M, nous dirons que *chaque* point est caractérisé par l'action h = 1.

Les préons, comme le montre la Relativité complexe, constituent alors des micro-univers d'espace-temps possédant un spectre *continu* de périodes de rotation/pulsation T (soit aussi un spectre continu d'énergies possibles). Mais l'étude générale des opérations de groupe effectuées sur les points de l'Etre montre que, pour *une période précise T* de rotation/pulsation, le micro-univers possède une structure particulière, se caractérisant par une *mémoire signifiante* emplissant le micro-univers (on nomme alors *éon*, au lieu de préon, ce micro-univers). Les éons forment un spectre *discontinu* d'énergie (leptons chargés). La période caractéristique possédée *en commun* par tous les éons sera à nouveau prise comme unité : T = 1.

Avec la naissance des éons et des préons va pouvoir se bâtir *la totalité du Verbe*, comme l'a démontré la Relativité complexe. Le Verbe comprend notamment l'espace cosmologique, qui va être le lieu « de dialogue » entre les éons, et aussi le lieu des interactions électro-faibles entre ces particules ; dans ce même espace cosmologique les préons interagiront entre eux pour produire les champs gravito-forts. L'Univers entier, Imaginaire et Réalité, va « se dimensionner » à partir des 3 unités de base : c = 1, h = 1, T = 1. C'est ainsi que nous allons voir apparaître les paramètres physiques fondamentaux de l'Univers, dont les valeurs ont été *toutes* calculées, comme nous l'avons vu, par l'obtention de la solution unique des systèmes couplés d'équations E, H et C « modélisant » l'Univers (le Verbe) dans sa totalité.

Mais, ce que l'on doit à mon avis considérer comme la découverte la plus essentielle de la Relativité complexe c'est l'existence de cette *mémoire signifiante et indélébile* dont est doté chaque éon, mémoire qui conduit à qualifier de *Psychomatière* (et non plus seulement de Matière) la nature des particules emplissant l'Univers. Cette mémoire signifiante, qui possède elle aussi une structure de groupe, permet non seulement la mémorisation d'informations au niveau de chaque particule individuelle de Psychomatière, mais aussi la *comparaison* entre elles des informations mémorisées par chaque particule. C'est pourquoi nous parlons d'ailleurs ici d'une mémorisation « signifiante ».

LA MÉMOIRE SIGNIFIANTE DE LA PSYCHOMATIÈRE

La « fusion » des rotations/pulsations

La mémoire de la Psychomatière va donc « se fabriquer » spontanément, dans chaque micro-univers éonique, à partir des structures de groupe des points de l'Etre, et plus précisément à partir des rotations/pulsations de ces points.

L'édification du formalisme de la Relativité complexe dans ce domaine s'est trouvée beaucoup facilitée par les recherches *déjà* effectuées dans cette direction, en grande partie à l'Institut Henri-Poincaré de Paris, par Louis de Broglie et quelques autres chercheurs français (notamment Marie-Antoinette Tonnelat). Louis de Broglie, comme on le sait, est un des fondateurs de la Théorie quantique, où il a développé ce qu'il a nommé la Mécanique ondulatoire. Il s'est particulièrement intéressé, vers les années 30-40, aux théories de la lumière et à la quantification du champ électromagnétique ; et il eut l'idée de montrer comment les équations de Maxwell, qui représentent ce champ électromagnétique, pouvaient être obtenues en considérant le mouvement combiné de deux neutrinos en rotation l'un autour de l'autre. Le neutrino est généralement accepté comme étant pratiquement ponctuel et de masse propre nulle, de telle sorte que le mouvement des deux neutrinos en rotation nous rappelle aujourd'hui, bien sûr, ce que nous venons de dire des mouvements de groupe des points de l'Etre. Il est facile de montrer que les équations de Maxwell pourraient de la même façon être obtenues en considérant le mouvement *d'un seul* neutrino, mais animé alors *à la fois* d'une rotation quantifiée et d'une *pulsation* quantifiée de la trajectoire de rotation (c'est-à-dire animé du mouvement que nous avons nommé une rotation/pulsation). Puis de Broglie a voulu aller plus loin encore, et a procédé à une étude systématique des équations décrivant les *effets combinés* des mouvements de couples de neutrinos : non seulement un seul couple de *deux* neutrinos, mais deux couples, comprenant 4 neutrinos, quatre couples, ou 8 neutrinos, et ainsi de suite. Les équations obtenues pour ces nouveaux mouvements sont les mêmes que pour moitié moins de neutrinos (1, 2, 4,...), mais pour lesquels les rotations/pulsations remplacent les rotations seules.

De telle sorte que la Relativité complexe, quand elle s'est préoccupée des structures de groupe de rotations/pulsations des points de l'Etre, s'est trouvée disposer dès le départ d'un formalisme tout préparé, et systématiquement étudié. Certes, l'objectif de Louis de Broglie était bien éloigné de la recherche d'une « mémoire particulaire », comme cela est le cas en Relativité complexe ; mais il n'en reste pas moins que ces études allaient pouvoir s'appliquer presque sans modification pour représenter ce cas... et faire gagner du temps et des efforts considérables à la Relativité complexe.

Remarquons que cet exemple d'études « prémonitoires » en Physique, où des recherches mathématiques devancent leur application de plusieurs décennies, s'est rencontré plusieurs fois au cours des trois derniers siècles. On se rappellera notamment les géométries de Gauss et Riemann, introduisant en mathématiques les éléments du *calcul tensoriel,* et préparant ainsi les futurs développements de la Relativité générale d'Einstein, qui ne s'implantera en Physique que cinquante années plus tard. Einstein a pu dire que les travaux antérieurs de Gauss et Riemann avaient constitué la source de ses intuitions sur la « courbure » de l'espace-temps, tout en lui fournissant un formalisme mathématique pour représenter de manière précise ces intuitions. Il y a eu aussi *le calcul matriciel,* inventé par le mathématicien britannique Arthur Cayley vers le milieu du siècle dernier, puis largement développé ensuite par le mathématicien français Charles Hermite ; la théorie des matrices, dont on n'a pas aperçu pendant longtemps l'utilité en Physique, s'est finalement avérée être un outil précieux et indispensable au départ des travaux de Born, Jordan, Heisenberg et quelques autres, quand il s'est agi de « mettre en forme », autour des années 1920, les idées de base de la Mécanique quantique.

Un cas anologue se présente ici : je dois avouer que si je n'avais pas, *dès le départ* de mes études sur la Relativité complexe, pu disposer du formalisme mathématique représentant la fusion des états quantifiés de rotation (ou de rotation/pulsation) de Louis de Broglie, je n'aurais pas aussi rapidement entrevu l'existence d'une mémoire particulaire. Grand merci, monsieur de Broglie !

La structure de groupe de la mémoire particulaire

La mémoire particulaire n'est pas faite d'autre chose que d'un champ électromagnétique (pour simplifier nous nommerons « lumière » ce champ), mais cette lumière est enfermée dans un micro-univers tel qu'elle peut prendre des états quantifiés supérieurs à l'état habituel (spin 1) où on l'observe dans notre Univers cosmologique. Nous avons déjà longuement parlé de cette « lumière mémorisante » contenue dans le Mental de chaque particule de Psychomatière, nous n'y reviendrons donc pas en détail ici. Nous nous contenterons de rappeler que cette faculté de la lumière mentale de pouvoir exister de manière stable dans des états de spin plus grands que 1 provient du fait que le micro-univers du Mental (éon) porte un « anti-temps », c'est-à-dire un temps *négatif.* On se souviendra aussi que ces états de spin de la lumière mentale forment une progression géométrique de raison 2, soit 1, 2, 4, 8,... Cette dernière propriété entraîne que les états de plus petits spins sont « contenus » dans les états de plus grands spins : ainsi, par exemple, l'état de spin 8 *à lui seul* contient non seulement la représentation du spin 8 lui-même, mais encore la représentation de *tous les états inférieurs* : 4, 2 et 1. En d'autres termes, la lumière mentale *cumule* les informations nouvelles avec les anciennes, les nouvelles informations ne viennent pas « se substituer » aux anciennes, comme c'est le cas dans les mémoires magnétiques des ordinateurs actuels. Cela peut encore s'exprimer en disant que la mémoire du Mental est *indélébile,* l'information mémorisée l'est à jamais, aucune information ne se perd dans le Mental particulaire... ce que traduit l'idée d'entropie non croissante (ou néguentropie non décroissante) qui est la propriété fondamentale de l'espace-temps du micro-univers Mental.

Pourquoi cette structure du Mental particulaire est-elle celle d'une lumière de spin total plus grand que 1 ? La réponse, nous l'avons dit, se trouve chez Louis de Broglie : cette structure est celle qu'on obtient quand on considère les mouvements quantifiés combinés de rotation/pulsation des points (de masse propre nulle) de l'Etre. Ces mouvements constituent les éléments d'un ensemble possédant une *structure de groupe.* Et on sait, depuis l'étude systématique de la « fusion » de telles rotations/pulsations quantifiées effectuée il y a déjà près d'un demi-siècle par Louis de Broglie et ses pairs, *représenter mathématiquement* l'état de fusion des points de l'Etre : si on a un seul point en rotation/pulsation cette représentation est celle de la lumière cosmologique « ordinaire » (ou phénoménale, comme l'appelait déjà Newton dans son *Optique*) ; s'il y a deux points c'est un état quantifié d'action 2h (spin 1) ; s'il y a quatre points c'est un état quantifié d'action 4h (spin 2) ; et ainsi de suite.

En fait, l'Etre est un ensemble *infini continu* de points en rotation/pulsation les uns par rapport aux autres. Et la lumière mentale contenue dans chaque micro-univers éonique devra donc, au moins théoriquement, être représentée par un état d'action « infinie ». Cela ne nous facilite guère la tâche pour *représenter* mathématiquement la lumière mentale (ou la lumière nouménale, comme Newton appelait cette « autre » lumière, dont il avait déjà prévu l'existence, en affirmant de façon prémonitoire qu'elle devait, à son avis, jouer un rôle important dans les phénomènes du Vivant). Cela ne nous facilite pas la tâche de représentation, disions-nous ; on a déjà mentionné, dans notre chapitre 2, que la « complication » des équations de représentation *croît très vite* avec l'état d'action (c'est-à-dire le nombre de paires de points dont on combine les effets de rotation/pulsation). Certes, pour l'état d'action 1, les choses sont encore relativement faciles, nous avons la représentation bien connue à 16 composantes (dont seulement 10 indépendantes) de l'onde probabiliste psi de chaque particule de Psychomatière, dont nous avons longuement parlé au chapitre précédent. Mais, dès l'état d'action 2, et compte tenu du fait que le nombre de composantes (comme le démontre Louis de Broglie) augmente comme 16 à la puissance n (n désignant l'action considérée), pour cet état d'action 2 nous avons déjà 16 au carré, soit 256 composantes (comprenant les 16 composantes de la lumière « phénoménale » habituelle). Quiconque est un peu physicien et a déjà eu à traiter mathématiquement des 16 composantes de la lumière « ordinaire » sait qu'il ne s'agit pas là d'une tâche particulièrement aisée, il faut peiner avec un certain nombre de gradients, de divergences et de rotationnels. Si vous n'en êtes pas suffisamment convaincu essayez vous-même, vous m'en donnerez des nouvelles ! Alors, 256 composantes à manipuler pour l'état d'action 2, c'est déjà bigrement « embrouillé » (Marie-Antoinette Tonnelat, qui était une « spécialiste » de ces 256 composantes de l'état d'action 2, faisait à ce titre l'admiration de beaucoup, je veux dire l'admiration du « beaucoup peu » qui étaient capables de comprendre de quoi elle voulait parler).

Alors, que dire des états de rotation/pulsation d'action plus grande que 2 : 16 à la puissance 4, soit 65 536 composantes pour l'état d'action 4 ; 4,3 *milliards* de composantes pour l'état d'action 8 suivant ; 18 milliards de milliards pour le suivant encore ; 340 milliards de milliards de milliards de milliards pour le suivant. Pour l'état représentant *l'ensemble* des mouvements de rotations/pulsations du « corps » de l'Etre, nous avons en fait *une infinité* de composantes. Dans ce cas, comment pénétrer « la mécanique » de la lumière mentale ? Certes, nous nous doutions bien que cela ne pouvait être simple, mais ne se heurte-t-on pas ici à une *impossibilité* pratique de représenter la mémoire du Mental ?

Heureusement, nous allons voir que tout espoir n'est pas définitivement perdu de pouvoir « faire quelque chose » de la structure de groupe découverte dans le Mental.

Lumière sur la lumière mentale (nouménale)

Quelques remarques vont nous permettre de mieux prendre la mesure de notre problème, et de rechercher des voies d'approche pour mieux comprendre le fonctionnement de la mémoire particulaire.

— On note d'abord l'analogie de ce problème avec celui qui s'était posé aux physiciens au début de la Mécanique quantique. Plutôt que d'abandonner immédiatement les notions de position et de vitesse d'une particule, qui ne pouvaient pas (principe d'incertitude d'Heisenberg) être connues « simultanément » avec précision (ce qui conduisait Heisenberg à rejeter le concept de « trajectoire » d'une particule), on a d'abord cherché à définir la particule comme *un ensemble infini* de positions et de vitesses possibles. On groupait théoriquement cette double infinité de nombres dans une matrice « infinie », et c'est cette matrice (qu'on n'écrivait naturellement jamais « explicitement », puisqu'elle comportait une infinité d'éléments) qu'on faisait entrer dans les équations. On est un peu dans le même cas avec la mémoire particulaire : c'est une lumière qu'on ne peut rigoureusement représenter qu'au moyen d'une infinité de composantes, mais on connaît la méthode générale qui nous permettrait d'écrire « théoriquement » chacune de ces composantes. Ce qui nous intéresse cependant c'est de voir si et comment cette lumière mentale intervient dans l'onde psi probabiliste qui participe au « comportement » de la particule. On fera donc d'abord le calcul de cette onde psi par les voies de la Mécanique quantique « ordinaire », sans tenir compte de la mémoire particulaire ; si l'expérience démontre des « écarts » par rapport au psi calculé, *nous saurons maintenant* que la justification de ces écarts traduit l'impact sur l'onde psi de la mémoire particulaire. Et on dispose maintenant aussi d'un formalisme permettant de calculer une « première approximation » de l'impact de cette mémoire sur l'onde psi (en se limitant par exemple à un état de mémoire d'action quantifiée *finie*, et donc non infinie comme le suggérerait rigoureusement la théorie générale).

— Les simples « principes » de base du fonctionnement de la mémoire particulaire, tels que nous les décrit la Relativité complexe, sont extrêmement précieux pour commencer à comprendre *le fonctionnement de cette mémoire*, ce qu'on peut attendre d'elle et ce qui, au contraire, est à exclure. Voici quelques-unes des premières conclusions qui paraissent pouvoir être tirées de ce que nous savons déjà de cette mémoire :

a. Chaque composante du « champ de mémoire » (que nous désignerons désormais par l'expression *champ sigma*, pour ne pas le confondre avec le champ de probabilité psi à 16 composantes seulement, qui n'est que le premier état d'action 1 du champ de mémoire sigma), chaque composante du champ sigma doit être assimilée à un *Symbole* porté par la mémoire. Cette composante est en effet « individualisée » (comme est individualisée sans ambiguïté la composante magnétique, par exemple, du champ psi) ; et, en même temps, cette composante est reliée à *toutes* les autres composantes du champ sigma, puisqu'elle fait partie d'un champ global (structure holographique du champ sigma). Dépendant des « conditions initiales » se rapportant dans le champ sigma à un Symbole (composante) particulier, ce Symbole S pourra avoir une plus ou moins grande importance relative dans le champ sigma, voire ne pas figurer dans le champ sigma (conditions initiales nulles, entraînant la disparition de ce Symbole S);

b. Cela signifie encore que les Symboles vont *progressivement* s'installer dans la mémoire d'une particule déterminée de Psychomatière P. Et aussi qu'un phénomène particulier du monde extérieur à P, qui comme nous le verrons est « transmis » à P par un des champs *physiques* (électro-faible ou gravito-fort), c'est-à-dire finalement par les conditions initiales de l'onde psi émise par P, viendra fournir une valeur initiale *au même* Symbole S. Autrement dit, les mêmes Formes du monde extérieur vont venir « mettre au jour » *le même* Symbole du champ sigma, et ceci pour *toutes* les particules de Psychomatière, puisque toutes possèdent la même structure de fonctionnement du Mental. Ce qui va *différer,* d'un Mental à l'autre, ce ne sera pas le Symbole qu'il faudra associer à un événement extérieur donné, mais les conditions initiales qui accompagneront ce Symbole, qui elles diffèrent d'un Mental à l'autre. En d'autres termes encore, les particules de Psychomatière vont « voir » le même monde extérieur, mais l'importance relative dans leur « panorama » mental du *même* objet extérieur variera d'une particule de Psychomatière à l'autre. Exprimé d'une autre manière, cela signifie que les particules de Psychomatière « sauront de quels objets elles parlent » au cours d'un dialogue entre elles sur le monde extérieur; mais chacune de ces particules attribuera à cet objet une « signification » différente, suivant l'importance que prend le Symbole de cet objet dans leur panorama mental global;

c. Ces Symboles s'introduisent dans la mémoire particulaire par l'intermédiaire des champs physiques, qui correspondent aux niveaux d'action les plus bas de la mémoire mentale. Celle-ci « se remplit » donc par le bas, les Symboles associés aux états d'action 1 et 2 seront les premiers occupés (mais avec des conditions initiales variables). On aperçoit donc comme une sorte de *montée de conscience* continuelle de la mémoire particulaire, quand le temps s'écoule. On retrouve là une idée qui était chère à Pierre Teilhard de Chardin : il y a une « montée » progressive de la conscience. Et, comme l'annonçait encore Teilhard, il apparaît comme des *franchissements de seuils*, ceux-ci correspondant à l'ouverture d'un état d'action supérieur de la mémoire particulaire. Sans qu'on puisse ici conclure de manière trop précise (cela nécessiterait des études élaborées, qui restent naturellement à faire), on peut suggérer les « états vivants » successifs suivants, correspondant à chaque fois à l'utilisation par la Psychomatière composant le Vivant d'un niveau d'action supérieur du champ sigma du Mental :

action	nombre de Symboles	Etat Vivant
1	16	symétrique (neutrino)
2	256	asymétrique (photon, particule individuelle)
4	65 536	instinctif (végétal, animal)
8	4,3 milliards	rationnel (humain)
16	18 milliards de milliards	hyper-rationnel (ultra-humain)

Nous reviendrons, dans notre dernier chapitre, sur la distinction entre état vivant « symétrique » et état vivant « asymétrique ».

Bien entendu, le franchissement de nouveaux seuils de conscience n'a à priori aucune raison de s'arrêter à l'« humain »... nous avons vu que l'action, suivant une progression géométrique de raison 2, peut croître jusqu'à *l'infini*. Tout est une question de temps ! A l'humain succédera l'ultra-humain (comme l'avait annoncé Teilhard de Chardin), puis bien d'autres « règnes » du Vivant, avec chaque fois le franchissement d'un nouveau seuil de conscience ;

d. Soulignons un aspect particulièrement important : s'il est vrai que, avec l'élévation progressive du niveau d'action supérieur du Mental, le nombre de Symboles croît rapidement, et est en fait susceptible de monter à l'infini, il n'en reste pas moins que ce nombre de Symboles dont va pouvoir disposer le Mental demeurera un infini *dénombrable*, qui sera donc toujours infiniment petit par rapport aux Formes/Symboles possibles dans l'Etre, dont le nombre constitue comme nous l'avons vu un infini *continu*. C'est en ce sens que le Verbe, s'exprimant au moyen des Formes/Symboles *actualisées* par le Mental, ne pourra jamais s'identifier à l'Etre, il restera toujours (même après un temps infini) un nombre infini de Formes/Symboles « possibles » de l'Etre, qui attendront que l'Esprit les choisisse pour les actualiser dans le Verbe. L'Etre sera donc toujours *transcendant* au Verbe, et en ce sens il convient de distinguer, comme nous l'avons fait, et comme y insistent les textes sacrés porteurs d'une sagesse millénaire, l'Etre du Verbe.

Mais alors, qu'en est-il de la célèbre parole de l'Evangile selon saint Jean : « Le Verbe était en Dieu, et le Verbe était Dieu » ? Le Verbe est bien dans l'Etre, mais le Verbe n'est l'Etre *qu'à condition de lui adjoindre l'Esprit* seul capable de « voir » l'Etre entier. Quel est donc le « créateur » du Verbe d'espace-temps ? C'est, nous l'avons vu, le centre de conscience du Verbe, c'est-à-dire l'Esprit. Le Verbe ne pourrait pas prendre existence sans l'Esprit. On retrouve ici le sens profond de la trilogie *unitaire* de l'Etre, de l'Esprit et du Verbe. Ce sont bien là trois entités différentes en une. L'Esprit est dans l'Etre sans cependant se confondre avec l'Etre (l'Esprit est la Forme vide de l'Etre, l'œil qui regarde tout sans être nulle part). L'Esprit crée le Verbe en actualisant dans l'espace et le temps les Formes transcendantes de l'Etre. Sans l'Esprit le Verbe n'a pas d'existence ; mais sans le Verbe l'Etre n'a personne pour manifester son essence. L'Etre, l'Esprit et le Verbe : trois « Personnes » en une seule, le mystère à l'état pur, dont on pourrait dire ce que Lao-Tseu disait du Tao : « Celui qui prétend connaître le Tao ne le connaît pas ; et celui qui ne le connaît pas le connaît cependant » ;

Un autre point essentiel, qu'il nous faut donc souligner, est le fait que la structure de groupe associée au fonctionnement de la mémoire particulaire est pratiquement *la définition même* de ce que nous appellerons *la Raison.* Le Mental mémorise et ordonne entre elles les composantes de son champ sigma, en « modélisant » un ensemble de mouvements quantifiés de rotation/pulsation ; cet ensemble possède une structure de groupe, au sens mathématique. Au lieu de rechercher une forme de « logique » pour caractériser ce que nous conviendrons de nommer « Raison », nous préférons ici, compte tenu de ce que nous a appris la mémoire particulaire, appeler Raison ce qui, dans les opérations du Mental, peut être modélisé par un ensemble d'opérations possédant une structure de groupe. Et nous dirons par conséquent que la Raison est illustrée par le fonctionnement de la mémoire signifiante particulaire. L'Esprit dispose donc bien, comme nous l'avions annoncé, de *deux* « outils » dans son dialogue avec l'Etre : l'Intuition, au cours de laquelle il choisit, définit et articule entre elles les Formes/Symboles en s'appuyant sur la logique des treillis de Boole ; et la Raison, qu'il utilise pour articuler entre elles les Formes/Symboles qu'il perçoit dans le Verbe, en s'appuyant sur la logique des structures de groupe.

Toute tentative de « hiérarchisation » d'un mode de connaissance par rapport à l'autre est vouée à l'échec, puisque le premier mode de connaissance, l'Intuition, se tourne vers le transcendant, tandis que le second, la Raison, s'adresse à l'immanent (l'actuel). Henri Poincaré avait parfaitement aperçu cette distinction dans *La Science et l'Hypothèse,* quand il remarquait (comme nous l'avons déjà noté) que la structure de groupe s'adapte au fonctionnement de notre *entendement,* et non au fonctionnement de notre *sensibilité* (qui relève pour sa part de notre Intuition).

FORMES/SYMBOLES ET COMPORTEMENT

Nous avons vu que, dans chaque particule de Psychomatière, il y a *unidualité* entre les Formes et les Symboles. On ne doit donc pas parler de l'influence des Symboles sur les Formes, ou de l'influence des Formes sur les Symboles : Formes et Symboles sont les deux faces complémentaires de la même entité, au même titre que le corpuscule et l'onde sont, en Mécanique quantique, les deux aspects complémentaires du même phénomène.

Dans la particule individuelle de Psychomatière les Symboles se regroupent, comme nous l'avons vu, dans le champ sigma de la mémoire éonique (espace-temps Imaginaire). La Forme de cette même particule est constituée de l'onde probabiliste psi qu'elle émet continuellement dans l'espace de la Réalité. A chaque instant, le champ sigma (Symboles) et l'onde psi (Forme) sont les deux aspects complémentaires de *la même* entité.

Examinée sous son aspect « observable », la particule de Psychomatière se réduit à une trace *ponctuelle* ayant une *trajectoire* dans l'espace de la Réalité. C'est ce que nous nommerons le *comportement* de cette particule. Ceci reste vrai même quand l'apparence observable semble au premier abord « étendue » dans l'espace, comme on l'a cru un moment pour les hadrons. Une analyse plus minutieuse, déjà confirmée par la Physique qui a précédé la Relativité complexe, montre que la trace « observable » des hadrons est constituée des quarks entrant dans la structure du champ local gravito-fort hadronique. En d'autres termes, les hadrons sont constitués par le « comportement » des préons et des éons, qui sont des particules *ponctuelles* dans la Réalité observable (mais étendues dans l'Imaginaire, comme l'a montré la Relativité complexe).

Nous voudrions, pour terminer ce chapitre, résumer les notions précédentes sur la Raison et l'Intuition particulaires, en examinant comment le comportement effectif d'une particule individuelle de Psychomatière est tributaire en partie d'actes commandés par la Raison, en partie d'actes commandés par l'Intuition.

L'onde psi analyse la Réalité

La particule, qu'elle soit préon ou éon, émet à chaque instant autour d'elle (Réalité) une onde psi, générée par la rotation/pulsation du neutrino dans le micro-univers Mental (Imaginaire). Cette onde psi possède, dans le référentiel propre de la particule, une vitesse de phase *infinie* : c'est donc, à chaque instant t de la durée, *la totalité* de l'espace de la Réalité qui est ainsi analysée par la particule.

Toutes les interactions *physiques* que subit à cet instant t la particule (champs gravito-forts et électro-faibles) vont s'inscrire comme *conditions initiales* de l'onde psi à ce même instant t. Ou, plus exactement, ces conditions initiales traduisent les effets *cumulés* sur la particule de l'ensemble des interactions physiques qui agissent sur elle à cet instant t.

Le « dialogue » entre l'onde psi et la mémoire particulaire

L'onde psi *partage* avec la mémoire particulaire (que nous avons nommée le champ sigma) le niveau d'action le plus bas, c'est-à-dire les 16 composantes du niveau d'action 1. Cela veut dire que les conditions initiales de l'onde psi à l'instant t deviennent aussi des conditions initiales pour les composantes d'action 1 de sigma. Mais les différents niveaux d'action de sigma ne sont *pas indépendants* les uns des autres (structure holographique de sigma). L'introduction dans le Mental des conditions initiales de psi à l'instant t va donc avoir une action sur *la totalité* des composantes de sigma, c'est-à-dire la totalité des Symboles présents dans la mémoire particulaire. C'est ainsi que, à chaque instant t, la particule non seulement analyse l'ensemble de son monde extérieur (onde psi et ses conditions initiales), mais encore *mémorise* les informations qui proviennent de son monde extérieur, sous la forme d'un ajustement des conditions initiales des composantes de sigma.

Mais, dans le même instant t, le champ sigma *modifié* par psi va, à son tour, modifier les composantes de psi, puisque encore une fois psi et sigma partagent *les mêmes* composantes pour le niveau d'action 1. Ce qui signifie, en clair, que l'onde psi émise à chaque instant t par la particule considérée *porte l'empreinte* du champ de mémoire sigma de la particule à cet instant t. Une image peut sans doute éclairer cette situation : à chaque instant de mon propre comportement humain je subis une *double* interaction : l'interaction cumulée des contraintes physiques de mon monde extérieur et l'interaction « psychique » de l'information contenue à cet instant dans ma mémoire. C'est sous le double effet de ces interactions physique et psychique que je vais construire mon comportement.

Intervention de la Liberté particulaire

Mon propre comportement va cependant dépendre généralement d'un troisième facteur : *ma Liberté*. En effet, dans la plupart des cas les contraintes physiques et psychiques auxquelles je suis soumis à l'instant t laissent encore la place pour *un choix* entre *plusieurs* comportements possibles. Certes, les contraintes physiques peuvent m'interdire de choisir certains comportements : par exemple, il ne m'est pas possible (à moins d'être Superman) de franchir le mur de 5 m qui se dresse tout autour du lieu où je me trouve à l'instant t, les interactions physiques du champ de pesanteur me l'interdisent. Je n'emprunterai pas non plus ce couloir qui paraît mener vers l'extérieur de ma prison, car j'ai le souvenir, pour l'avoir tenté plusieurs fois déjà, que j'ai à chaque fois récolté une douloureuse décharge électrique. Mais, néanmoins, j'ai encore le choix entre *plusieurs* comportements : je peux, par exemple, demeurer immobile en méditation au centre de la cour de ma prison ; ou encore vociférer de fureur et jeter des imprécations vers qui voudrait m'entendre ; ou encore fermer les yeux et m'imaginer par la pensée que je suis transporté dans un palais merveilleux, avec de charmantes hôtesses pour prendre soin de moi. Et que sais-je encore? Il me suffit de faire appel à mon imagination pour envisager mille comportements possibles, entre lesquels je ferai finalement un choix, rendant « actuel » mon comportement à l'instant ultérieur à t.

La particule individuelle de Psychomatière va faire la même chose; ou plutôt, comme je l'ai remarqué déjà, si je découvre pour moi *plusieurs* comportements possibles malgré le poids concerté des contraintes physiques et psychiques que je subis à l'instant t c'est précisément parce que *chacune* des particules de Psychomatière qui constituent mon corps et mon Mental dispose, elle aussi, des mêmes prérogatives. Je ne peux jamais me comporter que comme peuvent se comporter ceux ou celles qui me composent et font que je suis Moi. Cela paraît d'une telle évidence que cela se passe, semble-t-il, de démonstration.

Quoi qu'il en soit, comme je le soulignais, et comme le confirme la Relativité complexe, la particule individuelle de Psychomatière n'est pas seulement soumise aux contraintes physiques de son milieu extérieur et aux contraintes psychiques de son Mental. Généralement l'ensemble de ces deux types de contraintes va conduire à une forme déterminée de l'onde psi de la particule, qui délimitera les comportements *possibles* offerts à la particule, et associera même une probabilité à chaque comportement (probabilité qui est l'indication de la « statistique » qu'on obtiendrait si on étudiait le comportement d'un *grand nombre* de particules de Psychomatière soumises à l'instant t *aux mêmes* contraintes physiques et possédant la même mémoire sigma). Cet ensemble d'indications, fournies à l'instant t à la particule, sont le fruit du fonctionnement de *la Raison* de la particule.

C'est la structure de groupe des mouvements de rotation/pulsation des points de l'Etre, analysés par le Mental (champ sigma) et le Physique (onde psi) particulaires, qui renseigne la particule sur les comportements possibles, entre lesquels elle peut faire un choix. Mais cela ne suffit pas pour décider du comportement de la particule à cet instant t. Etre mise en face de *plusieurs* comportements possibles, même avec l'indication de ce que feraient statistiquement « les autres » dans la même situation, ne suffit pas pour décider la particule à agir. Elle court là le risque de faire comme l'âne de Buridan, qui était mort de faim entre un sac d'avoine et un sac de son, car il était incapable de décider par quel sac il allait commencer. Et cela n'arrangerait rien pour la particule de choisir *à chaque fois,* dans toute situation, le comportement statistiquement le plus probable en tenant compte « des autres » : ce serait réduire la particule à un simple « robot », et nous avons vu qu'il ne pourrait plus dans ce cas y avoir véritablement « évolution » des comportements individuels vers des comportements toujours plus « conscients ». Cela en serait alors fini de l'accroissement continuel du nombre de Symboles mémorisés, ce serait comme un monde d'ordinateurs sans personne d'imagination pour renouveler les programmes.

C'est alors que la particule fait appel à l'Esprit, à son centre de conscience, avec lequel est continuellement en relation son Mental. Et, changeant brusquement de fonctionnement logique, la particule va pour un instant abandonner les structures de groupe de sa Raison, pour faire appel à son *Intuition,* fonctionnant comme on l'a vu sur la logique des treillis de Boole. Ici tout change : finies les belles « déductions » rationnelles, une chose est maintenant à la fois elle-même et son contraire, et elle n'est cependant ni elle-même ni son contraire. Ici on fonctionne continuellement en plein paradoxe. Mais quelle plénitude se dégage de cette possibilité d'effectuer maintenant un *libre choix* entre les comportements possibles ! Ici c'est l'Esprit de l'Etre lui-même qui est soudain à l'œuvre, et qui pointe un doigt invisible vers un au-delà encore inconnu.

Ici c'est la Liberté qui intervient enfin. Une Liberté qui vaut bien la peine que nous lui consacrions maintenant un chapitre spécial.

CHAPITRE IV

La Liberté particulaire et le « bon ordre » de l'Être

La Pensée peut être en effet cause d'esclavage, mais elle est aussi source de libération.
Maitri Upanishad

L'ESPRIT ET LA LIBERTÉ. RAPPELS SUR LA TRANSCENDANCE DE L'ÊTRE ET L'IMMANENCE DU VERBE. LE VERBE IMMANENT ET SES INÉVITABLES « CONTRADICTIONS ». LE « BON ORDRE » DE L'ÊTRE. L'ÊTRE EST LE SEUL ENSEMBLE « ÉTERNELLEMENT » BIEN ORDONNÉ. L'INTUITION EN QUÊTE DU « BON ORDRE ». LA SENSATION PRIMORDIALE ET LA LIBERTÉ. UN UNIVERS DE « TROIS DANS UN » : L'ÊTRE, L'ESPRIT ET LE VERBE. IMAGINAIRE ET RÉALITÉ. UN UNIVERS ENTIÈREMENT VIVANT.

L'ESPRIT ET LA LIBERTÉ

Il faut bien avouer que, dès qu'on y réfléchit un peu, un comportement vraiment « libre » est une chose un peu paradoxale, et même quasi incompréhensible. Se comporter « librement », c'est ne subir *aucune* « pression » qui pourrait venir logiquement justifier ce comportement, ou plus exactement qui justifierait *entièrement* ce comportement.

Rappelons-nous ce que nous venons de voir dans le chapitre qui précède, qui s'applique au comportement d'une entité individuelle dès le niveau particulaire. Dans le comportement de cette entité entrent trois facteurs :

— Les contraintes *physiques* du monde extérieur : je suis, par exemple, enfermé dans la cour d'une prison, je peux circuler dans cette cour, mais il y a certaines contraintes physiques auxquelles je ne peux pas désobéir, comme passer au travers des murailles, ou sauter par-dessus si elles ont plus de 5 m de hauteur ;

— Les contraintes *psychiques,* résultant des indications de ma mémoire : la cour de ma prison comporte une ouverture, qui paraît à première vue grande ouverte sur la campagne extérieure, où je souhaite ardemment pouvoir me rendre. Mais j'ai déjà fait l'expérience de cette apparente voie de sortie, et je me souviens que, chaque fois, j'avais à peine fait un pas vers la liberté que je recevais une violente décharge électrique à travers le corps. Ma mémoire se souvient de ces douloureuses expériences, et ce souvenir joue dans mon comportement en me dissuadant d'emprunter une nouvelle fois cette impossible voie de sortie ;

— Mais si les deux types de contraintes, physiques et psychiques, que nous venons de mentionner m'interdisent *certains* comportements, elles me laissent cependant encore la liberté de « choisir » entre *plusieurs* comportements possibles : par exemple, m'asseoir immobile au milieu de la cour ; ou courir le long de la muraille tout autour de la cour ; ou encore réciter du Beckett, pour simplement « passer le temps » ; ou quoi d'autre encore, que me suggérera mon imagination. Et cela pratiquement *à l'infini.*

C'est ce troisième facteur participant à mon comportement qui, à la réflexion, m'intrigue. Je dis que ce comportement m'est suggéré par mon imagination. Mais qu'est-ce au juste que mon imagination ? N'est-ce pas une autre forme de « contrainte » qui agit sur moi, et ne me laisse donc pas un véritable « choix » dans mon action ? N'est-ce pas simplement la forme la moins « consciente » de ma mémoire, une sorte de subconscient agissant sur mon comportement sans que je m'en rende bien compte, une influence subtile qui me « manipulerait » à mon insu et qui me laisserait faussement croire à ma Liberté, alors que je ne serais, une fois de plus, que le jouet de forces *déterministes*, qui me « pilotent » inexorablement pour me faire accomplir tel acte plutôt que tel autre ?

L'un des aspects les plus curieux de ce genre d'interrogation, c'est que je sois tenté d'accepter pour moi-même, être humain, la possibilité d'une réelle Liberté pour mon comportement : je revendique même énergiquement cette Liberté, je me dis en moi-même qu'il n'est pas possible que je ne possède pas, en dernière analyse, une Liberté véritable de mon comportement, quitte même à utiliser cette Liberté pour ma propre destruction. Par contre, et en dépit du fait que je sais parfaitement avoir un corps fait des particules de matière étudiées par la Physique, je suis également spontanément tenté de refuser *à la particule seule* cette même capacité de pouvoir se comporter librement.

La Relativité complexe, en faisant de la matière brute une Psychomatière, dotée comme nous-mêmes de propriétés mentales, aura en tout cas précisé l'énoncé de notre question : je m'interroge sur « ma » Liberté, mais je sais que la réponse que je vais proposer concernera aussi bien ma propre Liberté que celle de chacune des particules de Psychomatière qui participent à mon organisme.

Et la question que je me pose est donc celle-ci : existe-t-il un comportement vraiment *libre*, c'est-à-dire un comportement qui ne soit suggéré par *rien*, ni de nature matérielle, ni de nature mentale ?

Mais à peine a-t-on posé une telle question qu'on est conduit à y répondre par la négative, au moins si cette question est exactement libellée comme nous venons de le faire. On doit en effet ici se rappeler l'affirmation célèbre de Lucrèce, que nous avons déjà mise en exergue de notre chapitre 3 : « Rien n'est jamais engendré de rien par la puissance divine. » Car prétendre que quelque chose pourrait être engendré par

« rien », non seulement apparaît comme contraire au fonctionnement de notre Raison (sur laquelle, rappelons-le, viennent s'appuyer les structures de notre Mental), mais encore contraire à un sentiment intuitif profond : car, d'une certaine manière, dire que « rien » n'est à la base de notre Liberté, n'est-ce pas simultanément affirmer que nous ne participons pas nous-mêmes aux choix opérés par cette Liberté ? Or, je veux bien être libre dans le sens où rien ne vient me contraindre à agir... mais à condition que ce « rien » soit « rien sauf moi-même », car je tiens au contraire à être celui-là qui, précisément, choisit les actes de « ma » Liberté.

Mais alors, qui est celui-là *en moi* qui choisit ma Liberté, si celui-là doit être moi, et « rien que moi » ? Le « générateur » de ma Liberté, celui qui en dernier ressort va pouvoir choisir un comportement qui ne s'inspire de « rien » de ce qui est déjà « actualisé », celui-là ne peut être que mon centre de conscience profond, celui que j'ai nommé mon Esprit, et plus simplement l'Esprit. Je dis l'Esprit tout court, puisque, comme nous l'avons vu, l'Esprit est *universel,* il est le centre de conscience que je partage avec les autres, et qui est cependant ce qui est le plus « moi-même ». Il est aussi ce que je partage avec l'Etre, c'est-à-dire avec le trancendant, puisque mon Esprit est aussi l'Esprit de l'Etre dans sa totalité.

Et nous voici alors peut-être sur le chemin où s'éclairent mes questions essentielles concernant ma Liberté. Puisque c'est mon Esprit qui choisit ma Liberté, et que l'Esprit est le point de conscience qui me relie directement à l'Etre entier, n'est-ce pas chez l'Etre lui-même qu'il faut chercher *la source* de la Liberté ? J'entends ici la Liberté de chacun de nous, celle de la particule individuelle comme celle d'un organisme complexe tel que l'animal ou l'humain.

RAPPELS SUR LA TRANSCENDANCE DE L'ÊTRE ET L'IMMANENCE DU VERBE

Nous avons défini l'Etre comme l'ensemble de ses sous-ensembles, et plus précisément l'ensemble des Archétypes. Nous avions défini l'Archétype comme ce qui est la source d'une ou plusieurs Formes/Symboles avant même que ces Formes/Symboles soient « actualisées » dans le Verbe. Un Archétype est donc une Forme/Symbole encore « vide », une Forme/Symbole qui attend de « devenir », et qui n'a par conséquent encore aucun *contour*, aucune *signification*, puisque contour et signification ne peuvent provenir que des relations qu'établira le Verbe entre les Formes/Symboles *déjà* actualisées.

Tout cela peut paraître un peu compliqué, mais il nous suffira peut-être, pour être clair, de nous contenter de dire plus simplement que l'Etre est l'ensemble des « possibles ».

Nous avons intérêt, pour illustrer ce concept de « possible », en le distinguant notamment de « l'actualisé » (c'est-à-dire de ce qui a effectivement pris contour et signification dans l'espace et le temps), à fournir encore une fois l'exemple de la droite faite d'un nombre infini *continu* de points « possibles », droite sur laquelle on peut marquer un nombre infini *dénombrable* de points « actualisés ».

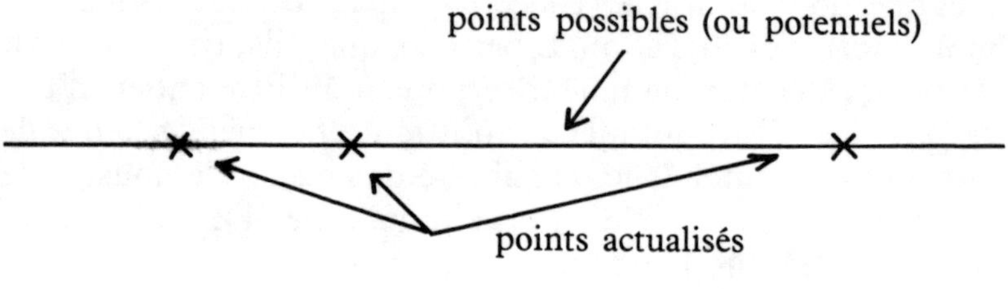

Rappelons que les mathématiciens de la théorie des ensembles démontrent que, même quand nous aurons « actualisé » un nombre infini de points sur la ligne, il restera un nombre infini de points qui n'auront pas encore été actualisés, et qui demeureront donc des points « possibles ». Les mathématiciens distinguent ainsi entre *plusieurs* infinis, et notamment l'infini « continu » des points « possibles » accessibles sur cette droite, et l'infini « dénombrable » des points « actualisés » dans l'espace et le temps appartenant à cette droite. Jamais, même après un temps infini, nous ne parviendrons à couvrir complètement la droite avec des points « actualisés » marqués tour à tour. Les mathématiciens diront encore que le nombre infini des points « possibles » *transcende* le nombre infini des points « actualisés ».

Cette illustration est intéressante car elle nous montre, sans trop déformer les situations respectives, comment le nombre infini « continu » des Archétypes de l'Etre *transende* le nombre infini « dénombrable » des Formes/Symboles « actualisées » dans le Verbe, c'est-à-dire successivement et « librement » choisies par l'Esprit dans l'Etre, pour être mémorisées dans une infinité de micro-univers personnalisés (éons), où ces Formes/Symboles actualisées vont prendre un contour dans la Réalité et une signification dans l'Imaginaire (unidualité des Formes et des Symboles).

Nous dirons encore que la caractéristique essentielle de l'Etre est sa *transcendance* , tandis que celle du Verbe est son *immanence* (manifestée, actualisée). L'Esprit est le centre de conscience capable de relier entre elles la transcendance et l'immanence ; il est l'« œil » qui regarde à la fois le transcendant et l'immanent.

LE VERBE IMMANENT ET SES INÉVITABLES « CONTRADICTIONS »

Il nous faut maintenant souligner une particularité importante du Verbe immanent, une particularité qui est d'ailleurs propre au fonctionnement de *la Raison* elle-même : c'est que, avec le temps, le Verbe va *inévitablement conduire à des contradictions.*

Expliquons-nous, car cela peut au premier abord paraître quelque peu paradoxal de vouloir prétendre que la Raison conduit toujours... à la dé-Raison, c'est-à-dire au contradictoire. Et cependant nous allons montrer que la Raison, lorsqu'elle va *au bout* de ses « raisonnements », finit *toujours* par affirmer que, par exemple, le même objet est *à la fois* blanc et noir. Rien moins que cela !

Il faut dire que cela n'était pas évident, et il a fallu attendre les années 1930 pour que cette particularité « déraisonnable » de la Raison soit établie et mathématiquement démontrée. Cela fut l'œuvre d'un arithméticien nommé Kurt Gödel. Nous n'allons pas, bien sûr, entrer ici dans les détails de cette démonstration, nous allons seulement nous contenter d'en donner les résultats (qui ne sont d'ailleurs contestés par aucun scientifique aujourd'hui).

La Raison fonctionne toujours de façon axiomatique : cela signifie qu'elle part toujours d'un certain nombre de propositions (axiomes) qu'elle accepte comme « vraies », puis s'engage ensuite dans des raisonnements déductifs à partir de ces axiomes initiaux, tout en s'appuyant sur une « logique ». En mathématiques la logique est celle bien connue dite du « tiers exclu », qui prétend simplement que A peut être égal à B, ou peut ne pas être égal à B, mais qu'il n'y a pas de « troisième » possibilité. On est parfois étonné de constater que les mathématiques ont pu aller « aussi loin » en s'appuyant seulement sur une logique « aussi simple ». Mais c'est un fait, ce qui prouve, s'il en était encore besoin, que la simplicité est toujours « payante ».

C'est notamment à partir de cette logique du « tiers exclu » que se démontrent les propriétés de ce que, au chapitre qui précède, nous avions nommé les « structures de groupe » entre les éléments d'un ensemble ; et on se souviendra que toute la Raison particulaire, quand elle opère sur l'ensemble des Symboles de la mémoire particulaire, fonctionne sur la base d'une structure de groupe entre les Symboles mémorisés.

Or, voilà que Kurt Gödel, comme nous le disions, vint brusquement semer l'angoisse chez les mathématiciens du début de ce siècle en montrant que la Raison, poussée au bout de ses « raisonnements », ne pourrait jamais conduire à autre chose... qu'au contradictoire. Certes, cela peut prendre du temps, et la Raison peut commencer ses œuvres en démontrant de brillants résultats, sous la forme d'affirmations nouvelles (théorèmes) que les axiomes initiaux ne laissaient généralement pas tous immédiatement prévoir, obtenant ainsi des théorèmes qui sont aussi « vrais » (mais pas plus cependant) que ces axiomes eux-mêmes. Il va de soi que, pour obtenir ces « brillants » résultats, il faut avoir soin de choisir les axiomes initiaux parfaitement compatibles entre eux (sinon nous aurions une contradiction dès le départ). Mais, avant Gödel, on pensait que si cette précaution était prise, s'il n'existait pas de contradiction entre les axiomes initiaux, alors *tous* les « théorèmes » déduits de ces axiomes au moyen de la logique du « tiers exclu » seraient des énoncés aussi vrais que les axiomes, et donc sans contradiction entre eux.

Mais Gödel vint jouer les trouble-fête : il démontra de manière rigoureuse que, d'enchaînement logique en enchaînement logique, la Raison courait inévitablement à sa perte, car elle finirait tôt ou tard par énoncer successivement deux théorèmes... en parfaite contradiction l'un avec l'autre. En d'autres termes, la Raison finira toujours par plonger les mathématiciens dans le désarroi en déclarant *en même temps* que « blanc » et « noir » sont « vrais », car tous deux sont logiquement déduits *du même* ensemble d'axiomes de départ, chacun de ces axiomes étant accepté comme « vrai », et l'ensemble de ces axiomes ne présentant initialement aucune contradiction.

On avait déjà trouvé des situations évoluant de manière analogue en Physique, par exemple quand vers les années 1920 on découvrit que *la même* particule de Matière était à la fois onde et corpuscule, c'est-à-dire simultanément « continue » et « discontinue » ; mais on pensait alors qu'une telle « aventure » ne saurait arriver chez les mathématiciens, qui portent le plus haut le flambeau de la Raison. Eh bien, on se trompait, et le diable en cette galère s'appelait Kurt Gödel. Il venait de montrer que la Souffrance (car la contradiction n'est-elle pas « Souffrance » ?) était partie inévitable du Verbe raisonnable, et qu'il allait donc bien falloir « faire avec » elle. La Raison c'est le Ciel ; mais c'est aussi l'Enfer. Comme il était « vrai » (lui), ce verset 71 du poète soufi Omar Khayyam (XIe siècle de notre ère) : « J'ai envoyé mon Ame dans l'invisible pour aller épeler quelques lettres de l'Au-Delà ; et mon Ame, après bien des jours, est revenue, disant : "Voilà, je suis, moi-même, le Ciel et l'Enfer". »

Ainsi la Souffrance, fille de la contradiction, est inévitablement une part du Verbe. Elle traduit le fait que la Raison seule finit par s'égarer, et arrêter sa progression vers plus de conscience. Cela est sensible dès le niveau particulaire, où le panorama Mental de la mémoire, en se complexifiant, va inévitablement rencontrer la contradiction, donc aussi la Souffrance, si *son seul* fil d'Ariane est celui de la Raison.

Dans ce cas, quand vient la Souffrance, vers quoi, ou vers qui, va pouvoir se tourner la particule de Psychomatière ? En fait, comme nous allons le voir maintenant, l'échec à la Souffrance est (ou devrait être) un processus *continu*, consistant dans le ressourcement continuel du Mental auprès du « bon ordre » de l'Etre. Nous commencerons par nous expliquer un peu sur ce qu'il faut entendre par « bon ordre ».

LE « BON ORDRE » DE L'ÊTRE

Nous avons dit que, par définition, l'Etre était l'ensemble de tous les possibles ; ou plus exactement l'ensemble de toutes les Formes/Symboles possibles, ces Formes/Symboles étant nommées Archétypes quand elles n'ont pas encore été « actualisées » par l'Esprit.

Cela veut dire que, dans l'Etre, il y a des Archétypes qui vont pouvoir devenir des Formes/Symboles *contradictoires* si elles viennent à exister *simultanément* dans le Verbe. En effet, les Archétypes représentant « tous les possibles » contiennent aussi bien la possibilité de devenir une Forme/Symbole déterminée que la possibilité de devenir une Forme/Symbole ayant la signification *contraire*. Ce que nous voudrions montrer ici, c'est que ces Formes/Symboles contradictoires pouvant prendre place dans le Verbe ne sont *jamais* contradictoires *dans l'Etre*. Car, comme nous allons le voir, il existe un « bon ordre » de *tout* ce qui se situe dans l'Etre. Et on conçoit dès lors l'intérêt qu'il y aurait à découvrir ce « bon ordre » de l'Etre, puisque ce serait la disparition de toutes nos contradictions « vécues », c'est-à-dire aussi la disparition de ce que d'une manière plus générale, nous avons appelé ci-dessus la Souffrance. Nous dirons que découvrir le « bon ordre » de l'Etre, c'est l'expression la plus authentique de *la Joie*. Eprouver la contradiction du Verbe c'est, au contraire, vivre la Souffrance. Et la progression du Verbe vers un élargissement de conscience, c'est une marche continuelle pour faire disparaître la Souffrance et la transmuer en un Hymne à la Joie.

Cherchons à être concret et à illustrer comment la contradiction vient se présenter dans le Verbe vécu. Je vais prendre l'Archétype s'actualisant dans la Forme/Symbole de l'Amour. L'Amour est la pulsion qui tend à nous unir à l'autre, qui s'exprime par exemple par la recommandation des textes bibliques : « Aime ton prochain comme tu t'aimes toi-même. » Mais, peu à peu, autour de cet Archétype de l'Amour, vont venir s'édifier des comportements particuliers, qui prétendent tous s'appuyer sur « l'axiome » de l'Amour. Aimer son prochain, c'est d'abord aimer ses proches, donc sa propre famille ; puis, à une échelle plus large, c'est aussi aimer ceux de son village, ou de sa ville ; ensuite de son pays. L'Amour s'étend donc logiquement à « l'Amour de la Patrie ». Mais aimer sa Patrie, c'est la défendre contre tout agresseur. Aimer sa Patrie peut donc conduire à des actes de violence contre « l'autre », celui qu'on désigne comme l'étranger, puis comme l'ennemi s'il appartient à une communauté hostile. Et voici qu'apparaît alors la contradiction, elle-même inévitablement source de Souffrance. L'Archétype de l'Amour, c'est-à-dire de l'union avec l'autre, entraîne par enchaînements « logiques » successifs que l'autre est à la fois l'ami et l'ennemi, celui vers lequel va à la fois mon cœur et ma haine, celui pour lequel je suis prêt à mourir et aussi prêt à assassiner. Un axiome de départ apparemment « acceptable », et même souhaitable, comme celui de l'Amour, apporte avec lui le blanc et le noir, le Bien et le Mal.

Et cependant, il ne peut y avoir de Bien et de Mal *au niveau de l'Etre,* puisque l'Etre est tel que *tous* les Archétypes qu'il contient, y compris ceux qui deviendront ces Formes/Symboles apparemment contradictoires dont nous venons de faire mention, s'articulent les uns aux autres dans l'Etre suivant un « bon ordre » , c'est-à-dire s'enchaînent harmonieusement l'un à l'autre. Comment comprendre que l'harmonie de l'Etre peut donner naissance à la contradiction du Verbe ?

Le « bon ordre » est une notion très importante, qui a été particulièrement étudiée par les mathématiciens de la théorie des ensembles. Ces recherches ont conduit le logicien allemand Ernst Zermelo à formuler, en 1904, un théorème qu'on a parfois considéré comme le couronnement même de toute la théorie des ensembles, et qui s'énonce très simplement comme suit :

« *Tout ensemble peut être bien ordonné* »

On dit qu'un ensemble peut être « bien ordonné » s'il est possible de découvrir une relation générale (dite relation de choix) qui articule entre eux tous les éléments de l'ensemble, de façon que derrière un *premier* élément (dit élément distingué) cette relation de choix établisse sans ambiguïté un rapport avec un second et un seul, puis un rapport du second avec un troisième, et ainsi de suite jusqu'au dernier élément. Un exemple typique d'un ensemble bien ordonné est l'ensemble des nombres dits « naturels : 1, 2, 3,... jusqu'à l'infini. La relation de choix est ici « plus grand que », et le premier élément est naturellement le nombre 1.

Ce que Zermelo a démontré, c'est que pour *tout* ensemble, *quel qu'il soit,* il existe une relation de choix permettant de bien ordonner la totalité des éléments de l'ensemble. C'est un résultat d'une grande portée, car il s'applique à *tous* les ensembles... et donc aussi à l'ensemble de tous les possibles, c'est-à-dire à l'Etre.

Remarquons que Zermelo n'a pas fourni de recette pour découvrir, pour tout ensemble, la relation de choix permettant de bien ordonner ses éléments. Dans la pratique, on connaît même beaucoup d'ensembles pour lesquels aucun mathématicien n'a été jusqu'ici capable de définir une relation de choix. Et un ensemble d'apparence très simple où la relation de choix attend encore d'être découverte, c'est l'ensemble des nombres dits « réels », qui sont formés de l'ensemble des nombres naturels, plus tous les nombres qu'on peut nommer *entre* deux nombres naturels successifs, y compris entre 0 et 1 (le zéro étant cependant exclu des nombres « réels »); par exemple, entre 1 et 2, les nombres tels que 1,..., avec autant de décimales que l'on voudra. Il est cependant impossible de définir, dans un tel ensemble, un *premier* élément au moyen de la relation « plus petit que », puisque quel que soit la petitesse d'un nombre 0,..., il en existera *toujours* un autre qui sera plus petit que lui. Cela ne veut pas dire que l'ensemble des nombres réels ne peut pas être bien ordonné, au contraire, nous devons avec Zermelo affirmer que cet ensemble, comme tout ensemble, peut être bien ordonné : mais ce que nous devons dire c'est que la relation de choix permettant de bien ordonner l'ensemble des nombres réels n'a pas encore été découverte... et peut-être ne le sera jamais.

L'ÊTRE EST LE SEUL ENSEMBLE « ÉTERNELLEMENT » BIEN ORDONNÉ

Puisque tous les ensembles peuvent être bien ordonnés, il en est de même de l'ensemble des Formes/Symboles actualisées par l'Esprit et mémorisées de façon signifiante (c'est-à-dire avec une signification) dans le Verbe. Si on considère un tel ensemble constituant le paysage mental d'une particule de Psycho-matière *à un certain moment* t, il est possible de découvrir la relation de choix permettant de doter cet ensemble d'un bon ordre à cet instant t. C'est d'ailleurs ce que s'efforce de faire la Science, avec l'ensemble des connaissances à un moment t donné. Mais, comme nous l'avons vu, et comme nous l'a démontré Kurt Gödel, la logique à elle seule étend continuellement le nombre d'éléments de cet ensemble, en y ajoutant par exemple de nouveaux théorèmes. Et cela a pour effet d'inévitablement conduire, tôt ou tard, à au moins une contradiction entre les éléments des Formes/Symboles actualisées... c'est-à-dire à faire disparaître le bon ordre de l'ensemble des connaissances ; ce qui exige à son tour des scientifiques de partir à la recherche d'une *nouvelle* relation de choix, qui permettra de bien ordonner à nouveau l'ensemble agrandi des connaissances. Tout en sachant d'ailleurs que ce « bon ordre », quand il sera retrouvé, ne sera cependant que *provisoire*, puisque l'extension des connaissances dans le futur conduira inévitablement à de nouvelles contradictions.

Ainsi, nous découvrons que tout ensemble de Formes/Symboles, dans la mesure où un tel ensemble appartient au Verbe actualisé, ne peut faire l'objet que d'un *bon ordre provisoire*, qui sera tôt ou tard à refaire. Seul le bon ordre de l'Etre est *définitif*, car l'Etre est le *plus grand* ensemble possible, on ne peut donc ni rien lui ajouter, ni rien lui retrancher, il contient tous les possibles, il possède ainsi (et il possède seul) un bon ordre que nous devons qualifier d'éternel, ou plutôt de « transcendant », puisque l'Etre contient parmi ses éléments l'espace et le temps eux-mêmes, et que, à ce titre, la notion d'éternité ne lui est pas directement applicable. L'Etre EST le bon ordre, par-delà même l'espace et le temps.

L'INTUITION EN QUÊTE DU « BON ORDRE »

Le bon ordre de l'Etre, s'il pouvait être connu (c'est-à-dire si nous pouvions connaître la relation de choix qui entraîne le bon ordre de tous les possibles), serait sans aucun doute infiniment précieux. Précieux pour nous-mêmes, organismes complexes appartenant au Verbe vivant ; mais aussi précieux pour chaque particule individuelle de Psychomatière, qui est déjà un élément « personnalisé » du Verbe vivant.

Mais comment procéder pour partir à la recherche du « bon ordre » de l'Etre, ce bon ordre transcendant absolu, qui constituerait si nous le connaissions un fil d'Ariane pour surmonter toute contradiction, et donc nous acheminer sans cesse de la Souffrance vers la Joie ?

Ce que l'on sait déjà, c'est que la Raison, à elle seule, sera toujours incapable de nous faire découvrir cette relation de choix « universelle » (c'est-à-dire qui concerne le Tout, l'Etre). La Raison ne peut pas découvrir le « bon ordre » puisque au contraire, comme Gödel nous l'a démontré, à côté de « brillantes » déductions la Raison finit toujours par conduire à une impasse, qui se caractérise par la contradiction entre certaines de ses affirmations « rationnelles ».

C'est ici que l'Esprit vient au secours du Verbe, en lui offrant *une autre forme* de logique que celle de la Raison pour tenter d'approcher le « bon ordre » de l'Etre, et surmonter du même coup certaines des contradictions dont la Raison doit périodiquement payer le prix. Cette autre logique, dont nous avons déjà fait mention, c'est celle de l'Intuition, c'est la logique dite des « treillis de Boole ».

On se rappelle que cette logique constitue une « structure » de l'Etre, et résulte des trois opérations d'union, intersection et complémentarité entre les Archétypes de l'Etre. Ici, on ne cherche plus à « identifier » une Forme/Symbole en lui donnant un contour et une signification par rapport aux Formes/Symboles déjà mémorisées. L'Esprit choisit un Archétype A dans l'Etre. Mais, on s'en souvient, un Archétype est ce qui précède la Forme/Symbole, c'est une Forme/Symbole encore sans contour ni signification, une Forme/Symbole encore « vide ». Comment l'Esprit peut-il choisir une entité « vide », encore sans contour ni signification ? Comment peut-on seulement parler de quelque chose de *complètement* « vide » ?

La réponse réside dans le fait que l'Esprit ne choisit pas, en fait, ce qui va devenir la Forme/Symbole A *seulement,* mais cette Forme/Symbole A *et son complément* $\overline{A}$ (qui se lit non-A) :

Etre = 1

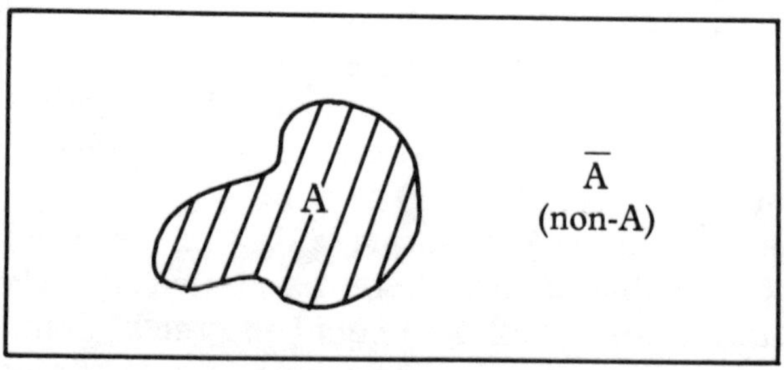

Le complément non-A de A, rappelons-le, est l'Etre entier *sauf* A lui-même, comme représenté sur le diagramme ci-dessus. L'union de A et non-A forme l'Etre entier, et l'intersection de A et non-A est « vide » :

$$A \cup \overline{A} = 1$$
$$A \cap A = \emptyset$$

L'Archétype que nous avons nommé A ne peut donc pas être choisi par l'Esprit sans donner simultanément existence (c'est-à-dire sans que soit aussi « actualisé ») au complément de A, soit non-A. Nous dirons que l'Esprit, en choisissant de donner existence à l'Archétype A donne simultanément existence à *l'essence* de A, au complément de A, soit l'Archétype non-A. Mais ce complément non-A de A, qui contient « tous les possibles sauf A », contient donc aussi le contraire $\not{A}$ de A ($\not{A}$ se lisant A barré). D'où la contradiction qui apparaîtra inévitablement à un certain moment entre A et $\not{A}$. Il n'est pas possible à l'Esprit de « mettre au monde (actualiser) la Forme/Symbole A sans que, simultanément, prenne pied dans le Verbe, quitte à ne pas se manifester immédiatement, la Forme/Symbole « contraire de A », soit $\not{A}$.

Reprenons une nouvelle fois cette analyse qui justifie la présence inévitable des « contraires » dans le Verbe, car il s'agit là d'un aspect *très important* des relations entre eux des trois éléments de la trilogie unitaire, l'Etre, l'Esprit et le Verbe. L'Esprit choisit un Archétype dans l'Etre, c'est-à-dire une Forme/Symbole « vide », encore sans contour ni signification. Un tel Archétype est, en somme, une simple « pulsion » à devenir, puisqu'il n'est encore rien qui soit « devenu ». Appelons A cet Archétype. L'Esprit lui donne « existence » en le choisissant « librement » dans l'Etre. Mais A n'a aucune signification par lui-même, il est simplement le complément d'une « essence », que la logique des treillis de Boole nomme non-A, qui s'écrit $\bar{A}$, et qui est le complément de A dans l'Etre. L'Archétype non-A est donc *tout* l'ensemble des Archétypes de l'Etre, *sauf* l'Archétype A lui-même. A est ainsi à la fois A (par son existence) et non-A (par son essence). Mais non-A, qui contient tous les Archétypes de l'Etre sauf A, contient donc aussi le *contraire* de A, que nous écrirons $\not{A}$ (A barré). On peut par conséquent dire que A, parce qu'il est aussi A barré, n'est donc pas A. Et que, pareillement, puisque non-A contient A barré, A n'est pas non plus non-A. On retrouve ici l'ambivalence ontologique des choses, si familière à la logique « intuitive » orientale (mais si éloignée de notre logique « rationnelle »). Elle s'exprime notamment chez l'éminent philosophe japonais Toshihiko Izutsu de l'Université de Tokyo en ces termes : « Chaque chose est et n'est pas simultanément. Tout ce qui est perçu comme existant n'existe pas en réalité. »

On conçoit qu'une telle forme de logique, celle des treillis de Boole, qui s'efforce d'embrasser le Tout à l'occasion de chaque chose, puisse correspondre à une sorte d'état de conscience où l'Esprit coïncide pour un instant avec le Tout lui-même, c'est-à-dire avec l'union de ce qu'est une chose et de ce qu'elle n'est pas. Si le Tout, c'est-à-dire l'Etre, est porteur de son bon ordre, il peut sans doute résulter de cette « identité » de l'Esprit avec l'Etre total une *sensation* intuitive du bon ordre de l'Etre. Mais cette sensation ne peut précisément se manifester que comme une « sensation ». Cette rencontre avec l'Etre se traduit par un *sentiment* de plénitude, un sentiment de Joie finalement. C'est vraiment une sensation « primordiale », c'est-à-dire qui devance la perception elle-même, dans la mesure où la perception cherche déjà à situer la sensation par rapport aux éléments de la mémoire personnelle, et met donc la sensation en rapport avec ce qui est *déjà* Forme/Symbole, alors que l'Archétype, deviné un instant par l'Esprit comme union de l'existence et de l'essence, est ce qui va *devenir* perception, mais est encore dans cet instant privilégié qui précède la perception elle-même.

C'est cette approche *globale* de l'Etre et de son bon ordre que nous nommerons *Intuition.* L'Intuition est sensation de plénitude, l'Intuition est Joie, l'Intuition est Liberté. L'Intuition est ce que la Raison ne saurait exprimer, mais dont elle a cependant besoin pour progresser.

LA SENSATION PRIMORDIALE ET LA LIBERTÉ

Nous nommerons *sensation primordiale* cette expérience du vécu, que chacun de nous éprouve d'ailleurs continuellement (ou devrait en tout cas s'efforcer d'éprouver), qui nous fait avoir un contact global avec la totalité de l'Univers, c'est-à-dire avec l'Etre.

La sensation primordiale se caractérise par le fait qu'elle est vraiment « première », en ce sens qu'elle ne se rattache encore à aucun élément signifiant de notre mémoire. C'est dans cette perspective qu'il nous faut distinguer la sensation primordiale de la perception. La perception est faite de Formes/Symboles, c'est-à-dire de composantes de notre champ de mémoire (que nous avons appelé le champ sigma), et des conditions initiales associées à chacune de ces composantes. Mais, comme nous l'avons vu précédemment, la perception doit distinguer entre deux aspects essentiellement différents :

— La perception « interactive », qui est la propriété du Mental que nous avions nommée au chapitre qui précède : l'*Interaction;* au cours des Interactions le Mental personnel *reconnaît* dans son univers extérieur une Forme/Symbole *déjà* mémorisée, l'effet de la perception interactive étant donc de modifier les conditions initiales de cette Forme/Symbole dans la mémoire particulaire « percevante », de façon à ajuster ces conditions aux données « perçues » dans le monde extérieur ;

— La perception « créatrice », qui est la propriété du Mental que nous avions nommée au chapitre qui précède : la *Création.* Au cours de la Création le Mental personnel introduit dans son champ de mémoire une *nouvelle* composante, c'est-à-dire une Forme/Symbole qui n'avait fait encore l'objet d'aucune mémorisation. Pratiquement, cette Création d'une nouvelle Forme/Symbole a lieu en « sortant du zéro » les nombres associés aux conditions initiales de la Forme/Symbole nouvelle concernée.

C'est cette perception créatrice qui fait immédiatement suite à une sensation primordiale, c'est-à-dire à cette approche intuitive globale de l'Etre. Et c'est cette sensation primordiale qui est la source profonde de *ma Liberté,* cette Liberté au cours de laquelle je donne naissance à des Formes/Symboles *nouvelles,* qui ne figuraient pas encore dans le panorama de mon Mental personnel.

L'importance de cet apport de Formes/Symboles *nouvelles* est très grande : c'est en effet grâce à ces nouveaux éléments (qu'on attribue habituellement à l'imagination créatrice ou Imaginal dans la terminologie de Henri Corbin) que le Mental va pouvoir surmonter les contradictions propres à la Raison. Ces nouvelles Formes/Symboles vont pouvoir devenir des « axiomes » nouveaux, qui vont permettre à la Raison d'opérer sur des prémisses généralisées, et rétablir ainsi l'harmonie entre les « déductions » tirées des axiomes. Certes, nous savons que cette harmonie ne peut être que provisoire, que la Raison, après avoir étendu à nouveau un moment le champ de la connaissance « rationnelle », conduira bientôt à des contradictions nouvelles. Le jeu de l'Intuition créatrice opérera alors une fois encore. L'intuition, en « devinant » le bon ordre du Tout au cours de son approche globale de l'Etre, fournit à l'Esprit le pouvoir de choisir parmi les possibles l'Archétype qui, transféré au Verbe, permettra à son tour de surmonter les contradictions nées du fonctionnement de la Raison seule. On peut dire, pour nous résumer, que l'Intuition est la « respiration » de la Raison : sans Intuition la Raison s'étouffe et meurt. Bien sûr, nous sommes ici très loin des conceptions réductionnistes qui prévalaient encore au début de ce siècle, quand la Raison était seule reine, et quand l'Intuition était juste bonne pour Bergson et sa métaphysique.

Ces sensations primordiales d'où jaillit ma Liberté sont généralement très simples. Cela peut être les reflets du soleil dans un sous-bois ; ou la sensation que me procure l'immensité de la mer, ou celle du ciel cosmique ; ou le bruit particulier d'une grenouille pénétrant dans l'eau, près de l'étang où je rêve allongé. Mais c'est aussi bien un instant vécu qui ne paraît pas si différent du quotidien, un instant où j'ai pourtant soudain ressenti une plénitude faisant vibrer mon être jusque dans les plus fines parcelles de mon corps. Je me souviens encore de ce matin de juin où, prenant quelques jours de vacances en Bretagne, j'étais descendu dans une petite crique de sable baignée par la mer avec mes deux chiens, des setters marron et noir ; je leur jetais quelques cailloux dans les vagues du bord de plage, vers lesquels ils se précipitaient ensuite joyeusement. Tout autour de nous se dressaient les rochers escarpés de la berge, des rochers noirs comme de l'ébène. Au-dessus de nous un ciel de nuages, laissant cependant deviner, en quelques endroits, la présence réchauffante du soleil. J'étais venu là chaque jour de la semaine écoulée, en appréciant le silence, les couleurs et les odeurs de ce petit coin de Bretagne. Et puis, ce matin-là, alors que rien n'avait apparemment changé par rapport aux jours précédents, je me sentis tout à coup saisi d'une émotion immense, inexplicable, comme si j'assistais brusquement à une nouvelle naissance du monde. Un sentiment merveilleux, inoubliable, où tout venait se fondre dans une image de nulle part et qui me remplissait entièrement. Pourquoi cette brusque « sensation primordiale », construite cependant avec les ingrédients du quotidien ? Qui le dira ? Je sais en tout cas que cette émotion avait un goût de Liberté, en ce sens qu'elle me transportait où je n'étais encore jamais allé, mais où quelque chose, où quelqu'un en moi avait choisi d'aller. Je sais aujourd'hui que cette expérience, cette sensation primordiale, c'était mon Esprit qui m'offrait un instant de communion avec l'Etre.

UN UNIVERS « TROIS DANS UN » : L'ÊTRE, L'ESPRIT ET LE VERBE

Ainsi, nous voici arrivés à la conclusion de cette analyse de la structure et du comportement de la Psychomatière, obtenue dès le niveau le plus simple de celle-ci, celui des particules et des champs constituant l'ensemble de notre Univers.

L'Univers, notre Univers, a pour structure ontologique la « triade » de l'Etre, de l'Esprit et du Verbe. L'Etre est l'ensemble des possibles, le Verbe l'ensemble de l'actualisé, l'Esprit désignant le centre universel de conscience, créant l'actualisé en choisissant librement dans l'ensemble des possibles.

L'« Histoire » de l'Univers vient s'inscrire dans l'espace et le temps, c'est-à-dire dans le Verbe, et c'est pourquoi seul le Verbe forme la substance édifiant la « représentation » de notre Univers. Mais nous ne devons jamais perdre de vue qu'une représentation entièrement *cohérente* du Verbe ne doit pas séparer celui-ci de ses partenaires ontologiques, à savoir l'Etre et l'Esprit. Je ne suis pas seulement Verbe (c'est-à-dire Forme/Symbole), je suis cette unité paradoxale formée de l'Etre, de l'Esprit et du Verbe. Cette conception de la « triade unitaire » n'est nullement une vue purement « intellectuelle » de ce que nous sommes, c'est simplement l'affirmation de ce que nous sommes, une affirmation qui est elle-même exigée pour préserver la cohérence de notre discours sur ce que nous sommes, chacun de nous et tous ensemble.

C'est ainsi que, si je limite ma représentation de l'Univers au Verbe seul (comme a été très tentée de le faire la connaissance « réductionniste » de ces trois derniers siècles), je suis incapable de rendre compte du comportement *observé* des éléments particulaires de l'Univers, car ce comportement fait preuve d'une part de Liberté (probabilisme « strict ») qui ne s'explique qu'au prix de l'acceptation d'une certaine « liberté » de comportement dès le niveau particulaire. La particule, comme nous-mêmes, est inséparable d'un Esprit qui « choisit » son comportement, en s'aidant de son approche intuitive du bon ordre global de l'Etre.

IMAGINAIRE ET RÉALITÉ

Les comportements et les pensées (ils constituent à eux deux l'unidualité Formes/Symboles) sont l'objet principal de la représentation du Verbe. Ils se répartissent en *deux* types distincts d'espace-temps :

— **L'espace-temps Imaginaire**, formé d'une multitude de micro-univers *personnels* que nous avons nommés éons et préons. Le caractère « personnel » provient ici du fait que *chacun* de ces micros-univers est fait d'un espace et d'un temps qui lui sont propres. Les préons sont les constituants *des champs physiques* (électro-faibles et gravito-forts) ; les éons sont les constituants *des particules* (leptons chargés, quarks et photons). Tous possèdent un comportement « libre » à l'intérieur de l'ensemble des comportements autorisés par les contraintes physiques extérieures (onde psi). Les éons disposent en outre d'une mémoire particulaire (champ sigma), qui est couplée à l'onde psi, et module cette onde psi en tenant compte des contraintes « psychiques » résultant de la mémoire. L'action de la mémoire sur le comportement de la particule se traduit généralement par une violation des propriétés de *symétrie* dont jouiraient des particules « sans mémoire » (ou dotées de mémoires « vides »). Nous reviendrons sur ce problème des comportements symétriques ou asymétriques dans la seconde partie de cet ouvrage (chapitre 8);

— **L'espace-temps de la Réalité**, qui est un espace-temps *collectif* dans lequel vont pouvoir s'exercer les différentes propriétés, et notamment les « communications » entre les micro-univers peuplant l'espace-temps Imaginaire. Les quatre propriétés de la Psychomatière éonique sont la Création, la Mémorisation signifiante, l'Interaction et l'Union. Ce qu'il faut souligner, car cet aspect marque une nette distinction avec la représentation offerte par la Physique de la Matière (et non celle de la Psychomatière), c'est que ce que la connaissance en Physique avait défini comme l'action, ou encore l'impulsion-énergie, ou encore la charge électrique, toutes ces entités s'avèrent finalement être entièrement localisées *dans l'Imaginaire* (et non dans la Réalité) : la Réalité n'est qu'un lieu collectif où se meuvent des structures *ponctuelles* (donc sans « contenu ») et des ondes de phase psi (à vitesse infinie dans le référentiel de leur émetteur ponctuel), donc non porteuses d'énergie. Ces ondes psi forment l'aspect « ondulatoire » des micro-univers Imaginaires et renseignant ces micro-univers sur les contraintes physiques de leur monde « extérieur ».

Il n'est donc pas abusif de dire que la Réalité n'est qu'« apparence », et que seul l'Imaginaire porte la véritable « réalité ».

UN UNIVERS ENTIÈREMENT VIVANT

Une dernière remarque avant de clore cette première partie sur la découverte de la Psychomatière.

Ce que l'on constate, après l'analyse faite par la Relativité complexe, c'est que *dès le niveau du plus simple* l'Univers porte des caractéristiques que nos connaissances n'avaient voulu, jusqu'ici, prêter qu'au Vivant. Certes, ce n'est pas la première fois que l'on soupçonne la simple Matière de posséder quelque « psyché », on en parlait déjà au temps de la Grèce antique, et cette idée n'a d'ailleurs jamais complètement quitté la connaissance orientale, où on la retrouve encore de nos jours. Mais, même chez les plus ardents protagonistes d'une « psyché dans la Matière » (pensons par exemple à Leibniz avec ses « monades », ou Teilhard de Chardin avec son « dedans » psychique des particules), même dans ces cas il ne s'agissait jamais que d'une psyché « élémentaire », tout juste capable de nous faire nous intéresser un peu plus aux végétaux qu'aux simples cailloux, et un peu plus aux animaux qu'aux végétaux ; mais c'était une psyché qui, dans le meilleur des cas, restait cependant *sans comparaison*, et sans relation, avec celle de cet être exceptionnel qu'on nomme l'humain.

Or, ce que nous découvrons ici, c'est que non seulement on trouve dès la simple particule l'essentiel des propriétés dont l'Homme était si fier (au point qu'il croyait en avoir seul la prérogative), comme notamment la Liberté, mais on s'aperçoit aussi que nous ne possédons ces propriétés que, précisément, parce que nous sommes la réunion de particules *qui les possèdent déjà individuellement*. Cela ne signifie pas que nous soyons, nous les humains, de simples pantins dont d'autres tireraient les ficelles. Cela signifie simplement que « je suis » mes particules de Psychomatière, mon destin est lié à leur propre destin, pour le meilleur et pour le pire. Cela n'a plus guère de sens de m'interroger sur des problèmes essentiels qui me concernent, comme mon Esprit, ma relation avec le Tout (Dieu), la transcendance ou la vie « éternelle » de mon Ame, sans me poser *le même* type de question pour chaque parcelle constitutive de notre immense Univers. Nous sommes d'autant plus justifiés à regarder aujourd'hui vers le « plus petit » pour comprendre le « plus grand » que, comme nous l'avons constaté, les questions pleines de mystère que nous nous posions pour nous-mêmes viennent de s'éclairer (sans cependant perdre leur « merveilleux » mystère) au niveau des entités particulaires dont nous sommes faits.

Ce que nous découvrons finalement, c'est que le Vivant commence avec les structures les plus petites qui participent à l'édification de l'Univers. Ce que l'on constate c'est encore une « solidarité » du Vivant, d'un bout à l'autre de l'échelle des dimensions. On s'était bercé de l'idée que le Vivant « tournait » autour de la Terre seule, un peu comme on avait longtemps prétendu que le monde entier, y compris notre Soleil, tournait autour de notre petite planète. La seule conclusion acceptable aujourd'hui, au moins pour une connaissance libérée de préjugés anachroniques, c'est d'affirmer que l'univers *entier* est Vivant.

Et, puisque nous y sommes, nous voudrions dans la seconde partie de cet ouvrage faire un tour dans cet Univers vivant, afin de tenter de le regarder maintenant avec le nouveau regard que nous procure la Psychomatière.

Seconde partie

UN UNIVERS ENTIÈREMENT VIVANT

CHAPITRE V

Le commencement et la fin de l'Univers et la genèse des lois physiques

Au commencement était le verbe.
Évangile de SAINT-JEAN

Pour voir les choses clairement il faut les regarder depuis leur commencement

ARISTOTE

LES LOIS PHYSIQUES APPARTIENNENT, COMME TOUT LE RESTE D'AILLEURS, A LA STRUCTURE DE L'ÊTRE. Le « consensus » entre particules de John Wheeler. Mais les « lois sans lois » de Wheeler sont aussi « sans particules ». L'Univers naît avec ses particules et ses lois physiques. LA CONSCIENCE ÉVOLUE LIBREMENT DANS UN CADRE PHYSIQUE LUI-MÊME A ÉVOLUTION DÉTERMINISTE. LES CYCLES DE L'UNIVERS PHYSIQUE. Les micro-univers préonique et éonique. L'Univers cosmologique de la Réalité. LA CRÉATION DE L'UNIVERS. Un univers d'énergie et d'action nulles. L'Être et le Néant.

Maintenant que nous avons examiné les rapports entre elles des trois entités ontologiques, l'Être, l'Esprit et le Verbe, et que nous avons également vu comment, en Physique contemporaine, la Relativité complexe permettait de fournir une « représentation » du Verbe, avec ses deux faces complémentaires de l'Imaginaire et de la Réalité, nous voudrions chercher à apercevoir comment, compte tenu de ces nouveaux éléments de connaissance, se présente l'Histoire de l'Univers. J'entends par là : comment est né l'Univers, quel était son aspect initial, sous quelle forme est apparue la Psychomatière, avec ses propriétés de mémoire et de liberté ? Puis, après ce « commencement », comment s'est déroulée l'évolution de la Psychomatière, comment celle-ci a-t-elle été conduite à se rassembler d'abord dans ces amas immenses que sont les étoiles et les planètes ? Comment sont apparus les organismes réputés « vivants », depuis les virus et les premières cellules jusqu'aux êtres plus complexes, comme les animaux et les végétaux ? Quelle est la place réelle qu'il faut attribuer à l'humain dans la lignée évolutive du Vivant ? Doit-on s'attendre à voir l'évolution se poursuivre vers l'ultra-humain, comme nous l'annonçait Teilhard de Chardin ? Et, plus généralement, où donc va l'Univers ? Doit-on lui attribuer une « fin » ? Quel sens exact doit-on donner aux mots « commencement » et « fin », quand il s'agit de l'Univers entier, c'est-à-dire de la totalité de ce qui existe ?

Et nous commencerons, dans ce chapitre, à nous poser une question essentielle : les physiciens nous parlent du commencement de l'Univers en considérant les lois physiques telles que nous les observons aujourd'hui, et en supposant que ces lois prévalaient « de toute éternité », c'est-à-dire étaient déjà valables au début du monde. Mais n'a-t-il pas fallu que l'Univers soit *d'abord* créé, et qu'ensuite seulement soient apparues les lois physiques ? Et si les lois physiques n'existaient pas encore au commencement de l'Univers, comment peut on « raisonnablement » parler du commencement de l'Univers en s'appuyant sur ces lois ?

LES LOIS PHYSIQUES APPARTIENNENT, COMME TOUT LE RESTE D'AILLEURS, A LA STRUCTURE DE L'ÊTRE

Le « consensus » entre particules de John Wheeler

Le physicien américain John Archibald Wheeler, bien connu pour ses travaux en matière cosmologique, et qui nous a surpris plusieurs fois au cours des dernières décennies en proposant des idées souvent très originales en ce qui concerne la structure de notre Univers, posait une nouvelle fois en 1983 une « bonne » question à la communauté des physiciens : Quel était l'état de l'Univers quand il était encore « sans lois » ? Et, dans un article intitulé « Les lois sans lois », Wheeler était en fait l'un des premiers physiciens à s'interroger sur « la genèse » des lois physiques, dans un Univers où ces lois ne seraient pas encore nées.

La réponse de Wheeler est intéressante : il suppose que l'Univers du commencement, immédiatement après sa création, était une sorte de *Chaos* où se mêlaient et interagissaient entre elles, dans la plus grande confusion, des particules de lumière et de matière. Et, ajoute Wheeler, dans ce Chaos originel les lois n'étaient pas encore présentes. Ces lois vont apparaître peu à peu, par une sorte de « consensus » entre les particules sur leur façon de se comporter les unes vis-à-vis des autres. Par exemple, ces particules vont constater qu'il est avantageux de se rapprocher toujours plus les unes des autres, de manière à former de grandes « collectivités » particulaires : alors, afin d'atteindre cet objectif, les particules vont convenir entre elles des lois de la gravitation, qui ont précisément pour effet d'attirer les particules de matière l'une vers l'autre. Puis les particules, ainsi regroupées dans ce qui deviendra les futures étoiles, profiteront de la proximité où elles se trouvent pour convenir des moyens de produire de l'énergie (puisque l'énergie est nécessaire pour permettre toute évolution) : ainsi vont prendre naissance les forces nucléaires (fortes et faibles) entre particules, qui vont « allumer » les étoiles, et faire rayonner l'énergie lumineuse dans tout l'espace cosmologique. Et puis les particules vont avoir besoin de communiquer l'une avec l'autre, d'entretenir un véritable « dialogue » entre elles, de faire suivre l'ère de l'énergie d'une ère de l'information et de la communication : ainsi serait apparue une convention de « langage » entre les particules, au moyen de la création des lois de l'électromagnétisme.

En somme, selon John Wheeler, les lois physiques seraient un peu nées à la façon des lois *sociales*. Si vous mettez ensemble, dans une île déserte, des enfants d'un très jeune âge, mais cependant capables de vivre sans le secours des « grands » (et de leurs préjugés), ces enfants vont devoir « inventer » entre eux des lois sociales, leur permettant de vivre en commun avec un minimum d'harmonie. On décidera, par exemple, qu'il ne faut pas voler le voisin ; qu'il faut travailler pour s'aider soi-même et aider la communauté ; qu'il faut se regrouper pour effectuer à plusieurs des tâches qui ne pourraient pas être exécutées par des individus isolés ; qu'il y a lieu de développer ensemble les conventions d'un langage de communication, tant par le geste que par la parole ; et bien d'autres « lois » encore, qui résulteront de l'expérience de vie en commun de ces enfants au fur et à mesure qu'ils grandissent. Ces lois seront d'abord des coutumes entre petits groupes communautaires, puis ces coutumes deviendront des lois quand elles seront reconnues par toute la communauté, et que chaque membre de cette communauté sera même *contraint* de les respecter.

Ainsi, selon Wheeler, seraient nées les lois physiques auxquelles *toutes* les particules de notre Univers obéissent. Ces lois auraient pris forme peu à peu, « se décantant » en quelque sorte en s'appuyant sur l'expérience vécue par les particules à partir du Chaos originel, et prenant « force de loi » quand finit par être établi un véritable « consensus » entre *toutes* les particules, qui conviennent alors d'accepter de se plier au comportement exigé par les lois.

Mais les « lois sans lois » de Wheeler sont aussi « sans particules »

La thèse de Wheeler peut paraître séduisante au premier abord. Surtout en Physique de la Relativité complexe, où on a mis en évidence la mémoire et la liberté dès le niveau particulaire, et où on ne peut donc trop s'étonner de voir les particules « dialoguer » entre elles pour édifier un véritable « système » de lois physiques.

Mais, à la réflexion, la thèse de Wheeler offre des difficultés importantes, ou réclame en tout cas d'être complétée :

— Tout d'abord, si la genèse des lois est obtenue par une sorte de « consensus » entre les particules participantes de l'Univers, à l'exemple de la genèse des lois sociales, on serait en droit de s'attendre que *certaines* particules « jouent » parfois un peu avec les lois, en les respectant plus ou moins strictement. Après tout, c'est ce que l'on constate pour les lois sociales, qu'elles concernent les humains ou même la vie animale. Je ne veux pas ici me porter en faux contre cette possibilité pour les particules individuelles de prendre de temps en temps « de la distance » vis-à-vis des lois physiques, mais il faut avoir conscience que, par définition même, une loi en Physique est une règle respectée par *tous* les éléments de l'Univers sans exception, ou alors ce n'est plus une loi. En d'autres termes, quitte à parler comme Wheeler d'une « sociologie » particulaire, il faut le faire jusqu'au bout : les particules sont bien, et sans exception, contraintes par les mêmes lois physiques, et leur comportement doit donc rigoureusement respecter ces lois ; mais les particules, puisqu'elles ont elles-mêmes créé ces lois qu'elles conviennent maintenant d'accepter, doivent alors disposer de propriétés les rendant capables *d'interpréter* les lois qu'elles ont créées. Autrement dit, l'idée d'une « sociologie particulaire » ne peut donc être défendue que si, simultanément, on prête aux particules les caractéristiques propres aux membres d'une véritable « société », c'est-à-dire mémoire et liberté. Il ne peut y avoir sociologie d'un ensemble de « boules de billard ». Si Wheeler prétend proposer une sociologie des particules, il faut qu'il accepte aussi l'idée que ces particules ne sont pas de simples « boules de billard », mais sont *dès le commencement de l'Univers* dotées individuellement de propriétés de mémoire et de liberté ;

— Mais la principale difficulté propre à la thèse « sociologique » de John Wheeler sur la genèse des lois physiques est le fait que les particules elles-mêmes ne peuvent avoir pris naissance que si, au préalable, il existait des lois physiques. En Physique contemporaine les particules ne sont pas seulement les « émettrices » des deux grands types d'interactions physiques (électro-faibles et gravito-fortes), elles sont aussi *le produit* de ces interactions, elles sont « construites » avec ces interactions mêmes. Il n'est donc pas cohérent de parler de particules de matière qui, mettant à profit leurs interactions vécues du début du monde, auraient conventionnellement décidé ensemble d'un lot de lois physiques qui seraient celles que la Physique reconnaît aujourd'hui puisque... sans ces lois physiques il n'y aurait jamais eu de particules !

En fait, la seule échappatoire à ce dilemme semble être d'affirmer qu'*à la fois* les particules et les lois physiques étaient présentes dès le commencement de notre Univers, et qu'elles étaient aussi présentes potentiellement dans la structure de ce qui *transcende* l'Univers actualisé, j'ai nommé l'Etre. C'est l'Etre, qui est le porteur de *tous les possibles,* dont la structure d'ensemble peut seule justifier la naissance du Verbe actualisé, c'est-à-dire des particules de Psychomatière et de leurs lois physiques et psychiques associées.

L'Univers naît avec ses particules et ses lois physiques

Nous avons vu, dans la première partie de cet ouvrage, que l'Etre était l'ensemble de tous les possibles (Archétypes), mais que ces possibles ne formaient pas un ensemble « amorphe ». La « structure » de l'Etre faisait partie des propres éléments de l'Etre (et d'ailleurs, comment aurait-il pu en être autrement puisque l'Etre est *le Tout,* et doit donc contenir aussi sa propre structure ?).

Nous avions reconnu deux types de structures de l'Etre :

— La structure *en treillis de Boole* des Archétypes de l'Etre, définissant les opérations d'union, d'intersection et de complémentation, dont l'Esprit se sert pour l'approche globale de l'Etre au moyen de l'*Intuition;*

— La structure *de groupe* des mouvements de rotation/pulsation des points de l'Etre, dont le Mental fait usage pour construire l'ensemble des Formes/Symboles qui le caractérisent, en s'appuyant sur la *Raison.*

Cela signifie que, dès que l'Esprit opère son premier libre choix intuitif dans l'Etre, qui est le choix de l'Archétype d'espace-temps, non seulement l'Univers est né, mais il est né avec *toutes* les caractéristiques « inévitables » qu'*impose* à la Raison la structure de groupe de l'Etre. L'Univers « actualisé », c'est-à-dire prenant place et représentable dans l'espace et le temps, a *dès son premier instant* les caractéristiques d'espace-temps que la Raison et la structure de groupe des mouvements ponctuels qui caractérisent son fonctionnement lui octroient et lui calculent. C'est parce que les caractéristiques *physiques* de l'Univers ne pouvaient pas être « autres » que la Relativité complexe, qui va précisément s'appuyer sur un formalisme essentiellement basé sur les opérations du groupe de pulsation/rotation d'entités ponctuelles, va pouvoir proposer pour l'ensemble de l'Univers un système d'équations couplées (Système E-H-C), dont la solution *unique* fournira *toutes* les caractéristiques numériques de l'Univers dans l'espace et le temps, c'est-à-dire également les valeurs de ces caractéristiques *au premier instant* de l'Univers, au premier instant du Verbe.

En d'autres termes, *le premier acte* de Création de l'Univers est l'approche intuitive de l'Etre que fait l'Esprit, résultant dans le libre choix de l'Archétype fondamental d'espace-temps.

Le second acte de Création est l'actualisation du choix d'espace-temps que vient de faire l'Esprit, qui se traduit dans le Verbe comme l'émergence d'un Univers possédant déjà, en quelque sorte *par construction,* tout un ensemble de caractéristiques physiques, ces caractéristiques qu'il est précisément possible de calculer exactement aujourd'hui au moyen du formalisme de la Relativité complexe s'appuyant sur la Raison (et la Raison seule). L'Univers naît avec, en chacun de ses points, une Intuition et une Raison *intégrées.*

Toutes les Formes et tous les Symboles sont donc là, dès le premier instant de l'Univers. Mais ces Formes et ces Symboles vont *évoluer* dans la durée, au fur et à mesure que le temps s'écoule.

D'une façon plus précise, l'Univers est inséparable de toutes ses *lois physiques,* qui comprennent notamment les micro-univers Imaginaires « personnels » de la Psychomatière (préons et éons), et l'immense espace-temps « collectif » de la Réalité (modèle cosmologique).

Certes, l'Univers du Verbe va *évoluer* ensuite au cours du temps, nous avons vu que seul le niveau *le plus bas* de la mémoire particulaire (les 16 composantes symboliques de l'onde psi) émerge de la conscience particulaire à ce premier instant du monde, un monde encore purement « physique ». Mais, peu à peu, au cours d'opérations alternées d'Intuition et de Raison, le Verbe va s'enrichir de Formes/Symboles nouvelles, les micro-univers de la Psychomatière vont élever sans cesse leurs niveaux personnels de conscience.

Alors, oui, en ce sens John Wheeler avait raison. Une véritable évolution psychologique et sociologique va bien prendre place entre les particules de Psychomatière composant l'Univers. Mais cette évolution ne repose pas (ou en tout cas pas uniquement) sur les lois « physiques » de l'Univers, qui étaient là dès le premier instant, et demeurent invariantes tout au long de l'Histoire de l'Univers. Certes, l'Univers physique se transforme, le rayon de la Réalité cosmologique est, par exemple, actuellement en expansion, mais cette expansion repose sur des lois *physiques* qui étaient là dès le commencement du monde, et c'est pour cela qu'il est possible de calculer les caractéristiques physiques de l'Univers entier (y compris le rayon de la Réalité) pour n'importe quel instant de l'âge de l'Univers, comme est parvenue à le faire la Relativité complexe.

La véritable EVOLUTION du Verbe, c'est l'évolution PSYCHIQUE, l'évolution de la CONSCIENCE.

C'est l'Histoire de la Conscience, et non celle des aspects physiques de l'Univers, qui va paradoxalement venir former la partie principale de la Physique à venir.

LA CONSCIENCE ÉVOLUE LIBREMENT DANS UN CADRE PHYSIQUE LUI-MÊME A ÉVOLUTION DÉTERMINISTE

Le fait que l'Univers soit né avec des lois physiques *invariantes*, c'est-à-dire qui ne se modifient pas avec la durée, offre un très grand intérêt. En effet, nous pouvons alors prévoir comment va évoluer la part purement « physique » de l'Univers, puisque celle-ci est inexorablement soumise à ces lois. A partir de ces lois on peut alors bâtir ce que les physiciens appellent un « modèle cosmologique », qui non seulement nous représentera l'Univers au moment de sa naissance, mais encore la manière dont évolue cet Univers dans la durée, et aussi la fin de cet Univers, pour autant qu'il ait une fin.

Entendons-nous bien : cela ne signifie pas que l'évolution *entière* de l'Univers et de son contenu puisse être prévue et décrite : nous venons notamment de voir que les lois physiques de l'Univers ne nous disent pratiquement rien sur *le contenu* de la mémoire particulaire, ni non plus sur ce qui sera la conséquence de la Liberté particulaire (s'il n'en était pas ainsi, il ne s'agirait plus d'une véritable Liberté). L'évolution *imprévisible* est donc celle qui va résulter de l'utilisation que va faire l'Esprit de sa mémoire et de sa Liberté ; mais il existe aussi une évolution *prévisible*, celle due aux lois physiques, auxquelles l'Esprit doit nécessairement obéir, car ces lois se sont imposées à lui dès qu'il a choisi de créer un Verbe fait d'espace et de temps. Autrement dit, il y a des lois déterministes concernant la « substance », qui est ici l'espace et le temps. Et il y a, par ailleurs, les « formes » imprévisibles que l'Esprit va « modeler » avec la substance, en faisant appel à sa mémoire rationnelle et sa liberté créatrice. Si la substance doit « vieillir » et se transformer par le seul jeu des lois physiques, alors cet artiste qu'est l'Esprit devra s'y soumettre, et éventuellement poursuivre son œuvre créatrice avec cette substance transformée nouvelle.

C'est encore un peu comme si l'Esprit devait évoluer dans une « demeure » (l'Univers cosmologique) dont on ne pourrait pas contrôler l'évolution. Une illustration de cette situation peut être choisie avec notre planète Terre tournant autour de notre Soleil : la vie sur notre planète aurait pu évoluer de bien nombreuses façons, et le futur du Vivant sur Terre a aussi différentes possibilités qui, comme on le remarque parfois, vont de l'autodestruction à l'épanouissement d'une humanité harmonieuse. Mais cette évolution du Vivant sur Terre, quelle que soit la forme qu'elle prenne, sera néanmoins soumise aux contraintes physiques fondamentales : la Terre tournera toujours autour du Soleil, la vie sur Terre sera toujours tributaire de l'évolution physique du Soleil, si les lois physiques entraînent que le Soleil doive un beau jour s'éteindre, il faudra bien que le Vivant sur cette Terre s'organise en se soumettant aux conditions physiques d'un Soleil « froid » et ainsi de suite.

De même, notre demeure à tous est l'espace-temps cosmologique et ces autres demeures que sont les micro-univers de l'Imaginaire qu'on nomme Préons et Eons. Notre Conscience personnelle, ou plutôt la conscience de chaque particule de Psychomatière, doit évoluer à l'intérieur de ces demeures que sont la Réalité cosmologique et les micro-univers Imaginaires. Et ces demeures sont bâties avec les lois physiques, dont on peut prévoir l'évolution dès qu'on en a connaissance. Il s'agit là d'une évolution *déterministe*, qui nous permet de connaître avec précision le *cadre physique* à l'intérieur duquel va pouvoir évoluer la Conscience, cette Conscience qui est le fruit de la mémoire signifiante et de la liberté (Raison et Intuition).

LES CYCLES DE L'UNIVERS PHYSIQUE

La Conscience évolue donc librement à l'intérieur de deux types de « demeures » à évolutions déterministes : les micro-univers préonique et éonique (Imaginaire) et l'immmense Univers cosmologique (Réalité). Ces deux types de demeures, qui sont dimensionnellement très différentes l'une de l'autre, se ressemblent cependant beaucoup, ce qui ne doit pas nous étonner, puisque ces demeures sont construites depuis le commencement du monde à partir des *mêmes* lois physiques.

Les lieux où « habite » l'Esprit, les demeures de l'Imaginaire et de la Réalité, ont notamment une caractéristique commune : elles sont toutes deux formées d'un espace clos empli de lumière, refermé sur lui-même, dont le rayon est en pulsation périodique. Examinons tour à tour ces demeures de l'Esprit ; réfléchir sur nous-mêmes, n'est-ce pas en effet d'abord chercher à reconnaître où nous sommes tenus d'habiter ?

Les micro-univers préonique et éonique

Rappelons d'abord que les préons se distinguent des éons par le fait que leur charge électrique est nulle (alors que les éons portent une charge positive ou négative égale, au signe près, à la charge électrique élémentaire e). Les masses propres des éons forment un spectre *discontinu*, correspondant à des états de quantification distincts. Les masses propres des préons forment au contraire un spectre *continu.* En outre, les préons constituent deux catégories distinctes de particules, suivant leur état de spin : demi-entier (neutrinos) ou entier (photons).

— **Les neutrinos** sont donc des préons d'action 1 (partagée entre spin et pulse). Ils prennent naissance ou disparaissent chaque fois que l'exige la conservation de l'action ou de l'impulsion-énergie. Ils entrent dans la structure éonique et sont la source de l'onde psi émise par chaque particule de Psychomatière. Ils ne possèdent que les 16 composantes qui caractérisent l'onde psi. Les conditions initiales de ces 16 composantes renseignent, comme nous l'avons vu, les particules émettrices de cette onde psi sur la « géométrie » de leur espace-temps extérieur. Le neutrino ne possède donc pas de véritable « mémoire » particulaire, puisqu'il ne cumule pas les éléments d'information qu'il perçoit dans l'espace extérieur, mais substitue aux anciennes informations reçues celles de l'instant présent. Partant, le neutrino ne possède pas non plus une liberté propre, il est simplement *l'éclaireur* qui collationne à chaque instant les informations sur l'espace extérieur, informations qui seront ensuite utilisées par les mémoires particulaires.

neutrino (onde psi) = informateur

— **Les photons** sont des préons d'action 2 (partagée entre spin et pulse). Ils sont, comme nous l'avons vu, formés dans la « fusion » (au sens de Louis de Broglie) de deux neutrinos, conjuguant leurs mouvements respectifs de pulsation et de rotation. L'aspect ondulatoire des photons est représenté complètement par un champ comportant 16 au carré, soit 256 composantes. Ces 256 composantes comprennent les 16 composantes qui représentaient déjà le mouvement de rotation/pulsation *d'un seul* neutrino. Cela signifie que le photon possède pour sa part une *mémoire propre,* et donc aussi une *liberté propre.* Les photons, quand ils prennent place à l'intérieur d'un micro-univers éonique, vont alors pouvoir prendre des états de spin total *plus grand que 1,* et fournir ainsi la structure de base de la mémoire signifiante des éons (champ sigma). A l'état individuel (c'est-à-dire hors du micro-univers éonique) le photon peut utiliser sa mémoire propre pour *transporter de l'information* d'une particule de Psychomatière à une autre, jouant un peu le rôle de *messager* :

photon (champ sigma) = messager

— **Les éons**, qui sont dans l'espace de la Réalité les structures ponctuelles nommées leptons chargés et quarks, nous intéressent particulièrement, car ce sont les particules qui peuvent *cumuler* les Symboles *par milliards* dans une mémoire indélébile. D'un intérêt encore plus particulier sont les éons entrant dans les structures *stables*, c'est-à-dire notamment les nucléons (protons et neutrons) formant les noyaux des atomes, et les électrons qui tournent autour de ces noyaux. Ces éons stables ont une durée de vie qui se chiffre en milliards d'années, et qui est en fait *plus longue* que la durée de vie de l'Univers lui-même (ou, plus précisément, plus longue qu'une seule « pulsation » de cet Univers, nous allons y revenir ci-dessous). Les éons naissent *par couples* (un éon et un antiéon) à partir de la lumière, au cours de la rencontre de deux photons (un photon et un antiphoton) ayant une énergie suffisante. La réaction inverse est théoriquement possible : un éon et un antiéon, s'ils se rencontrent, peuvent disparaître et être remplacés par un couple photon/antiphoton. Mais la Relativité complexe met une restriction à cette réaction d'« annihilation » des éons : les éons constituent en effet un espace-temps à évolution « néguentropique », c'est-à-dire un espace-temps où l'information stockée en mémoire *ne peut pas se perdre*, ce qui signifie qu'un éon ayant en mémoire *plus* que le maximum de 256 Symboles que peut recevoir et enregistrer la mémoire d'un photon isolé ne pourra plus subir l'annihilation le condamnant à perdre sa mémoire et se transformer en lumière. Seuls les éons disposant de peu de mémoire (de peu de conscience) peuvent disparaître. Dans l'Univers du Verbe, les Formes/Symboles se conservent.

On peut dire que les éons, qui s'appellent électrons et quarks sous leur aspect « cosmologique » (c'est-à-dire tels que la Physique les représente dans l'espace de la Réalité), sont donc finalement les « participants à part entière » du Verbe ; ils sont dotés d'un outil d'information (le neutrino et son onde psi), d'une mémoire indélébile à capacité pratiquement infinie (champ sigma), et d'une « conscience » (Esprit) leur octroyant la Liberté.

Si on ajoute à cela que les éons (au moins les plus conscients) sont pratiquement « éternels », on doit en conclure qu'on est ici en présence des vraies *personnes* porteuses du Verbe :

éon (champ psi-sigma) = personne

Bien entendu, cela ne retire pas ipso facto le titre de « personnes » aux êtres complexes comme nous (ou comme tout organisme végétal ou animal), qui sont formés du rassemblement dans le même « corps physique » d'une immense quantité d'éons. Les éons individuels et moi avons notamment *le même* Esprit. Mais avons-nous le même « Moi » ? Si je meurs, je vois bien que mon Esprit subsiste, puisqu'il est aussi l'Esprit transcendant de l'Etre, mais que devient mon « Moi » ? Nous aurons, en tout cas, à nous poser cette question tout à l'heure, après avoir fourni une définition plus précise de ce qu'il faut entendre par le terme « Moi ».

La théorie de la Relativité complexe fournit quelques détails numériques sur l'évolution purement « physique » du micro-univers éonique. C'est un minuscule espace sphérique en pulsation très rapide, empli d'une lumière « thermique » (lumière noire) à une température de quelque 10 000 milliards de degrés. Dans cet espace sphérique tournent un ou plusieurs neutrinos (toujours en nombre impair, de manière à fournir à l'éon considéré dans sa totalité un spin demi-entier). C'est la lumière noire qui est porteuse de la mémoire signifiante personnelle de l'éon, en accroissement continuel (montée continuelle de conscience). Les neutrinos, pour leur part, informent continuellement la mémoire de l'éon sur les caractéristiques de son monde extérieur (espace collectif de la Réalité cosmologique).

L'Univers cosmologique de la Réalité

Depuis la Relativité générale d'Einstein (1915) on dispose des équations qui permettent de représenter l'Univers cosmologique *dans sa totalité* : c'est ce que les physiciens désignent comme le « modèle cosmologique » de la Réalité considérée comme un Tout.

La Relativité complexe, qui constitue un prolongement de la Relativité générale d'Einstein, possède donc elle aussi un formalisme pour représenter la Réalité cosmologique. Mais, pour le faire, elle dispose d'un jeu de lois physiques *plus complet* que celui de la Relativité générale. En effet, la Relativité complexe a constaté que la Réalité cosmologique ne représente *qu'une partie* de l'Univers total; il faut aussi tenir compte de l'Imaginaire et des micro-univers qui peuvent prendre place dans cet espace « adjacent » à l'espace-temps collectif de la Réalité cosmologique. On conçoit que cet apport de l'Imaginaire puisse venir préciser le modèle de la Relativité générale, de la même manière que la Mécanique ondulatoire était venue préciser, au début du siècle, la représentation de la Matière fournie par la Physique « classique » (c'est-à-dire non probabiliste).

Ce supplément de précision du modèle cosmologique apporté par la Relativité complexe se traduit, comme nous l'avons vu, par le calcul que permet cette nouvelle théorie physique de *tous* les paramètres numériques entrant dans les lois physiques.

La Relativité générale présentait notamment le grave défaut d'offrir *un choix* de modèles cosmologiques (et non un modèle unique), tous acceptables d'après les équations d'Einstein, et entre lesquels il n'était pas possible de décider lequel était « le vrai » modèle (car il n'y a, bien entendu, qu'*un seul* modèle correspondant à la réalité vraie). Cette « pléthore » de modèles acceptables tenait au fait qu'on dépendait, pour décider du modèle, *de mesures expérimentales,* comme la densité moyenne de la matière dans tout l'espace, ou la valeur mesurée du coefficient exprimant la proportionnalité entre la distance d'une galaxie et sa vitesse d'éloignement, ou la température actuelle de la lumière noire emplissant tout l'espace (car, comme le micro-univers éonique, l'espace cosmologique est lui aussi rempli d'une lumière noire). Certes, ces valeurs expérimentales deviennent peu à peu connues, et avec une précision toujours plus grande, au fur et à mesure que s'améliore la technologie dont peuvent disposer les astrophysiciens. Par exemple, on sait maintenant que la température actuelle de la lumière noire cosmique est de 2,7 degrés Kelvin, à environ 5 % près. Mais il y encore trop de données expérimentales imprécises concernant l'Univers dans son ensemble pour faire un choix définitif entre les cinq ou six modèles cosmologiques qu'autorise la Relativité générale. On ne peut même pas garantir actuellement, d'après la Relativité générale seule, que le rayon de l'Univers, aujourd'hui en expansion, continuera à grandir à tout jamais, ou bien qu'il finira par s'arrêter de croître, et, pour ce dernier cas, s'il se mettra ensuite à diminuer pour revenir à ses dimensions « initiales » (état initial du « big bang »).

Mais il y a plus grave. La Relativité générale ne peut proposer que des modèles cosmologiques qui, visiblement, ne sont plus acceptables autour des *premiers instants* de l'Univers. En effet, tous ces modèles conduisent à ce que les physiciens nomment « une singularité » à l'origine des durées. A cet instant initial, le volume de l'Univers serait, d'après les équations de la seule Relativité générale, réduit *à zéro*... ce qui a pour conséquence de faire admettre que, à cet instant, la plupart des caractéristiques physiques de l'Univers, comme notamment la densité de la matière ou la température de la lumière noire, deviennent *infinies*. On ne peut donner aucune signification *physique* véritable à une densité ou une température devenant infinie. L'existence d'une telle singularité à l'origine traduit simplement le fait que, à cet instant du commencement (pourtant combien important !), les équations de la Relativité générale ne sont plus valables, ou exigeraient en tout cas d'être précisées, voire complétées. Et il est presque « risible » (ou en tout cas choquant pour l'esprit rationnel) de constater les efforts de beaucoup de nos astrophysiciens contemporains, non pas pour reconnaître que les équations d'Einstein ne sont plus valables à l'origine de l'Univers et chercher à les améliorer, mais au contraire pour « réfléchir » (?) sur les conséquences futures pour l'Univers entraînées par un espace cosmologique qui, autour de (mais quand même un peu après) l'instant zéro, aurait traversé des états de densité et de température quasi infinies.

Les difficultés précédentes disparaissent entièrement avec la Relativité *complexe.* En effet, le modèle cosmologique ne dépend plus maintenant de mesures *expérimentales* déjà faites, puisqu'on dispose d'un système complet d'équations pour représenter *tous* les aspects de l'Univers obéissant au déterminisme des lois physiques, depuis les micro-univers éoniques jusqu'au modèle de la Réalité cosmologique. C'est le Système (E-H-C) déduit du formalisme de la Relativité complexe, dont la solution unique nous permet de représenter l'Univers cosmologique et son évolution dans la durée, depuis son premier instant jusqu'à sa fin (s'il y en a une).

Et ce que permet immédiatement de constater la Relativité complexe, c'est que pour la première fois on offre ici un modèle cosmologique *sans singularité à l'origine.* Pas question de voir en Relativité complexe l'espace de l'Univers réduire son volume à zéro au moment du « commencement » du monde. Certes, le rayon de l'espace est à ce moment initial beaucoup plus petit qu'aujourd'hui (environ 100 fois plus petit), mais on demeure néanmoins avec des grandeurs physiques « acceptables ». La température de la lumière noire, à cet instant du commencement, est d'environ 400 degrés Kelvin (environ 130 degrés centigrades). Par contre, la densité de la matière est alors rigoureusement nulle, il n'existe pas encore de noyaux d'atomes, mais il peut exister des couples éon/antiéon, puisqu'un tel couple est formé de deux particules d'énergie égale mais de signe opposé, constituant un total énergétique algébriquement nul.

Les équations de la Relativité complexe montrent que notre Réalité cosmologique est, comme l'était le micro-univers éonique, en pulsation (rayon de l'Univers oscillant entre un minimum et un maximum), sur une « période » cosmique d'un peu plus d'une centaine de milliards d'années. L'âge actuel de notre Univers serait de 16,2 milliards d'années.

LA CRÉATION DE L'UNIVERS

La grande question, dès qu'on veut réfléchir à notre Univers dans son ensemble, concerne aussi bien l'esprit philosophique que l'esprit scientifique : c'est celle de savoir « pourquoi et comment » notre Univers est sorti du Néant, et si la connaissance contemporaine doit toujours, dans ce domaine, faire appel à un Créateur extérieur disposant de *tous* les pouvoirs, y compris celui de faire quelque chose avec rien.

La Relativité complexe s'est, bien entendu, préoccupée de cette question essentielle. Elle y a répondu en deux étapes.

Un Univers d'énergie et d'action nulles

La première idée qui, en cette matière, paraît être suggérée à l'esprit rationnel, c'est de profiter du fait que la connaissance constate que les grandeurs physiques se groupent *par couples symétriques*, pour s'efforcer de fournir une représentation de l'Univers où le plus et le moins « s'équilibreront » à chaque instant, de manière à totaliser zéro. Certes, cela ne signifie pas qu'on veut dès le départ proscrire toute intervention d'un Créateur « transcendant », capable comme un prestidigitateur de tout sortir de sa poche ; mais, même dans cette éventualité, cela ne nous dispense pas de chercher à faciliter la tâche à ce Créateur, en ne l'obligeant pas à produire des quantités physiques que, dans sa sagesse, il a justement groupées *par couples* formés d'un élément positif et un élément négatif. Cette idée n'est d'ailleurs naturellement pas nouvelle, pour s'en convaincre il suffit de se rappeler le Yin et du Yang de Lao Tseu, ou la théorie des contraires (le chaud et le froid, le sec et l'humide...) du grec Anaximandre, ou l'opposition d'Empédocle entre la Haine et l'Amour ou encore, plus près de nous, la philosophie orientale, qui a coutume de dire qu'une chose est à la fois elle-même et son contraire.

La Relativité complexe a voulu, de cette manière, éviter de « compliquer à plaisir » l'intervention éventuelle d'un Créateur transcendant, en proposant un modèle de l'Univers qui ne ferait pas appel à la « création » véritable de deux quantités qui jouent les rôles de base dans toute représentation de la connaissance contemporaine, à savoir l'énergie et l'action. Plus précisément, le modèle cosmologique issu de la Relativité complexe va s'appuyer sur les deux principes suivants :

— A tout instant, de sa création à sa fin, l'Univers cosmologique possède globalement une énergie *identiquement nulle.* Plus besoin donc de se demander « d'où » le Créateur a tiré l'énergie que l'on observe dans l'Univers, puisque cette énergie est rigoureusement nulle *à tout instant*. Il a donc simplement suffi au Créateur de « séparer » l'énergie en énergie positive et énergie négative... un peu à la manière dont, dans la Genèse, on dit que Dieu a séparé la lumière des ténèbres;

— Puisque l'Univers est cyclique, on peut définir à son sujet ce que les physiciens nomment une « action », et parler encore plus précisément des mouvements quantifiés de rotation (spin) et de pulsation (pulse) de l'Univers entier. Là encore, la Relativité complexe va construire sa représentation de l'Univers global (modèle cosmologique) en s'appuyant sur le principe que le spin et le pulse de l'Univers, calculés sur une période de pulsation de l'Univers (cycle complet entre deux « big bangs » successifs), sont *rigoureusement nuls.* Inutile donc de requérir le Créateur de fournir au départ à l'Univers de quoi le faire pulser et tourner sur lui-même jusqu'à la fin des temps : ces grandeurs physiques « conservatives », qui jouent un rôle si important dans la Physique contemporaine, sont rigoureusement nulles pour l'Univers dans sa totalité spatio-temporelle.

L'Etre et le Néant

Mais, diront les physiciens « pointilleux », c'est bien joli d'avoir ainsi facilité la tâche du Créateur en lui supprimant le problème de devoir faire de l'énergie et de l'action avec rien, il faut qu'il y ait eu quand même un « acte » créateur, il a bien fallu que quelqu'un opère « le partage du Néant », en transformant ce Néant en énergie positive et négative d'une part, et en action positive et négative d'autre part. Vous voilà donc tenus maintenant d'expliquer comment, ou au moins par qui, a été effectué cet acte « dialectique », qui sépare le Néant (qui est l'absence de tout) entre deux complémentaires de signes contraires capables de cohabiter.

Bonne question, dira-t-on. Mais, là encore, la seule échappatoire « rationnelle », c'est-à-dire celle qui s'efforcera de « compliquer » le moins possible la situation, c'est semble-t-il celle qui affirmera que cet acte dialectique du Créateur n'a pas besoin d'avoir eu lieu pour justifier la création de notre Univers des contraires... car le Néant et le Verbe *coexistent* tous les deux, au commencement du monde comme aujourd'hui et comme demain.

En effet, on constate en regardant un peu attentivement les équations de la Relativité complexe représentant l'ensemble de l'Univers (Système E-H-C) qu'en réalité ces équations comportent *deux* (et non une seule) solutions. La seconde solution est celle pour laquelle *tous les paramètres numériques seraient rigoureusement nuls.* Dans ce cas, l'Univers du Verbe est rigoureusement *vide,* même l'espace et le temps n'existent pas. C'est un Univers constitué des seuls « possibles » (c'est-à-dire de l'Etre) et de l'Esprit (symbolisé, comme on se le rappelle, par l'ensemble vide $\emptyset$). C'est, en somme, un Univers de l'Etre et de l'Esprit seulement, avec une simple « potentialité » de devenir, mais sans « actualisation » dans le Verbe. C'est l'Univers *du transcendant,* c'est « l'Esprit planant sur les Eaux » de la Genèse.

Mais l'Univers actualisé du Verbe *pourrait-il exister* sans l'Univers du transcendant ? Nous sommes une nouvelle fois ici devant le paradoxe fondamental qui s'attache à toute chose : le Verbe est *à la fois* ce qu'il est sous sa forme actualisée, et son complément qui est le non-actualisé, le transcendant, ce qui ne figure pas encore dans l'espace et le temps. Le Verbe est à la fois existence et essence. Le Verbe est simplement l'instant présent, qui est précisément l'interface entre ce qui est passé actualisé et futur en devenir. Le Verbe est ce voile translucide jeté entre l'Etre et le Néant, ce qui est tout et ce qui est rien. Et, en ce sens, je ne dois pas m'interroger sur la manière dont l'Univers a été créé, et sur ce qu'il deviendra à la fin des temps. Car l'Univers est seulement *l'instant présent,* il était hier et il sera demain ce que l'instant présent sera alors capable de le faire et de m'en dire. L'Etre est *aussi* le Néant. Quand l'Esprit choisit les Archétypes de l'Etre pour en faire des Formes/Symboles du Verbe, il sort d'un Etre-Néant ce qui va être l'instant présent. Car l'Etre est Etre puisqu'il contient tous les possibles ; et l'Etre est non-Etre (donc Néant) puisqu'il n'est que possibilité de devenir.

Comment le Créateur a-t-il accompli cet acte « dialectique », disions-nous, qui consiste à sortir du Néant ce qui est ? Rien n'est plus simple, c'est ce que moi-même, comme chacun de vous, j'accomplis à chaque seconde, en « vivant » l'instant présent. Cet instant, mon Esprit le « fabrique » avec l'Etre-Néant. Car, encore une fois, l'Etre est le Néant.

« Le Sage, disent les Katha Upanishads ne naît jamais, ne meurt jamais. » Le Sage VIT : et « vivre », c'est avoir conscience de l'instant présent.

CHAPITRE VI

De la lumière à la cellule

Où va-t-il ce navire ? Il va de jour vêtu, à l'avenir divin et pur... Vous voyez bien qu'en effet il monte aux étoiles !

VICTOR HUGO, *Plein Ciel*

LA MONTÉE CONTINUELLE DE CONSCIENCE. Homogénéité et isotropie. Mise en évidence de la Conscience dans l'Univers. L'unité dans la diversité. LE COMMENCEMENT EST UN RECOMMENCEMENT. La « longue marche » de la Conscience. Nous sommes encore des aveugles vis-à-vis de la recherche du Vivant dans l'Univers. Le Vivant apparaît dès que les particules de Psychomatière découvrent un « lieu » de l'Univers acceptable pour la Vie. NIVEAU DE CONSCIENCE, LANGAGE ET DIALOGUE PARTICULAIRES. Le dialogue suppose d'abord des niveaux de Conscience équivalents. Le dialogue suppose aussi de disposer d'un langage identique. LONGUES CHAINES ET VIRUS : LES PREMIÈRES ETAPES DU DIALOGUE VIVANT. Les chaînes de protéines. Des fragiles longues chaînes aux rigides virus. LA CELLULE EST NÉE.

Voilà donc que s'est actualisé dans le temps, il y a un peu plus de 16 milliards d'années, le cadre de ce qui va constituer la « demeure » du Verbe. A cet instant va commencer l'aventure de la Conscience, cette Conscience « personnelle » qui vit dans les micro-univers éoniques de l'Imaginaire et qui « dialogue » avec les autres Consciences personnelles dans le cadre d'une

Réalité cosmique « collective ». Cette Réalité cosmique est actuellement un Univers en expansion, dont le rayon va croître jusqu'à ce que l'âge de l'Univers soit, selon le modèle cosmologique déduit de la Relativité complexe, d'un peu plus de 52 milliards d'années. Puis la Réalité cosmique va voir son rayon diminuer, l'Univers va passer à nouveau par les caractéristiques physiques qu'il a connues durant sa période d'expansion. Finalement, après un « cycle » qui aura donc duré environ 104 milliards d'années, l'Univers reviendra à son état de compression maximale.

Et ensuite, que va faire l'Univers après avoir effectué ce long périple dans la durée, au cours duquel la Conscience « néguentropique » n'aura cessé de croître ? Les choses vont-elles brusquement s'arrêter là, et l'Univers retourner au Néant ? Pourquoi cette montée de la Conscience, si c'est pour que celle-ci retourne finalement au Néant ? Nous souhaiterions interroger un peu plus le modèle cosmologique, afin de tenter de discerner ce qui se passera après un cycle *complet* de l'Univers, et cela pour mieux comprendre l'état de l'Univers *à son commencement,* puisque l'alpha ressemble à l'oméga, nous disent en chœur la Tradition et le modèle cosmologique contemporain.

LA MONTÉE CONTINUELLE DE CONSCIENCE

Homogénéité et isotropie

Sans qu'il soit nécessaire d'entrer ici dans les détails mathématiques concernant le difficile et important concept d'*entropie* d'un état physique délimité par un volume V déterminé, nous pouvons dire que l'entropie mesure le niveau d'homogénéité et d'isotropie de l'état physique de l'espace à l'intérieur du volume V.

Le volume V est dans un état *homogène* pour une grandeur

physique donnée si rien ne distingue un point quelconque de V de tous les autres points de V vis-à-vis de cette grandeur physique : on dira, par exemple, qu'un volume d'eau V est homogène vis-à-vis de sa densité si tous les points de V sont caractérisés par la même densité. On parlerait, de la même manière, d'un volume V homogène vis-à-vis de sa température, de sa couleur...

Le volume V est dans un état *isotrope* si aucune direction d'espace, à l'intérieur du volume V et en tout point de ce volume V, n'est privilégiée par rapport à une autre direction. Si, par exemple, le volume V est traversé par un champ magnétique, il n'est plus isotrope puisque ce champ magnétique « dessine » des lignes de force à l'intérieur du volume V, ce qui a pour effet de privilégier certaines directions par rapport à d'autres. On voit, naturellement, que le volume V peut être homogène (par exemple partout de même densité) et cependant non isotrope (par exemple si un champ magnétique traverse l'espace occupé par V).

L'hypothèse fondamentale propre à tout modèle cosmologique de notre Univers pris dans sa totalité est celle de l'homogénéité et de l'isotropie *moyennes* de cet Univers. C'est ce qu'on nomme le « principe cosmologique », sur lequel repose tout « modèle » de notre Univers dans son ensemble. Mais il faut bien comprendre que ce principe cosmologique est une simple *hypothèse simplificatrice* : comme il nous est impossible de connaître en détail *la totalité* des états de notre immense Réalité cosmique, on suppose qu'on peut parler de la « moyenne » de ces états, et on admet qu'à tout instant de l'âge de l'Univers l'espace est partout « homogène et isotrope », et cela vis-à-vis de *l'ensemble* des grandeurs physiques caractérisant l'Univers. Cependant s'il en était *rigoureusement* ainsi, on ne pourrait *tirer aucune énergie* des états physiques de l'espace, car pour obtenir de l'énergie il faut, comme on le sait (Principe de Carnot), disposer de deux états de l'espace *différents*. L'hypothèse d'homogénéité et d'isotropie de l'Univers n'est donc acceptable que comme une « moyenne »... puisqu'on sait qu'on peut disposer d'énergie en certains points de l'Univers, et notamment sur notre petite Terre. Et il y a tout lieu de croire qu'il y a de l'énergie disponible *partout* dans l'Univers. Il suffit, si l'on veut mieux s'en convaincre, de jeter un coup d'œil la nuit sur le ciel étoilé : chaque étoile est un lieu où la densité de matière et la température sont bien plus élevées que dans l'espace qui entoure l'étoile, il n'est donc pas question ici d'homogénéité et d'isotropie ; et, pendant la journée, la douce chaleur qui nous vient de notre Soleil nous confirme bien que notre Terre est capable de recevoir de l'énergie. L'énergie, ça existe heureusement dans notre monde !

Mais tout modèle cosmologique nous met en face de notre ignorance « des détails », et nous contraint donc d'adopter résolument l'hypothèse simplificatrice que tout l'espace de notre Univers est homogène et isotrope... C'est-à-dire, notamment, qu'on ne peut *nulle part* disposer d'énergie. Ainsi va la connaissance, qui plaide souvent le faux pour arriver au vrai !

Mise en évidence de la Conscience dans l'Univers

La Relativité complexe, comme toute théorie se préoccupant du « modèle cosmologique » de l'Univers dans son ensemble, s'appuie également sur le principe cosmologique et l'hypothèse d'un espace continuellement et partout homogène et isotrope. Mais elle met en outre en évidence un aspect particulier : à l'instant zéro, c'est-à-dire au moment où il commence son cycle d'expansion, l'Univers est « vide de matière », sa densité de matière est rigoureusement nulle. Puis, dès que l'Univers commence son expansion, les particules de matière commencent à apparaître, sous forme de protons et d'électrons (c'est-à-dire les constituants de l'atome d'hydrogène).

Attardons-nous un peu sur cet instant zéro de l'Univers, au moment où l'espace va commencer son cycle d'expansion/compression : l'espace est alors seulement rempli de lumière noire thermique et de neutrinos, puisque toute la Matière a disparu. A cet instant, alors oui, et *rigoureusement* cette fois, l'Univers est homogène et isotrope, c'est-à-dire dans un état que les physiciens qualifieront d'entropie *infinie*, ce qui signifie que, à partir de cet instant, l'espace *ne peut plus se différencier*, il va donc devoir *demeurer* homogène et isotrope... avec malheureusement l'impossibilité qu'il puisse alors se créer par la suite un espace comme celui *que nous observons*, qui est « différencié », puisqu'on y aperçoit notamment quantité d'étoiles.

Notons que *tous* les modèles cosmologiques déduits de la Relativité d'Einstein sont dans ce cas « malheureux » : on part toujours d'un état de l'Univers (« big bang ») généralement réduit à un tout petit volume, donc très chaud et très dense, où on est bien obligé d'admettre que c'est un Univers dans une phase initiale *rigoureusement* homogène et isotrope *en tous ses points*. En d'autres termes, les modèles cosmologiques « commencent tous mal », semble-t-il, puisqu'ils ne permettent plus qu'advienne ce qui est aujourd'hui l'observation banale quotidienne : un espace « différencié », et non pas un Univers homogène et isotrope partout, c'est-à-dire d'entropie infinie, dans lequel *rien* ne peut plus évoluer.

Le modèle de la Relativité complexe a cependant un immense avantage sur les modèles habituels issus de la Relativité générale : comme nous l'avons remarqué, c'est un modèle sans « singularité » à l'origine des temps, c'est un Univers qui ne se réduit nullement, dans son état de plus grande « compression », à un volume quasi ponctuel où la densité et la température sont *infinies*. En Relativité complexe, l'espace « du commencement » possède un rayon qui n'est que quelques centaines de fois plus petit que le rayon actuel. La température est, comme nous l'avions noté, d'environ 400 degrés Kelvin seulement (environ 130 degrés centigrades), et la densité de matière est nulle. Par comparaison, les modèles « à singularité » annoncent pour cet instant initial une température de centaines de milliards de degrés, et une densité des millions de fois supérieure aux plus grandes densités actuellement connues (celles des particules contenues dans les noyaux des atomes).

Par conséquent, alors que la Relativité complexe peut se permettre d'avancer l'hypothèse que, même à l'instant initial, l'espace n'est pas *rigoureusement* homogène et isotrope mais ne l'est qu'*en moyenne* (ce qui expliquerait qu'il va pouvoir ensuite se différencier), il n'en est pas de même des modèles à « singularités », qui ne peuvent pas faire l'hypothèse que les températures et densités énormes qu'ils admettent puissent s'accompagner d'un état de l'espace qui ne serait pas *rigoureusement* homogène et isotrope... donc non différenciable, en contradiction totale avec la plus simple observation qu'on peut faire aujourd'hui de l'Univers.

Ce que la Relativité complexe suggère donc pour l'état de l'Univers au commencement d'un cycle d'expansion c'est l'existence, indépendamment de la lumière et des neutrinos, de *couples positron et électron,* c'est-à-dire encore éon/antiéon. Ce sont en effet des particules de masse et charge électrique *égales mais de signe contraire,* et leur existence est donc compatible avec les indications du modèle cosmologique, qui indique pour cet état initial une densité de matière nulle *en moyenne* (mais non pas « rigoureusement »).

Encore faut-il cependant ajouter que chacun de ces couples, que les physiciens nomment « positronium », est généralement *instable :* en effet, les deux particules du couple, qui tournent l'une autour de l'autre en profitant de leur interaction électrostatique, peuvent arriver (par exemple au cours d'une collision avec un autre couple) à « tomber » l'une vers l'autre, et à disparaître alors en se transformant en photons de lumière.

Il existe cependant un cas où les deux éléments positron/électron du couple positronium ne peuvent pas se transformer en lumière, nous l'avons vu dans le chapitre qui précède : c'est le cas où le champ de mémoire sigma de ces particules aurait accumulé tant d'informations que ce champ serait dans un état de spin total plus grand que 1, et que la transformation en photons de lumière (qui ne peuvent pas accroître leur spin au-dessus de 1 hors des micro-univers Imaginaires) serait devenue impossible. Autrement dit, les couples électron/positron les plus « informés », donc les plus « conscients », *ne peuvent plus faire retour à la lumière.* Et cela aura une très grande importance à la fin d'un cycle complet de l'Univers cosmologique.

En effet, si certains couples électron/positron ne peuvent plus disparaître à cause de leur haut niveau de conscience, l'Univers cosmologique ne peut pas lui-même disparaître pour retourner à la lumière et au Néant... et il va dès lors repartir pour un *nouveau* cycle de pulsation de 104 milliards d'années. On vérifie, sur le modèle cosmologique fourni par la Relativité complexe, que les équations du modèle permettent effectivement bien un tel re-commencement du cycle d'expansion-compression de la Réalité cosmologique.

Mais, pour ce second cycle, nous avons *au départ* des éons disposant *déjà* du niveau de Conscience qu'ils avaient atteint à la fin des 104 milliards d'années du cycle précédent. En somme, l'aventure de la Conscience ne s'interrompt plus ici au bout d'un cycle de l'Univers, cette aventure *se prolonge* dans le cycle suivant. Puis se prolonge ensuite dans un troisième, puis un quatrième cycle, et ainsi de suite jusqu'à l'infini de la durée. L'aventure de la conscience devient une aventure *éternelle*, au cours de laquelle la Conscience ne cesse de grandir... jusqu'à l'infini. Le Verbe prend donc ses racines dans l'Etre et évolue continuellement en se rapprochant de l'Etre.

Une fois de plus, on note ici la grande analogie des mécanismes « physiques » entre le plus petit et le plus grand. Les micro-univers éoniques sont en pulsation continuelle, la mémoire « personnelle » de chaque éon se conservant et s'accroissant sans cesse (néguentropie croissante) d'un cycle éonique à l'autre. Et, comme on vient de le constater, l'Univers cosmologique en fait autant ; il accroît au cours d'un cycle cosmologique *l'ensemble* des Consciences personnelles éoniques ; puis il repart pour un nouveau cycle, en conservant d'un cycle à l'autre les éléments *les plus conscients* de l'Univers, et en permettant ainsi à l'aventure de la Conscience (l'aventure du Verbe) de progresser sans cesse.

L'unité dans la diversité

D'une autre manière, on peut dire qu'à la fin d'un cycle

de l'Univers cosmologique il y a une « sélection » des éléments qui participent à l'Univers, celui-ci faisant « table rase » des tentatives purement « physiques » du cycle précédent, et donnant alors une nouvelle chance à la Conscience (qui, elle, se conserve d'un cycle à l'autre) de prolonger son expérience vécue en bénéficiant du « savoir » déjà acquis durant le cycle précédent.

Ainsi, ce que nous venons de mettre en évidence, c'est qu'au début d'un cycle l'Univers *ne peut pas être dans un état rigoureusement homogène et isotrope,* sous peine de le rester *définitivement,* et de contredire ainsi l'observation courante. La Relativité complexe offre un modèle cosmologique qui permet d'avoir, à l'instant initial de l'Univers, des couples électron/positron, c'est-à-dire *des porteurs de la Conscience personnelle,* avec pour conséquence de justifier, par ces non-homogénéité et non-isotropie initiales, l'évolution ultérieure de l'Univers vers la différenciation. Par ailleurs, on a noté que ce processus correspond à la conservation dans l'Univers, à la fin de chaque cycle, des éléments de Psychomatière à *plus haut niveau de conscience.*

Ainsi peut-on prévoir une évolution de l'Univers qui, tout en demeurant globalement (c'est-à-dire en moyenne) homogène et isotrope, va cependant aller toujours plus vers la différenciation. C'est sans doute là le sens de la parole de Teilhard de Chardin, qui voyait l'Univers évoluer vers « toujours plus d'unité au moyen de toujours plus de diversité ».

LE COMMENCEMENT EST UN RE-COMMENCEMENT

Mais, bien entendu, dans ce cas nous n'avons aucune raison de penser que le cycle que nous vivons *actuellement* soit le « premier » cycle de l'Univers. Il y a 16 milliards d'années, quand l'Univers a commencé à faire croître le rayon de l'espace, il y a tout lieu de croire que c'était un recommencement, et non pas un commencement. Pourquoi, si l'Univers est en pulsation *continuelle*, nous croire (une fois de plus !) dans une situation « spéciale », c'est-à-dire penser appartenir au « premier » cycle de l'Univers ? D'ailleurs, en l'occurrence, il ne paraît pas ici spécialement avantageux d'être « les premiers », puisque à chaque cycle de l'Univers la Conscience personnelle *s'élève.*

Nous allons donc réfléchir ici ensemble à l'évolution de la Conscience dans l'Univers, mais il va s'agir de la « longue marche » de la Conscience, une marche au cours de laquelle nous considérerons la Conscience actuelle comme ayant déjà vécu *plusieurs* cycles de l'Univers, chaque cycle ayant environ 104 milliards d'années selon le modèle cosmologique déduit de la Relativité complexe.

La « longue marche » de la Conscience

Pourquoi ne pas admettre (plus simplement, diront certains) que l'Univers est une aventure « linéaire », qui aurait *commencé* avec le « big bang » il y a 16 milliards d'années ? Pourquoi vouloir, semble-t-il, « compliquer » les choses en supposant que l'Univers aurait déjà vécu un certain nombre de cycles au moment où, il y a 16 milliards d'années, il commence son expansion ? Parce que, précisément, admettre cela ne se justifie que comme une « simplification », mais ne s'appuie *certainement pas* sur les données que nous possédons actuellement sur l'Univers. La Relativité complexe n'est pas la seule théorie à proposer un modèle cosmologique « cyclique », la *totalité* des modèles cosmologiques déduits de la Relativité générale (la seule théorie à nous dire quelque chose de l'Univers dans sa totalité) utilisent au contraire des équations qui rendent possible l'existence de l'Univers *avant* le « big bang » ; et, par ailleurs, les données astronomiques actuelles plaident nettement en faveur d'un Univers cyclique, c'est-à-dire d'un Univers où l'espace, actuellement en expansion, ira ensuite en se comprimant, pour revenir à l'état du « big bang », et recommencer ensuite son expansion. Que devons-nous en conclure, sinon que *la probabilité* de vivre dans un Univers qui n'aurait que 16 milliards d'années est *beaucoup plus faible* que celle de vivre actuellement dans un Univers qui aurait déjà accompli plusieurs cycles de 104 milliards d'années ?

Mais, pourrait-on objecter, si le Mental éonique a survécu à plusieurs de ces cycles de l'Univers, cela signifie aussi que, au départ du cycle que nous vivons actuellement, l'Univers contenait *déjà* une Psychomatière éonique (positrons et électrons) possédant un haut niveau de Conscience : dans ce cas, pourquoi cette Conscience élevée a-t-elle mis plus de 12 milliards d'années à se manifester, au cours du cycle que vit actuellement l'Univers ? C'est en effet vers cet âge de notre Univers qu'on date, sur Terre, l'origine de la Vie, avec l'apparition des premières cellules photosynthétiques à la surface des océans. Pourquoi les structures habituelles que nous prêtons à la Vie, la cellule vivante notamment, ne se sont-elles pas manifestées *immédiatement* après le « big bang », la Conscience utilisant immédiatement le « savoir-faire » acquis pendant les cycles *précédents* de l'Univers ?

Là encore, c'est vraiment manquer d'imagination que de ne pas fournir aussitôt au moins deux réponses *scientifiques* :

Nous sommes encore des aveugles vis-à-vis de la recherche du Vivant dans l'Univers

Le premier argument justifiant de ne pas tellement nous étonner de l'observation que, sur notre Terre, il a fallu attendre 12 milliards d'années pour voir émerger le Vivant organique est que, précisément... 12 milliards d'années est sensiblement la date de formation de la Terre elle-même. Et la Terre est aussi, même si notre modestie d'humains du XXe siècle doit en souffrir, *le seul* coin de notre immense Univers où nous avons pu conduire des observations un peu détaillées sur l'émergence du Vivant dans l'Univers. Il est bien certain que, quand l'Univers avait seulement quelques milliards d'années, disons 5 milliards d'années, il y avait *déjà* des étoiles et des planètes dans l'Univers. Pour s'en convaincre il suffit de constater que les astronomes ont observé la présence de galaxies (amas de plusieurs milliards d'étoiles) à des distances telles que la lumière mettrait une dizaine de milliards d'années à nous parvenir. Ces étoiles, et les planètes éventuelles qui tournent autour d'elles, étaient donc là quand l'Univers était beaucoup plus jeune qu'aujourd'hui. Alors, nous voudrions bien aller jeter un coup d'œil sur ces « jeunes » planètes, malheureusement notre technologie est encore bien loin de le permettre. En fait, encore une fois, nous ne connaissons « rien » des planètes de l'Univers, sauf celles qui tournent autour de notre Soleil. Si on assimilait notre Univers à la surface de *toute* notre Terre, le système solaire *entier,* avec ses 9 planètes, représenterait sur cette surface une minuscule poussière (d'ailleurs invisible à l'œil nu) d'un cent-millième de millimètre de rayon ! Voilà tout ce que nous connaissons de l'Univers concernant la recherche du Vivant : et voilà que certains (se qualifiant généralement de « scientifiques » !) voudraient prétendre que cela est suffisant pour affirmer que la Conscience a attendu 12 milliards d'années pour se manifester dans notre Univers ! Il faut qu'il soit donc bien entendu que nous n'avons *rien* qui, dans nos connaissances scientifiques actuelles, pourrait étayer la croyance à un Vivant qui aurait attendu la formation des océans de notre Terre pour enfin se manifester. Il est infiniment plus probable, notamment compte tenu des récents résultats obtenus par la Relativité complexe, que le Vivant s'est manifesté dans de *très nombreux* coins de notre Univers dès les tout premiers âges d'un nouveau cycle de l'Univers.

Le Vivant apparaît dès que les particules de Psychomatière découvrent un « lieu » de l'Univers acceptable pour la Vie

Auriez-vous l'idée d'aller construire votre prototype d'un nouvel avion au fond de l'océan ou sur la Lune ? Non, vous choisirez le lieu qui vous paraît le plus favorable pour réaliser votre projet dans les meilleures conditions. Les particules individuelles de Psychomatière et vous (c'est bien naturel !) avez cette opinion en commun. Nous ignorons encore tout, nous venons de le voir, des lieux et des moments de l'Univers où la Psychomatière a choisi de donner naissance à la Vie. Nous ignorons donc tout, *a fortiori*, des formes que peut prendre la Vie dans l'Univers (formes qui peuvent naturellement être très différentes de ce que l'on observe sur Terre). Mais, ce que la simple Raison nous suggère, c'est que la Psychomatière, qui dispose d'un *immense* Univers pour sa demeure, et de milliards d'années pour exécuter ses projets, la Psychomatière va *choisir* soigneusement les lieux *les plus favorables* pour construire ses édifices vivants complexes, la cellule vivante par exemple. La Psychomatière possède déjà des propriétés mentales, nous l'avons vu, dès le niveau des particules *individuelles*, comme les électrons et les protons. Et ce Mental « individuel » est parfaitement capable d'évoluer, c'est-à-dire d'élever progressivement son niveau de conscience, au cours d'interactions mutuelles avec les autres particules individuelles, c'est-à-dire sans devoir nécessairement se grouper dans des structures complexes avec d'autres particules de Psychomatière. Mais, nous l'avons vu aussi, la Psychomatière a pour « demeure » un Univers dont les caractéristiques *physiques* évoluent d'un cycle à l'autre de manière reproductible, car ces caractéristiques sont contrôlées par des lois physiques bien déterminées, qui se conservent pendant la totalité de la vie de l'Univers, donc d'un cycle à l'autre. La température de la lumière cosmique, ou la densité de la matière, ou la vitesse d'expansion de l'espace, pour ne citer que quelques exemples, sont des données que la Psychomatière ne peut pas directement contrôler ; mais la Psychomatière « sait » cependant que ces caractéristiques physiques vont se reproduire identiques à chaque cycle, et cela quel que soit le niveau de Conscience atteint par la Psychomatière au cycle considéré. Les particules de Psychomatière vont donc *attendre* que l'Univers présente en tel lieu et à tel moment les caractéristiques physiques souhaitées pour que, alors, elles puissent mettre à profit ces conditions privilégiées pour accomplir ce que leur niveau de Conscience leur permet de faire, comme démarrer en ce lieu et à ce moment, de la façon qui leur convient le mieux, une véritable « arborescence » du Vivant organique.

C'est cette brusque émergence d'une vie multiple qui a pris place dans la région de l'Univers où chacun de nous vit actuellement, car notre Terre, vers l'an 12 milliards du présent cycle de l'Univers, offrait à la Conscience les conditions favorables pour créer et développer des organisations vivantes plus complexes que la vie réduite à la particule individuelle de Psychomatière.

Ainsi a-t-il dû en être dans la totalité de notre immense Univers cosmologique : dès que les conditions sont favorables, voire même seulement acceptables, les particules individuelles se mettent à l'œuvre pour construire des structures complexes faites d'un grand nombre de particules groupées ensemble. L'objectif de telles structures plus complexes est d'accroître encore, au moyen de ce regroupement, le rythme de croissance du niveau de Conscience de *chaque* particule participante. L'union fait la force, répètent souvent les humains. Ils l'ont appris « d'autres », de ces autres qui sont encore eux-mêmes, puisque ce sont les particules individuelles qui forment leur propre corps.

NIVEAU DE CONSCIENCE, LANGAGE ET DIALOGUE PARTICULAIRES

La « vie » particulaire, nous l'avons vu, consiste dans l'exercice des 4 grandes propriétés du Mental, que nous avons nommées la Création, la Mémorisation, l'Interaction et l'Union (chapitre 2). Ces propriétés s'appuient sur 2 « logiques » de base, qui sont l'Intuition pour la Création, et la Raison pour les autres propriétés. L'Intuition, associée à la Création, est en fait le dialogue du Mental particulaire avec l'Etre. La Raison, associée aux 3 autres propriétés, est le dialogue du Mental particulaire avec les autres, avec les autres particules de Psychomatière, s'entend. Même la Mémorisation, qu'on pourrait d'abord prendre comme un dialogue « avec soi-même », est en réalité un dialogue « avec l'autre ». Il s'agit en effet d'une mémorisation *signifiante,* c'est-à-dire d'une mise en mémoire d'informations qui ne prennent leur signification que par rapport à mon expérience du monde *extérieur.* C'est donc bien une Mémorisation qui ne devient signifiante que parce qu'elle est associée à un dialogue avec l'autre. Certes, dans notre chapitre 4, nous avons parlé de la *sensation primordiale,* qui est « non signifiante », mais celle-ci résulte, on se le rappelle, d'un libre dialogue avec l'Etre, elle est le fruit de l'Intuition et non de la Raison, et elle *précède* la Mémorisation signifiante puisque, par définition, la sensation primordiale est « libre », c'est-à-dire non signifiante. La sensation primordiale, quand elle devient signifiante, se nomme alors la *perception,* qui est très différente. Et la perception est différente parce que, précisément, toute perception se range parmi *l'ensemble* de nos perceptions mémorisées, faites elles-mêmes du contact que nous avons avec notre monde « extérieur », c'est-à-dire notre dialogue avec *les autres.*

Une grande part de la vie particulaire, toute la part faisant intervenir la Raison, consiste donc dans un dialogue avec les autres. Nous voudrions réfléchir un peu ici aux conditions de ce dialogue avec l'autre.

Le dialogue suppose d'abord des niveaux de Conscience équivalents

Rappelons encore ce que nous entendons par l'expression « niveau de Conscience », telle que nous l'avons définie au chapitre 3.

Ce niveau s'évalue au moyen du spin (ou de l'action) de la mémoire particulaire. Plus ce spin est élevé, plus le champ sigma de la mémoire peut contenir et manipuler de Symboles (qui sont en fait les composantes du champ sigma). On conçoit que le « niveau de Conscience » de la particule considérée puisse être en relation directe avec ce *nombre de Symboles signifiants* dont dispose sa mémoire. Le point important que nous avions souligné est que ce nombre varie *par seuils,* avec de fortes différences d'un niveau de Conscience au suivant. On peut mettre ces niveaux de Conscience en correspondance avec les « états vivants » ; nous avions obtenu les états successifs suivants :

action	nombre de Symboles	niveau de Conscience (état Vivant)
1	16	symétrique (neutrino)
2	256	asymétrique (photon)
4	65 536	instinctif (végétal-animal)
8	4,3 milliards	rationnel (humain)
16	18 milliards de milliards	hyper-rationnel (ultra-humain)

Nous reconnaissons naturellement ici les grands franchissements de seuils du Vivant, tels que nous les constatons sur notre Terre. La Relativité complexe nous indique que ces seuils sont déjà valables dès la particule *individuelle* de Psychomatière.

Nous reviendrons au chapitre suivant sur les niveaux de Conscience dont il est fait mention ci-dessus. Indiquons simplement pour le moment que le niveau de Conscience « symétrique » indique une mémoire vide, et un comportement obéissant seulement aux *lois physiques* (ces lois donnant précisément un caractère de « symétrie » aux comportements particulaires). Au contraire, dès le photon (256 composantes du champ de mémoire sigma) on pourra trouver des *violations de symétrie* dans les comportements particulaires, dues à la présence d'une mémoire particulaire sigma non vide (voir l'expérience EPR, ou la violation de la parité, par exemple).

Comme on le voit sur le tableau qui précède, le nombre de Symboles que peut mémoriser et manipuler dans un « dialogue » la particule est *très* différent d'un niveau de Conscience à l'autre. C'est pourquoi nous ferons l'hypothèse que la première condition, pour que s'établisse un dialogue véritable entre deux particules, c'est qu'elles disposent *du même niveau de Conscience*, par exemple toutes deux possèdent le niveau « animal », ou le niveau « humain ».

Il est clair que cette hypothèse est vérifiée à l'échelle des organismes *complexes* (c'est-à-dire formés d'un regroupement de particules individuelles). Par exemple, il n'y a pas de dialogue véritable entre un animal et un humain. Certes, il peut s'établir une « communication » entre l'animal et l'humain, mais il ne peut pas y avoir véritable « dialogue », au sens où on entend habituellement ce mot, car l'animal ne dispose pas d'un niveau de Conscience lui permettant de manipuler un nombre de Symboles équivalent au nombre de Symboles que peut manipuler l'humain. En fait, la communication entre l'animal et l'humain sera d'autant plus « riche » que l'humain fera plus d'efforts pour se rapprocher, au cours de cette communication, du niveau de Conscience animal (l'humain possède dans son Mental, sous-jacent à son niveau de Conscience humain, ce niveau de Conscience animal).

Le dialogue suppose aussi de disposer d'un langage identique

Tout dialogue suppose un *langage* de communication. Pour qu'il y ait « langage » il faut que le support physique de la communication (sons, gestes, couleurs, ondes radio...) s'accompagne d'une *convention* passée entre les interlocuteurs du dialogue pour donner *une même* signification aux éléments de ce support physique. Ce problème de langage est familier à chacun de nous. Je sais bien que, si je veux par exemple avoir un dialogue avec un autre individu humain au moyen de la langue, il faut que lui et moi nous parlions la même langue, c'est-à-dire que la structure de notre mémoire soit telle que nous donnions tous deux aux mêmes mots (c'est-à-dire aux mêmes Symboles) la même signification. C'est la même chose si je veux communiquer par le geste seulement : il faut savoir, par exemple, si la main levée paume ouverte a une signification d'amitié ou d'hostilité. Cela n'est pas particulier à l'humain, tout le monde animal fait de même. Les spécialistes du langage précisent qu'il y a lieu de distinguer entre *le signe* et *le signifié*; et tout langage suppose en outre une *convention* entre les participants au dialogue, de telle manière que tous associent le même signifié au même signe, quels que soient les signes manifestés par le langage.

On se retrouve dans une situation identique au niveau le plus profond, celui de la particule *individuelle* de Psychomatière. Nous l'avons vu dans notre chapitre 2 à propos du « paradoxe EPR ». Et nous avons même constaté, à cette occasion, que deux particules de Psychomatière (il s'agissait en l'occurrence de deux protons) établissaient entre eux cette *convention* leur permettant d'associer la même signification aux Symboles que chaque particule possède dans sa mémoire mentale. C'est la propriété importante que nous avons nommée l'Union qui permet aux deux particules d'établir entre elles une convention de langage. Dans l'Union les deux particules se disposent côte à côte « tête-bêche », c'est-à-dire avec leurs axes de spin « antiparallèles » (parallèles mais de sens opposés). Cela peut être obtenu si les deux particules sont plongées dans un champ magnétique commun, les directions des axes de spin des particules se disposant alors parallèlement à la direction du champ magnétique. Dans cette situation il se produit, comme nous l'avons vu, une *duplication* des mémoires particulaires, c'est-à-dire que chaque particule possède en mémoire, après son Union, les mêmes composantes symboliques, chaque Symbole ayant la même signification. En somme, les deux particules établissent, au cours de leur Union, une

« convention » de langage, et sont alors prêtes pour entamer un dialogue.

Mais, pour les particules *individuelles* de Psychomatière, le dialogue ne va pas consister à parler avec sa voisine, avec laquelle elle vient d'établir une convention de langage, de la pluie et du beau temps : les particules ayant « dupliqué » leur mémoire signifiante vont le traduire en ayant tendance *à se comporter de la même manière* quand elles seront placées devant des situations analogues. C'est ce que constate expérimentalement l'expérience EPR : les deux protons « jumeaux » (c'est-à-dire ayant dupliqué leur mémoire signifiante), placés devant l'alternative de passer ou non à travers une porte, se comportent de la même manière : tous deux passent, ou tous deux refusent de passer... au grand dam des physiciens probabilistes, qui s'attendraient à voir les deux particules avoir des comportements *indépendants* (chaque particule avec 50 % de chances de traverser ou non la porte). C'est la duplication des mémoires particulaires qui, selon la Relativité complexe, vient expliquer les comportements similaires des deux particules (avec pour conséquence de faire disparaître le « paradoxe » des observations).

D'une manière encore plus générale, la mise en place d'un langage entre particules, par duplication de leurs mémoires particulaires respectives au cours du processus d'Union, a pour conséquence *d'harmoniser* les comportements des deux particules, puisqu'elles disposent chacune d'une mémoire qui les fait interpréter de la même manière des situations analogues. Les particules « parlent » toutes les deux la même langue. On retrouve ici le célèbre mythe de « la tour de Babel » dans lequel, comme on s'en souvient, les humains n'avaient pas réussi à mener en commun une grande entreprise (celle d'édifier ensemble une tour montant jusqu'au Ciel) à cause de l'impossibilité de se comprendre, les participants à cette « grande œuvre » ne parlant pas tous la même langue.

Les particules de Psychomatière aussi ont leur « mythe de Babel ». Et elles en ont certainement compris le sens profond bien avant nous. Elles ont aperçu l'intérêt qu'il pouvait y avoir à *se grouper* pour accomplir des tâches qu'il serait très difficile, sinon impossible, d'exécuter individuellement. Mais ces particules ont aussi compris que, pour obtenir un comportement « harmonisé » où viendraient se conjuguer les efforts d'un grand nombre de particules, il est indispensable de « parler la même langue », c'est-à-dire de disposer de mémoires signifiantes identiques. Et c'est le processus d'Union, dont nous allons dire maintenant quelques mots, qui allait leur permettre de surmonter les difficultés propres à la coordination d'un travail en groupe.

LONGUES CHAINES ET VIRUS : LES PREMIÈRES ÉTAPES DU DIALOGUE VIVANT

Bien sûr, comme nous l'avons vu dans l'expérience EPR, il est possible pour deux particules (placées dans les conditions magnétiques appropriées) de s'« Unir » et de dupliquer ainsi leurs mémoires signifiantes. Mais, après cette Union, les deux particules ont tendance *à s'éloigner* à nouveau l'une de l'autre... avec pour conséquence de ne plus rien pouvoir accomplir *en commun.* Si la Psychomatière se propose donc l'organisation de structures particulaires complexes, où les « savoir-faire » de chaque participant particulaire se conjugueraient pour accomplir un même objectif global, il va donc d'abord falloir s'assurer que les particules participantes, immédiatement après avoir « appris » le même langage, demeurent proches l'une de l'autre *dans l'espace* : on va s'arranger pour « enchaîner » l'une à l'autre les particules à mémoires signifiantes identiques.

Les chaînes de protéines

Les premières « constructions » du Vivant vont donc être de longues chaînes de protéines. La Psychomatière élabore ainsi les molécules qui vont permettre des enchaînements de particules les unes aux autres, afin de pouvoir regrouper dans des volumes aussi réduits que possible des particules à comportements « harmonisés », c'est-à-dire s'étant unies les unes après les autres pour posséder des mémoires analogues (sinon identiques). Une protéine est une très grosse molécule formée par l'union selon une longue chaîne d'éléments plus petits appelés *acides aminés.* Il n'y a que 20 acides aminés différents qui entrent dans les protéines du Vivant, mais on peut avoir jusqu'à plusieurs milliards de molécules d'acides aminés dans une seule grosse molécule de protéine.

Et, immédiatement, les particules vont découvrir les possibilités qui s'offrent à elles dans un comportement collectif harmonisé. Beaucoup des chaînes de protéines sont ce qu'on appelle des *enzymes* : ceux-ci sont des sortes de ferments qui facilitent dans d'énormes proportions certaines réactions chimiques, mais qui se retrouvent cependant intacts à la fin de la réaction. Si on voulait réaliser en laboratoire certaines des réactions chimiques exécutées par les enzymes, il y faudrait le plus souvent des pressions et des températures très élevées, et des temps de réaction extrêmement longs. Sans les enzymes il semble que la Vie, telle que nous la connaissons, ne serait pas possible.

Avec le temps, les structures en longues chaînes vont accroître toujours plus l'efficacité de leur comportement « collectif ». Bientôt apparaissent les chaînes d'acide désoxyribonucléique (ADN) et ribonucléique (ARN), dont on sait le rôle fondamental qu'elles vont ultérieurement jouer dans le comportement cellulaire.

Des fragiles longues chaînes aux rigides virus

Mais nous n'en sommes pas encore à la cellule. Nous n'avons encore que les longues chaînes moléculaires, qui flottent à la surface des premiers océans, puisant leur énergie dans la lumière ultraviolette que le Soleil adresse alors vers la Terre.

Nous pensons ici plus particulièrement à notre planète Terre, mais c'est bien entendu à l'échelle de l'Univers *entier* que se déroulent des processus analogues, chaque fois que la Psychomatière découvre des lieux favorables pour développer ses longues chaînes.

L'étape suivante va consister à protéger les longues chaînes de protéines et d'ADN du milieu extérieur, qui tend à les désorganiser, voire à les détruire. La Psychomatière se regroupe alors dans des structures géométriques rigides, qui s'actualisent encore de nos jours sous la forme de ce que nous nommons les *virus*.

La structure d'un virus comporte deux parties bien distinctes, et d'ailleurs relativement homogènes : un cœur central fait d'une chaîne spiralée d'ADN ou d'ARN, appelé *nucléoïde;* d'autre part, entourant ce nucléoïde, une substance protéique, c'est-à-dire une substance formée de ces 20 acides aminés disposés en chaînes qui sont toujours associés au Vivant. Cette partie extérieure du virus est nommée *viroplasme.* On notera que la forme *spiralée* des chaînes permet de rassembler un très grand nombre de particules de Psychomatière dans un volume relativement petit. Si on développait de manière linéaire une chaîne d'ADN, telle qu'on la trouve dans un virus dont les dimensions sont de l'ordre du millionième de millimètre, on obtiendrait un ruban de plusieurs dizaines de mètres de longueur !

Ce qui paraît limiter les comportements possibles des structures virales cependant, c'est leur *rigidité.* Cette rigidité se constate dans la structure extérieure du viroplasme : celui-ci n'est pas du tout « ductile », mais possède au contraire une géométrie bien définie. Les plus gros virus ont une forme générale cylindrique, mais les virus de taille moyenne, et pratiquement tous les petits virus, ont une forme habituellement sphérique.

C'est alors que, peu à peu, la Psychomatière va effectuer ce qui est sans doute sa plus grande invention : la structure virale va se perfectionner de manière à transformer progressivement le viroplasme extérieur en une structure protectrice *souple,* une *membrane* entourant complètement un noyau dans lequel vont venir se rassembler les longues chaînes d'ADN qui composaient primitivement le nucléoïde. Entre le noyau et la membrane va prendre place un milieu liquide, le *cytoplasme*, qui laissera subsister toutes les possibilités de déformation et de mouvement d'ensemble.

LA CELLULE EST NÉE

Autant le virus était rigide, autant la cellule vit dans une continuelle mobilité. Sans cesse s'effectuent des synthèses en différents points du corps cellulaire, pendant que d'autres éléments se dégradent. Des échanges continuels prennent place entre la cellule et le milieu extérieur. La cellule possède une autonomie de mouvement, celui-ci étant obtenu par déformation de l'ensemble de son corps. Et, par-dessus tout cela, la cellule va être la structure *qui va pouvoir se reproduire,* soit sous forme d'une simple duplication (une cellule en donnant deux identiques), soit sous forme d'une reproduction sexuée (deux cellules s'unissant pour en donner une troisième). Avec la reproduction, ce n'est plus seulement le dialogue entre particules de Psychomatière de même niveau de Conscience qui a lieu : c'est la reproduction directe *des niveaux de Conscience eux-mêmes,* les particules composant la cellule fille ayant *toutes* le niveau de Conscience des particules composant la cellule mère. La cellule va ainsi permettre une montée rapide du niveau de Conscience à l'échelle de l'Univers entier.

Ce sera le sujet de notre prochain chapitre.

CHAPITRE VII

Le phénomène vivant

Dieu dit : « Que les eaux pullulent d'une multitude d'êtres vivants... »

Genèse

L'UNIVERS, POUR QUOI FAIRE ? L'UNIDUALITÉ MENTAL/COMPORTEMENT. A toute structure mentale correspond un type de comportement. Le comportement « coopératif » des particules à même structure mentale. Aux mêmes Formes les mêmes Symboles. OBJECTIF ET MOYENS DE L'ÉVOLUTION DU VIVANT. « Croissez et multipliez. » La loi de complexification-conscience. LE SEUIL DE L'HUMAIN. L'ontogenèse reproduit la phylogenèse. L'humain et sa Culture. UNITÉ ET DIVERSITÉ. Le comportement de la particule. Plus de Liberté équivaut à moins d'unité. Apparition de la Culture.

L'UNIVERS, POUR QUOI FAIRE ?

Il peut paraître ambitieux de chercher à répondre à la question de l'« objectif » de l'évolution. Nous constatons autour de nous ce vaste Univers, dont nous ne connaissons qu'une minuscule fraction. Nous voyons aussi que cet Univers est en continuelle transformation. Y a-t-il un objectif général à cette transformation de l'Univers ? Nous avons, au cours des pages qui précèdent, montré qu'une multitude de particules de

Psychomatière sont répandues dans l'espace de notre Univers, chacune de ces particules emplissant continuellement son Mental d'informations « indélébiles », c'est-à-dire d'informations qui, une fois mémorisées, laissent à jamais leur trace dans le champ sigma constituant la mémoire du Mental ; mais « pour quoi faire » cette accumulation de toujours plus d'informations dans la mémoire particulaire ? Quel est le but final, si toutefois il y en a un, de cette évolution du Mental ?

Si difficiles que paraissent de prime abord de telles questions, puisqu'elles concernent le Tout et son évolution, nous ne devons pas pour autant désespérer d'y discerner des éléments de réponse : en effet, *nous sommes faits* de ces particules de Psychomatière qui constituent l'Univers, et quand nous nous interrogeons sur les objectifs de l'évolution de la Psychomatière c'est, en fait, *nos propres objectifs* que nous questionnons, puisque nous ne pouvons pas avoir des objectifs qui seraient sans commune mesure avec ceux des particules qui forment notre corps et notre mental. C'est un peu comme si nous nous interrogions sur les objectifs d'une communauté d'individus, les musiciens d'un orchestre par exemple : l'objectif de l'orchestre est d'accomplir la meilleure performance, et cet objectif est généralement partagé par *chacun* des musiciens, qui souhaite aussi *à titre individuel* jouer le mieux possible la partie qui lui incombe. L'orchestre et le musicien ont des objectifs analogues, sinon identiques.

L'UNIDUALITÉ MENTAL/COMPORTEMENT

Ce qui paraît clair, en conclusion des chapitres qui précèdent, c'est qu'au fur et à mesure que s'écoule le temps, l'Esprit « met au monde », c'est-à-dire actualise dans l'espace et le temps, de plus en plus d'Archétypes qu'il a librement choisis dans l'ensemble des possibles, ensemble que nous avons nommé l'Etre. Ces Archétypes, quand ils sont ainsi actualisés dans le Verbe, deviennent des Formes/Symboles. Les Symboles, nous l'avons vu, sont mémorisés dans la mémoire personnelle des particules de Psychomatière, dans l'espace-temps Imaginaire. Par ailleurs, les Formes se traduisent par de véritables formes en mouvement dans l'espace-temps de la Réalité, c'est-à-dire des *comportements* de la trace « ponctuelle » des particules de Psychomatière dans l'espace-temps « courbé » de la Réalité.

A toute structure mentale correspond un type de comportement

Un point extrêmement important qu'il nous faut ici rappeler est *l'unidualité* des Formes et des Symboles, c'est-à-dire entre les comportements et les structures mentales associées. Les structures mentales d'une particule et le comportement de cette même particule sont deux aspects complémentaires *de la même entité*, qu'on appelle la Forme/Symbole. A une structure symbolique du Mental est associé un comportement particulier (c'est-à-dire une ou plusieurs Formes particulières) ; ceci de la même manière que, sur une mince feuille métallique, l'aspect d'une face est indissociable de l'aspect de l'autre face, une « bosse » d'un côté correspondra inévitablement, par exemple, à un « creux » de l'autre côté. L'unidualité Forme/Symbole d'un corpuscule est encore comparable (et nous avons vu qu'il s'agit là de plus que d'une simple analogie) à la complémentarité « corpuscule/onde » : le corpuscule et son onde associée sont deux aspects *indissociables*, l'onde conférant au corpuscule *un ensemble* de comportements possibles, avec pour chaque comportement une probabilité « statistique », valable pour *l'ensemble* des comportements d'un très grand nombre de particules ayant toutes la même mémoire sigma, chaque comportement *individuel* s'accomplissant en tenant compte de la Liberté particulaire. Il n'est pas possible, notamment, de modifier cet ensemble de comportements possibles du corpuscule sans, simultanément, modifier l'aspect de l'onde : et, à un ensemble donné de comportements (avec leurs probabilités respectives), correspond une onde psi précise *et une seule*; de même qu'à une onde psi donnée correspond un ensemble de mouvements et un seul du corpuscule associé.

Cette unidualité Forme/Symbole est très importante, disions-nous, car elle signifie qu'à une structure mentale symbolique donnée *va correspondre, pour une situation donnée du monde extérieur, un ensemble de comportements et un seul* de la particule de Psychomatière porteuse de cette structure mentale; et, réciproquement, à un ensemble de comportements possibles à un instant déterminé pour une particule donnée sera associée une structure mentale déterminée de cette particule à ce même instant.

Le comportement « coopératif » des particules à même structure mentale

Il faut cependant replacer la conclusion précédente dans le cadre des comportements « libres » et « probabilistes » des particules de Psychomatière. Comme nous l'avons vu, toute particule de Psychomatière est associée à une onde de phase psi se propageant dans l'espace de la Réalité (à vitesse infinie dans le référentiel de la particule elle-même). Cette onde psi, rappelons-le, a une double fonction :

a. Renseigner la mémoire particulaire sur la géométrie de l'espace de la Réalité et le mouvement « probabiliste » des autres particules dans cet espace (conditions initiales de psi);

b. Indiquer à la particule concernée l'ensemble des comportements qui lui sont autorisés compte tenu de l'information ci-dessus et de la structure de sa propre mémoire sigma (couplage psi-sigma).

L'information (b) indique en fait à la particule *plusieurs* comportements possibles, le carré de l'amplitude de l'onde psi informant la particule sur la probabilité de chaque comportement dans le cas où on considérerait les comportements successifs d'un *grand nombre* d'autres particules se déplaçant *dans une géométrie identique* du milieu extérieur et possédant *la même structure mentale.*

Placée ainsi devant les comportements *possibles,* la particule fait alors appel à sa propriété de *Création,* et choisit *librement* (c'est-à-dire de manière intuitive, non basée sur la Raison) le comportement qu'elle va *effectivement* adopter.

Que se passerait-il donc si on mettait dans le même milieu extérieur *un grand nombre* de particules ayant toutes *la même mémoire,* c'est-à-dire la même structure mentale ? Toutes ces particules sont alors associées à une onde psi *identique* ; ou, exprimé encore d'une autre manière, toutes ces particules possèdent les mêmes Formes/Symboles. D'après ce qui précède, elles vont alors adopter, toutes, *l'ensemble déterminé* de comportements autorisés par leur onde psi identique. Ici, la liberté individuelle de chaque particule est bien encore préservée, mais *globalement* elles vont se répartir sur *un ensemble* déterminé de comportements, c'est-à-dire *exécuter* un ensemble de comportements (ou de tâches). Ces divers comportements ne peuvent pas être incompatibles les uns avec les autres, puisque ce sont tous des comportements autorisés par les lois physiques et *la même* structure mentale. Un tel ensemble de comportements complémentaires et compatibles autorisés par la même structure mentale sera dit *ensemble de comportements coopératifs* de la totalité de cette classe particulière de particules : celles placées dans le même milieu et possédant la même structure mentale.

On comprend l'intérêt, pour les particules de Psychomatière, d'un tel comportement coopératif. Il devient alors possible à cette « classe » coopérative de constituer une « équipe » de particules de Psychomatière pouvant exécuter *simultanément* plusieurs tâches différentes... exactement comme c'est le cas pour une équipe d'individus humains travaillant de manière coopérative à la réalisation d'un même objectif. On voit poindre ici l'idée d'un *organisme vivant,* animé par le comportement coopératif d'un ensemble de particules de Psychomatière. Pour qu'un tel comportement coopératif ait lieu il faut et il suffit que :

— La classe coopérative C fonctionne dans un environnement bien délimité (même milieu extérieur, même « corps ») ;

— Chaque particule de la classe C possède *la même* structure mentale, c'est-à-dire la même mémoire. On sait que cela est possible grâce à la propriété d'Union entre particules, qui a précisément pour effet, comme nous l'avons vu, de *dupliquer* les mémoires particulaires.

On aperçoit ici les deux grandes caractéristiques qui vont permettre la constitution d'un *organisme* vivant : bien délimiter ce qui va constituer le milieu où vont « coopérer » les particules (au moyen d'une membrane cellulaire, une peau...) ; d'autre part, doter chaque particule de l'organisme de *la même* structure mentale (à rapprocher de l'identité du bagage chromosomique dans un organisme multicellulaire).

Aux mêmes Formes les mêmes Symboles

L'unidualité Forme/Symbole permet de comprendre comment la mémoire particulaire est une mémoire *signifiante.*

Nous avons vu que le champ sigma, qui compose la mémoire, possède une structure bien définie, qui peut être décrite mathématiquement avec une grande précision : c'est une structure obtenue par « fusion » (au sens de Louis de Broglie) d'états quantifiés de rotation/pulsation de paires de neutrinos. Ce champ sigma se caractérise par son spin total, qui peut prendre les valeurs successives 1, 2, 4, 8, 16,... Ce que nous avons nommé « Symboles » désigne les *composantes* de ce champ sigma. Le Symbole est en mémoire si la composante qui correspond à ce Symbole est elle-même en mémoire, ce qui réclame pratiquement que les conditions initiales associées à cette composante symbolique ne soient pas toutes identiques à zéro. Suivant les plus ou moins grandes valeurs de ces conditions initiales d'une composante S donnée par rapport aux conditions initiales se rapportant *aux autres* composantes, on dira que S possède un « poids » plus ou moins grand dans l'ensemble de la mémoire de la particule considérée.

Mais le point qui nous intéresse est ici le suivant : nous avons vu qu'à une Forme bien déterminée que « détecte » l'onde psi de la particule dans son monde extérieur correspond un Symbole bien déterminé (c'est-à-dire une composante bien déterminée) du champ sigma. Cela veut encore dire que *la même* Forme du monde extérieur sera mémorisée sur *la même* composante (donc le même Symbole) du champ sigma. Plus généralement, un même ensemble de Formes va venir se mémoriser sur *le même ensemble* de Symboles du champ sigma ; et cela sera vrai chez *toutes* les particules de Psychomatière qui détectent ce même ensemble de Formes dans leur monde extérieur. Une sphère, par exemple, ne va pas venir se mémoriser en devenant condition initiale de n'importe quel ensemble de composantes du champ sigma, ce sera *toujours le même ensemble de composantes* qui mémorisera la Forme « sphère ». Et cela chez *toutes* les particules, dans *toute* mémoire particulaire.

On comprend alors comment les différentes particules « se mettent d'accord » sur les Formes (donc aussi sur les comportements) qu'elles détectent dans leur monde extérieur : toutes les particules « mobilisent » *le même ensemble de Symboles* (c'est-à-dire le même ensemble de composantes du champ sigma) pour mémoriser une Forme donnée. C'est, en somme, un « accord tacite » entre particules pour « reconnaître » le monde extérieur et les Formes qu'il contient. Il n'y a même pas besoin ici, comme ce serait le cas dans un langage, que les particules fassent entre elles une « convention » sur la signification des différents Symboles qu'elles ont en mémoire. La « perception » qu'a une particule d'une Forme du monde extérieur est non seulement la même perception que celle que les particules voisines ont de cette Forme, mais c'est *pour toutes* une perception *signifiante* (association de cette Forme à un ensemble de Symboles précis du champ sigma), et une perception ayant *la même signification* pour *toutes* les particules. « Je vois une sphère », dira la particule à sa voisine, qui considère avec elle un objet donné du monde extérieur : alors, certes, il faudra que l'une et l'autre des particules fassent entre elles une « convention de langage » sur *le mot* « sphère », mais elles n'auront pas besoin de se mettre d'accord sur *la mémorisation mentale* qu'elles associent toutes deux à l'objet qu'elles aperçoivent, l'ensemble des composantes du champ sigma « alerté » par la perception de l'objet « sphère » sera *le même* pour les deux particules. Et c'est pourquoi il leur sera relativement facile de se mettre d'accord sur la *signification* des perceptions qu'elles ont et qu'elles mémorisent de leur monde extérieur.

La mémoire particulaire est donc immédiatement « signifiante » ; si une particule venait à se procurer la mémoire d'une autre particule, elle pourrait immédiatement donner *une signification* aux Symboles de sa nouvelle mémoire, en dépit du fait qu'elle n'a peut-être jamais directement « perçu » les Formes du monde extérieur auxquelles se rapportent les Symboles de la mémoire qu'elle vient d'emprunter. Si tu me donnes le contenu de ta mémoire, toi qui connais ces Formes inconnues de moi auparavant, ces Formes que je n'ai moi-même jamais perçues, je donnerai aux Symboles de ta mémoire leur « vraie » signification, et ferai donc moi aussi l'expérience signifiante immédiate de ces Formes. Si je duplique en moi le contenu de ta mémoire, toi qui sais des comportements que j'ignore, toi qui possèdes un savoir-faire qui m'est encore étranger, je connaîtrai et comprendrai immédiatement tes comportements et ton savoir-faire.

Cette duplication de mémoire, c'est l'importante propriété d'Union entre particules, qui va être à la base du processus de reproduction du Vivant.

OBJECTIF ET MOYENS DE L'ÉVOLUTION DU VIVANT

« *Croissez et multipliez.* »

L'objectif du Vivant, c'est-à-dire l'objectif adopté par l'évolution de l'ensemble des particules de Psychomatière, paraît donc bien être celui d'actualiser toujours davantage l'ensemble des Archétypes de l'Etre, c'est-à-dire d'amener à « devenir » dans l'espace et le temps toujours davantage de Formes/Symboles.

Pour atteindre cet objectif les moyens dont dispose la Psychomatière sont doubles :

— Chaque particule doit utiliser au maximum, à son échelon personnel, ses propriété de *Création.* En effet, comme nous l'avons vu, c'est au cours du processus de libre Création (processus d'Intuition) que l'Esprit particulaire « actualise », puis mémorise, des Formes/Symboles *nouvelles*, qui ne sont donc pas le simple résultat d'un assemblage nouveau de Formes/Symboles anciennes, c'est-à-dire *déjà* actualisées (processus d'« assemblage » que nous avions désigné comme celui de la Raison). Le processus de Création, qui enrichit la mémoire particulaire de Symboles *nouveaux,* correspond à ce qu'on peut désigner comme une *élévation de Conscience* de la particule. Nous avons vu que cette élévation de Conscience procédait par *franchissement de seuils*, correspondant à des élévations successives *de spin* du champ sigma composant la mémoire particulaire. Nous avions distingué ainsi les niveaux successifs symétrique, asymétrique, instinctif, rationnel, hyper-rationnel... les quatre premiers correspondant à ce que nous constatons aujourd'hui sur notre planète Terre, le cinquième (niveau hyper-rationnel) prévoyant le « prochain » niveau de Conscience du règne du Vivant ;

— La particule individuelle peut ensuite rendre disponibles ses propres produits de Création *aux autres* particules au cours du processus d'*Union*. Ceci va correspondre à une *multiplication* du Vivant, le Vivant va se reproduire en dupliquant ses structures mentales. A l'échelle macroscopique, c'est-à-dire des organismes composés d'un très grand nombre de particules de Psychomatière, nous avons à distinguer entre *la duplication cellulaire* et *la reproduction sexuée.*

« Croissez et multipliez », recommandait Dieu après la Création de l'Univers. Il semble que son conseil ait été suivi, et soit devenu en fait l'objectif de l'évolution de l'Univers. Croissez, c'est l'élévation continuelle de la Conscience à l'échelle personnelle de chaque particule de Psychomatière. Multipliez, c'est dupliquer toujours plus la Conscience particulaire, de manière à « remplir l'espace » de particules toujours plus conscientes. Et Dieu, semble-t-il, a permis à la Psychomatière de « croître et multiplier » en accordant à chaque particule individuelle les propriétés de Création et d'Union (Connaissance et Amour).

La loi de complexification-conscience

L'unidualité Forme/Symbole, qui comme nous venons de le rappeler caractérise toute la Psychomatière, vient confirmer l'affirmation de Pierre Teilhard de Chardin selon laquelle les structures vivantes évolueraient en obéissant à une sorte de « loi » de complexification-conscience. L'anthropologue Teilhard voulait dire par là que, au fur et à mesure que se « complexifiaient » les Formes du Vivant, on pouvait assister dans la série évolutive animale à une complexification parallèle de la structure mentale, c'est-à-dire à une élévation du niveau de Conscience. En fait, dans la perspective où nous nous sommes placés ici, on peut définir *quantitativement* le niveau de Conscience d'une structure mentale au moyen *du nombre* de Symboles signifiants mémorisés par cette structure. En d'autres termes encore, c'est le nombre de composantes non nulles du champ de mémoire sigma qui permet d'évaluer le niveau de Conscience de la structure mentale concernée. Cette définition s'applique dès l'échelle de la particule *individuelle* de Psychomatière, puisque la Relativité complexe nous a appris que, dès cette échelle dimensionnelle la plus petite, il y avait une mémoire signifiante composée d'un champ sigma porteur d'un plus ou moins grand nombre de composantes (Symboles) non nulles. Nous avons vu aussi, cependant, comme l'avait encore suggéré Teilhard de Chardin, que le niveau de Conscience franchissait, en s'élevant, un certain nombre de grands *seuils* :

— niveau *symétrique* (neutrino) : pas de mémoire sigma (uniquement onde psi à 16 composantes);
— niveau *asymétrique* (photon) : mémoire sigma de 256 composantes;
— niveau *instinctif* (végétal-animal) : mémoire sigma de 65 536 composantes;
— niveau *rationnel* (humain) : mémoire sigma de 4,3 milliards de composantes.

On pourrait poursuivre ainsi la liste des niveaux successifs de l'évolution, notamment en mentionnant le niveau « hyper-rationnel », qui comporte une mémoire sigma de 18 milliards de milliards de composantes; ce niveau suit immédiatement le niveau « rationnel », et était annoncé par Teilhard comme caractérisant l'être succédant à l'humain dans la série évolutive (ultra-humain). On voit que chaque niveau dispose d'un beaucoup plus grand nombre de composantes (donc d'une conscience beaucoup plus « étendue ») que le niveau précédent, puisque l'étude du champ sigma montre que le nombre de composantes d'un niveau donné est toujours *le carré* du nombre de composantes du niveau précédent.

Il semble que les différents niveaux « s'ouvrent » successivement au cours de l'évolution : quand le niveau « instinctif », par exemple, se trouve « rempli », alors vient s'ouvrir dans cette particule dont le niveau « instinctif » est comblé un nouveau niveau, qui est le niveau « rationnel ». *Tout* le champ possible du niveau « rationnel », avec sa mémoire potentielle de 4,3 milliards de Symboles, se trouve alors brusquement disponible à la particule, ce qui, on le conçoit, offre à celle-ci des possibilités mentales beaucoup plus grandes que dans son état mental au niveau antérieur.

Cela ne signifie pas que, dans un niveau donné, on n'ait pas toutes les « gradations » mentales, puisque ces gradations dépendent logiquement du taux de « remplissage » en Symboles non nuls du niveau considéré. L'analogie pourrait, semble-t-il, être faite avec le langage : le niveau « mental » (différent du niveau de Conscience) peut sans doute se mesurer au nombre *de mots* (ou plus généralement de Symboles) que peut manipuler un sujet utilisant un langage donné. De même, dans la lignée animale, et à l'intérieur du niveau de Conscience « instinctif », le niveau mental s'élève progressivement, ce qui se traduit par le nombre de Symboles mémorisés et manipulés par l'espèce animale considérée. Puis, brusquement, le niveau de Conscience instinctif se trouve « saturé », c'est-à-dire empli par le nombre *maximum* de Symboles que peut porter ce niveau. Cela a pour effet *d'ouvrir* le niveau de Conscience suivant, qui est le niveau « rationnel », qui fait de l'ancien « animal » un nouvel organisme (l'organisme humain) dont le champ mental est considérablement plus étendu.

LE SEUIL DE L'HUMAIN

L'ontogenèse reproduit la phylogenèse

Mais, avec l'avènement de l'humain, paraît se produire une brusque accélération dans le rythme auquel progresse le niveau mental *à l'intérieur* du niveau de Conscience « rationnel » lui-même.

Chez l'animal le niveau mental progressait lentement avec le temps, avec à chaque fois apparition d'une nouvelle *espèce* animale. Cela était encore une conséquence de la loi de complexification-conscience de Teilhard : puisque les Formes se modifient de pair avec les Symboles (unidualité Formes/Symboles), au fur et à mesure que se complexifie la structure mentale (croissance du nombre des Symboles non nuls manipulés par l'organisme vivant) viennent se complexifier les Formes associées à cette structure, et donc aussi les comportements. On conçoit que, de cette manière, un changement profond du niveau mental correspond à un véritable changement « physique » de l'espèce vivante concernée. C'est ce qu'affirme, somme toute, la célèbre remarque : « l'ontogenèse reproduit la phylogenèse ». C'est parce que la série de transformations que subit l'être depuis la fécondation jusqu'à l'individu achevé (ontogenèse) se produit en allant graduellement *du plus simple au plus complexe* (comment « fabriquer » quoi que ce soit sans procéder de la sorte ?), et parce que les espèces animales ont elles aussi émergé au cours du temps dans la lignée animale en se complexifiant graduellement (physiquement et mentalement), que l'on voit le fœtus se développer en « mimant » les étapes successives de son « arbre généalogique » dans la série animale (phylogenèse).

On peut donc dire que, dans la lignée animale non humaine, la complexité des formes physiques traduit (ou est au moins une indication de) la complexité du niveau mental de l'espèce considérée. Plus la structure mentale s'élève, plus la structure physique est diversifiée et perfectionnée (notamment au moyen des organes de perception), et plus les comportements possibles deviennent donc nombreux.

L'humain et sa Culture

Mais, avec l'apparition du niveau de Conscience rationnel humain, disions-nous, il semble que l'évolution accompagne moins l'élévation du niveau mental d'un changement physique (l'Homme contemporain ressemble « physiquement », en gros au moins, à l'Homme du Néolithique, vieux de plusieurs centaines de milliers d'années) que d'un changement *de Culture*. Par ce mot « Culture » nous entendons ici l'ensemble des *connaissances* acquises, ensemble qui comprend non seulement le contenu global du savoir humain, mais encore la totalité des structures sociales, artistiques, religieuses.

La Culture humaine *évolue* depuis le Paléolithique ; cette évolution ne peut être sérieusement contestée par personne. Et nul ne peut non plus mettre en doute que cette transformation a été vers *une complexification* des formes de ce qu'on pourrait nommer le « corps socioculturel ». Mais le « corps physique » de l'humain, pour sa part, s'est relativement très peu modifié depuis notre ancêtre préhistorique. L'évolution, après l'apparition du niveau de Conscience « humain », se situe bien davantage dans la transformation de la « Culture » humaine que dans celle du corps physique de l'humain. Ce corps physique s'est si peu modifié que, sur notre planète Terre au moins, le niveau de Conscience « rationnel », qui se caractérise essentiellement par la Pensée, ne comporte *qu'une seule* espèce humaine. Nous ne partageons la Pensée avec aucune autre espèce, ce qui nous distingue radicalement du niveau de Conscience « instinctif », où les caractéristiques instinctives sont partagées entre quelques centaines de milliers d'espèces végétales et animales (pour ne nous en tenir, encore une fois, qu'à notre seule Terre).

En résumé, on peut donc dire que les humains diffèrent essentiellement par leurs cultures successives, mais non pas par leurs espèces. Les groupes humains vivent en symbiose dans des cultures spécifiques qu'ils ont édifiées et acceptées en commun. Et au lieu de trouver, au niveau de Conscience « rationnel », plusieurs espèces, on ne découvre en fait que *plusieurs cultures,* chacune se rapportant à un groupe humain plus ou moins nombreux.

On doit s'interroger sur les raisons profondes qui ont conduit ainsi l'évolution à produire, à partir de l'Homme, des cultures diversifiées et non plus des espèces diversifiées.

UNITÉ ET DIVERSITÉ

L'évolution qui a, nous l'avons vu, l'objectif essentiel d'accroître toujours plus, avec le temps, les Formes/Symboles chez les particules de Psychomatière, a alternativement appliqué deux méthodes pour atteindre cet objectif : l'unité et la diversité. Rappelons d'abord une nouvelle fois comment une particule de Psychomatière « décide » de son comportement de chaque instant.

Le comportement de la particule

La particule individuelle dispose, compte tenu des lois physiques régissant son milieu extérieur et de sa propre mémoire, d'un certain nombre de comportements possibles. Elle « choisit » à chaque instant parmi ces comportements possibles celui qu'elle va effectivement adopter en utilisant sa propriété de Création, c'est-à-dire sa Liberté. On peut donc dire que la particule *individuelle* est « libre », dans le cadre de ce que l'autorisent à faire les lois physiques et sa propre mémoire.

Mais un problème se pose à la particule dès qu'elle veut agir *en groupe* avec d'autres particules, dans une structure végétale ou animale par exemple. Plus le niveau de Conscience s'élève, plus la mémoire de la particule est diversifiée, et plus elle a donc à choisir entre une grande variété de comportements possibles. Nous avons vu que, quand les particules devaient agir ainsi « en groupe » dans une structure vivante, et donc avoir ce que nous avons nommé un ensemble de comportements *coopératifs*, ce résultat était obtenu :

— En attribuant à chaque particule de la structure vivante *la même* mémoire, au moyen du processus d'Union ;

— En utilisant un groupe comportant *un grand nombre* de particules, de manière que *tous* les comportements particulaires autorisés par la mémoire commune aient effectivement lieu, couvrant ainsi toutes les « tâches coopératives » nécessaires au fonctionnement harmonieux de la structure vivante.

On peut dire que, de cette manière, en créant une structure à comportements coopératifs, la Psychomatière a fait un pas vers son objectif en *unifiant* les comportements participant à cette structure.

Plus de Liberté équivaut à moins d'unité

Mais, quand la Conscience franchit un *nouveau seuil* de l'évolution, cela se traduit par une mémoire beaucoup plus vaste, autorisant (pour la même situation du milieu extérieur) des comportements possibles beaucoup plus nombreux. C'est ainsi que l'animal, avec notamment sa mobilité propre, va disposer de comportements bien plus nombreux que le végétal. Il faut voir encore ceci comme le résultat de l'unidualité Formes/Symboles : plus la mémoire s'enrichit en Symboles, plus il correspond à ces Symboles des Formes, c'est-à-dire des comportements associés, entre lesquels la particule peut choisir.

Pour la particule *individuelle*, comme d'ailleurs pour les particules regroupées dans un organisme vivant, il est naturellement avantageux de pouvoir disposer d'une grande panoplie de comportements possibles, face à une situation donnée du monde extérieur. Mais cette grande « diversité » de comportements possibles rend de plus en plus difficiles les comportements *coopératifs*, nécessaires cependant lorsqu'il s'agit d'une participation d'un groupe nombreux de particules dans un même organisme. La diversité des comportements possibles se paye par une diminution de l'unité, et il faut éviter qu'elle ne devienne l'anarchie. C'est pourquoi, dès le niveau animal, la réalisation d'un organisme à comportements coopératifs se fera en *sélectionnant* les Unions entre particules. L'Union produit en effet une mémoire particulaire unique pour les deux particules, mais cette nouvelle mémoire commune est précisément faite de l'union des deux mémoires, c'est-à-dire de l'addition des comportements qui étaient disponibles à chacune des particules *avant* l'Union. C'est pourquoi on va assister, aussi bien dans la duplication cellulaire que dans la reproduction sexuée, à un *choix* dans les matériaux qui vont servir à la duplication du bagage génétique. Il y aura aussi de très nombreux *essais* d'organismes vivants, seuls pouvant subsister les organismes dotés d'un ensemble de particules à comportements coopératifs. Cela va conduire à la multiplicité des espèces végétales et animales que nous connaissons.

Puis va être franchi le niveau de Conscience « humain », comportant des particules de Psychomatière ayant *toutes* franchi le seuil « rationnel », et disposant donc d'une liberté de comportement sans commune mesure avec le niveau de Conscience « instinctif » des règnes végétal et animal qui ont précédé. Cette grande diversité des comportements possibles sert bien encore ici l'objectif de l'évolution. Avec la venue au monde de toujours plus de comportements (Formes), c'est aussi le nombre de Symboles actualisés dans le Mental particulaire qui s'accroît sans cesse, c'est le niveau mental qui s'élève, et s'achemine sans doute avec le temps vers un niveau de Conscience encore supérieur à l'« humain » (ultra-humain). Mais cette grande diversité de comportements possibles dont l'humain est capable va, plus encore que pour l'organisme animal, rendre maintenant *très* difficile des Unions appariées permettant un comportement coopératif de tous les éléments particulaires du corps humain. En fait, cela va être pour la Psychomatière à niveau de Conscience « rationnel » une tâche si difficile qu'apparemment, si on en juge par notre Terre, il ne va y avoir (au moins jusqu'à maintenant) *qu'une seule* espèce vivante dotée de ce niveau « rationnel », celle qu'on désigne comme l'espèce humaine.

Apparition de la Culture

La très grande diversité de comportements que confère à cet être unique nommé Homme son haut niveau de Conscience a une autre conséquence : l'Homme dispose d'un si grand choix de comportements que, à sa naissance, il est incapable de discerner le comportement « bien adapté » pour faire face à une situation donnée du milieu extérieur. Un jeune oiseau, parce qu'il est « conditionné » à certains comportements, ne tombera pas du nid où il est né ; mais allez donc déposer un bébé sur le rebord d'une fenêtre du second étage, et vous verrez s'il hésite longtemps à la tentation d'un comportement « libre » mais sans doute fatal à son existence.

L'être humain, pour survivre, a besoin d'être « accueilli » dès son arrivée dans le monde, et la structure d'accueil se nomme Culture. Cette Culture n'a d'ailleurs pas que des avantages pour le nouvel arrivant, elle a en fait sur lui droit de vie et de mort : il est encore des Cultures où, par exemple, on élimine systématiquement un large pourcentage des bébés du sexe féminin. Plus généralement la Culture, en voulant éviter à l'être humain un comportement anarchique, c'est-à-dire en contrôlant et limitant ses comportements possibles, *impose* pratiquement à l'individu humain de se conformer à un nombre *restreint* de comportements « autorisés », entravant d'autant l'exercice de ses capacités de Création, d'Imagination... qui sont pourtant, nous l'avons vu, les moyens essentiels du Vivant pour accomplir son objectif (créer toujours plus de Formes/Symboles).

Ne soyons cependant pas trop sévères avec la Culture, elle est, nous venons de le voir, un milieu d'accueil *indispensable* à l'humain. On peut dire que l'être humain vit *en symbiose* avec la Culture du groupe auquel il appartient. Mais n'oublions jamais que toute Culture peut souvent constituer une grave entrave au développement des potentialités *créatives* de l'individu humain. Parce que toute Culture, de quelque manière que ce soit, tend à *unifier* les comportements individuels, il faut toujours s'efforcer de préserver l'existence d'une grande variété de « petites » cultures, celles où aiment vivre de petits groupes d'individus, afin de sauvegarder autant que faire se peut la liberté individuelle. Il faut souhaiter une planète comportant *une grande diversité* de cultures, entre lesquelles l'individu pourra comparer et choisir, et où il sera capable de « vivre » en exprimant dans une aussi large mesure que possible ses comportements créatifs. Soyons contre la Culture mais, au contraire, soyons pour la préservation des cultures propres à des groupes humains formés de toujours moins d'individus. En visant bien sûr, finalement, la culture *individuelle*... qui n'est autre que la Liberté.

CHAPITRE VIII

Les racines du comportement

Et je n'apercevais rien pour me guider que la lumière qui brûlait dans mon cœur.

SAINT JEAN DE LA CROIX
La Nuit obscure

LE COMPORTEMENT DE LA MATIÈRE. Le théâtre du Vivant. La Matière revendique aussi la scène du Vivant. Regard, mémoire et comportement probabiliste du Vivant. Liberté et comportement probabiliste de la particule individuelle de Matière. LA SOURCE DE LA LIBERTÉ PARTICULAIRE. Qu'est-ce au juste que la Liberté ? La Liberté « cosmique » s'exerce à chaque instant. LE « MOI » ET L'ESPRIT PARTICULAIRE. LES SEUILS ÉVOLUTIFS DU COMPORTEMENT. Les caractéristiques du champ de mémoire sigma. Le comportement symétrique. Le comportement asymétrique. Le comportement instinctif. Le comportement rationnel. Et après ? Dans *chacun* des types de comportements mentionnés ci-dessus existe le *double* regard de l'individuel (le Moi) et du personnel (l'Esprit). La Raison et l'Intuition. DE LA PARTICULE A L'ORGANISME. L'Union particulaire et « l'échange-mémoire ». Le Moi de l'Organisme. SYMBOLE, ARCHÉTYPE ET COMPLEXE. Symbole. Archétype. Complexe. CONSCIENT ET INCONSCIENT. L'Esprit, centre de Conscience unique. Connaissance et Reconnaissance. La relativité des « souvenirs » mémorisés. Le Conscient. L'Inconscient (personnel et collectif). Le Moi et le Soi. Une lumière dans notre cœur.

LE COMPORTEMENT DE LA MATIÈRE

Le théâtre du Vivant

« Nous ne sommes pas seulement des observateurs de cet Univers, rappelait récemment le physicien américain John Wheeler, nous sommes *des participants*. » Cette affirmation de Wheeler serait presque triviale si elle devait concerner l'observation des humains, ou même plus généralement l'observation des organismes vivants : nous savons parfaitement que le comportement des êtres vivants qui nous entourent dépend de notre propre comportement, que nos gestes et nos paroles, notamment, exercent une influence directe sur notre entourage « vivant ». Et, inversement, notre propre comportement dépend étroitement de la situation extérieure à laquelle nous avons à chaque instant à faire face. La remarque de Wheeler traduit finalement l'observation, expérimentalement constatée, que le Mental de l'observateur humain interagit avec le Mental des êtres vivants qui l'entourent, que ces êtres soient d'autres humains ou de simples animaux. En d'autres termes, nous « participons » bien à tout l'Univers qui nous environne, nous ne pouvons jamais nous détacher complètement du cadre d'espace et de temps où vient se dérouler notre propre comportement, nous sommes indissociables du « théâtre » de l'Univers, nous ne sommes jamais seulement spectateurs, mais en fait toujours parmi les acteurs de la pièce que nous voyons se jouer autour de nous.

Mais alors, si les choses sont bien ainsi, pourquoi Wheeler a-t-il éprouvé le besoin de venir nous le rappeler... et pourquoi son opinion a-t-elle généralement tellement interloqué les physiciens ? La réponse n'est sans doute pas si simple ; mais elle tourne en grande partie autour de l'idée du monde que s'est formée la Physique au cours des trois derniers siècles : l'Univers serait fait d'objets se répartissant en deux catégories totalement différentes : les objets dits « vivants », et ceux qualifiés d'« inertes ». Et, par le mot « inerte », on entend généralement des objets totalement dénués de propriétés mentales. Dès lors on comprend que, s'il en est ainsi, les objets inertes, regroupés dans ce qu'on nomme « la Matière », ne sont pas pour leur part des « acteurs » dans la « pièce » que joue le Vivant sur la scène du théâtre de l'Univers. La Matière ferait plutôt partie des « décors », cette Matière serait simplement *le cadre* dans lequel viennent évoluer et « participer » entre eux les êtres vivants. L'Univers serait en somme une scène où joueraient les « privilégiés », ceux du Vivant, dans des décors matériels qu'ils aménageraient, au moins en partie, à leur goût. Heureux vivants !

La Matière revendique aussi la scène du Vivant

Mais il semble que la Matière, d'abord par la voix de John Wheeler, et maintenant par celle de la Relativité complexe, commence à protester contre ce sort injuste, et ne veuille plus accepter de se réduire à son simple rôle « décoratif » ! La Matière proteste. Elle réclame son appartenance au Vivant, et son droit d'être elle aussi actrice dans l'aventure de l'Univers. Elle réclame, en somme, son droit à posséder elle aussi un Mental, et à intervenir « comme les autres » dans l'aventure de l'Univers, au moyen de son comportement *personnel*.

Si la Matière faussement qualifiée d'« inerte » participait alors elle aussi à la « danse » cosmique, nous serions bien dans ce cas, comme l'affirme Wheeler, dans un « Univers de participation », dans lequel notre propre Mental de sujets « observateurs » viendrait directement influencer, non seulement les objets « vivants » doués eux aussi et comme nous d'un Mental, mais aussi les objets jadis nommés « inertes », ceux du règne de « la Matière ». Si la Matière a droit, elle aussi, à la scène du Vivant, c'est tout simplement parce que, dès le niveau de la particule individuelle de Matière, il existe *aussi* une structure mentale. C'est en effet ce que nous a fait découvrir la Relativité complexe, comme nous avons tenté de le conter ici.

Regard, mémoire et comportement probabiliste du Vivant

Rappelons d'abord le comportement *du Vivant*, tel qu'il nous apparaît à première vue, pour le compléter et le comprendre un peu mieux ensuite en analysant le comportement des particules individuelles *de Matière*, dont est naturellement fait tout organisme Vivant, puisqu'il est composé de la réunion de milliards de particules individuelles de Matière.

Vous venez de passer la porte de chez vous, et vous vous trouvez dans la rue. Qu'est-ce qui va « orienter » votre comportement ?

Vous avez une idée en tête : vous voulez vous rendre chez votre ami Pierre, par exemple. Vous êtes maintenant dans la rue, et c'est votre regard — et plus généralement vos sens — qui va d'abord intervenir. Vous prenez connaissance de votre « monde extérieur » avec votre regard ; ce regard va se charger de perceptions, qui vont être immédiatement transmises à votre cerveau et mémorisées dans votre mémoire. On peut dire ici, d'une autre façon, que votre regard, après s'être tourné vers votre monde extérieur pour en prendre connaissance, se tourne maintenant vers votre « monde intérieur », celui de votre mémoire. Votre regard (pris dans sa signification générale de l'*ensemble* de vos sens) va ainsi, continuellement, bâtir votre comportement en comparant votre monde extérieur (la Réalité collective) avec votre monde intérieur (votre Imaginaire personnel).

Cet Imaginaire ne comporte pas que votre mémoire des éléments passés et présents. Il comporte aussi une sorte de mémoire *du futur*, qui est la propriété de pouvoir « prolonger » les éléments mémorisés du passé et du présent vers une situation « imaginaire » future paraissant « rationnellement » réalisable. C'est la *prévision* du futur, nécessaire à tout comportement, puisqu'un comportement est, par définition, un mouvement dans l'espace et le temps de la Réalité en vue d'actualiser (c'est-à-dire de rendre existante) une situation paraissant réalisable dans le futur (proche ou lointain).

En d'autres termes, la mémoire est non seulement la *conservatrice* des événements passés extraits de l'« auscultation » au moyen du regard des Formes de la Réalité, c'est aussi une *génératrice* de Formes *futures* de la Réalité, ces Formes futures se traduisant par les comportements associés à cette mémoire. Nous dirons que les Symboles de la Mémoire sont à la fois associés aux Formes passées et présentes, et aussi générateurs des Formes futures. On voit là, une fois encore, s'opérer le *couplage* des Formes et des Symboles.

On notera cependant le caractère « probabiliste » des Formes (donc aussi des comportements) générées par les Symboles de la Mémoire. Je veux me rendre chez Pierre, et après avoir comparé les Formes de mon monde extérieur aux Symboles mémorisés de mon monde intérieur je vais décider de mon comportement de l'instant en construisant rationnellement, à partir de mes Symboles présents, des Formes *futures* possibles (ces dernières me permettant de « visualiser » mon déplacement vers Pierre). Mais ces Formes futures n'ont qu'une *probabilité* de se réaliser, je peux à tout moment découvrir dans mon monde extérieur (Réalité) des Formes nouvelles qui, lorsqu'elles seront à nouveau comparées aux Symboles de ma mémoire, conduiront à un comportement *nouveau*, c'est-à-dire un comportement ne conduisant plus à l'actualisation des Formes anciennement prévues, mais à des Formes nouvelles... qui elles-mêmes pourront être remises en question par les Formes de la Réalité que recueillera mon regard dans un instant légèrement postérieur.

En résumé, on peut donc dire que mon comportement d'organisme vivant s'appuie continuellement sur mon « regard », qui couple les Formes présentes de mon monde extérieur aux Symboles passés, présents et prévisionnels de mon monde intérieur (ma mémoire), avec pour effet de générer dans la Réalité et de manière probabiliste des Formes nouvelles (mon propre comportement).

Liberté et comportement probabiliste de la particule individuelle de Matière

Quand on examine le caractère « probabiliste » du comportement du Vivant, tel que nous venons de le décrire, on serait d'abord tenté de croire que ce probabilisme a pour origine notre incapacité de connaître *exactement* ce que « les autres » ont en mémoire. En effet, nous ignorons ce que ces autres « ont dans la tête », nous ne pouvons donc pas en tenir compte quand notre « regard » prend connaissance de notre monde extérieur, de telle sorte que notre Mental, même s'il se donne un objectif bien défini, ne peut pas être assuré à l'avance du comportement réel qu'il lui faudra avoir pour atteindre cet objectif, ou même s'il l'atteindra jamais, « les autres » venant interférer au moyen de leur propre Mental dans la réalisation de notre objectif, et ne nous laissant généralement pas connaître à l'avance le détail de leur propre comportement.

Mais, quand on examine les « racines » de ce probabilisme des comportements à un niveau plus profond, en se référant au niveau des *particules individuelles* composant l'Organisme vivant, le comportement de celui-ci n'étant que la résultante des comportements individuels le constituant, on constate que ce probabilisme du comportement prend sa source non pas tant dans notre ignorance de la mémoire « des autres », mais dans un probabilisme *strict* (c'est-à-dire non statistique), qui tient en fait à la *Liberté* particulaire.

LA SOURCE DE LA LIBERTÉ PARTICULAIRE

Qu'est ce au juste que la Liberté particulaire ? Nous en avons déjà parlé tout au long de cet ouvrage, mais nous voudrions y revenir une fois de plus dans ce dernier chapitre, afin de mieux relier cette notion de Liberté particulaire à la notion de Liberté telle que nous la concevons habituellement, à notre échelle macroscopique humaine.

La particule individuelle de Matière, nous l'avons vu, « bâtit » d'abord son comportement comme le fait l'Organisme vivant macroscopique : elle possède un « regard » fait de l'onde psi qu'elle génère tout autour d'elle. Cette onde psi se propage dans le monde *extérieur* de la particule, et collecte les informations (les Formes) dont est constitué à l'instant présent ce monde extérieur sous l'aspect de « conditions initiales » de l'onde psi. L'onde psi est également couplée au monde *intérieur* de la particule, fait du champ de mémoire sigma. Le champ sigma cumule dans ses composantes symboliques les informations du monde extérieur apportées par l'onde psi, et modifie l'onde psi elle-même, suggérant ainsi à la particule individuelle un ensemble de « comportements » possibles pour les instants à venir. En d'autres termes, l'onde psi, quand on la considère dans son couplage avec le champ sigma, est un « regard » qui *non seulement* détecte et mémorise dans sigma les Formes du monde extérieur, mais propose aussi à la particule un ensemble de comportements possibles pour son futur immédiat.

L'effet de « couplage » entre psi et sigma peut être illustré par les graphiques suivants :

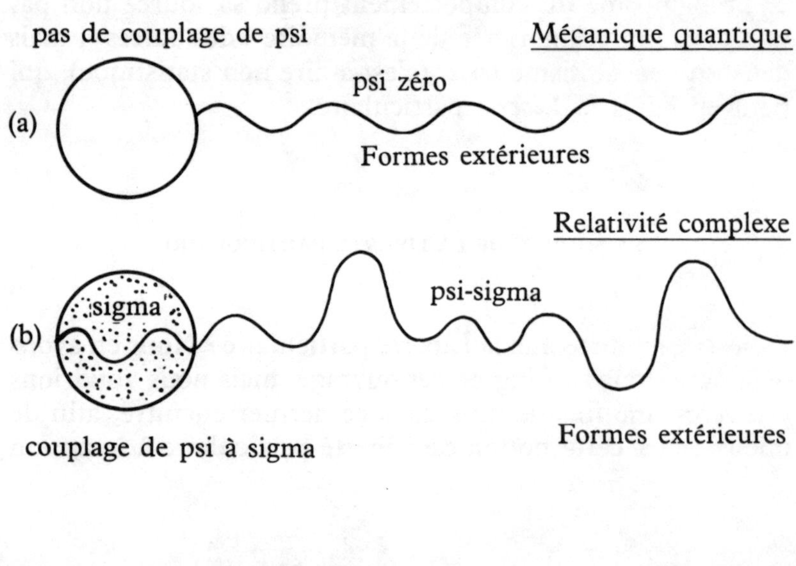

S'il n'y avait pas de couplage à la mémoire sigma, ou encore si sigma était une mémoire « vide », psi serait, pour une distribution donnée des Formes du monde extérieur, *exactement* le psi que calcule la Mécanique quantique orthodoxe, un psi que nous nommerons psi zéro et qui ne dépend que des Formes du monde extérieur à la particule et des lois physiques opérant sur ces Formes (figure a). Mais s'il existe une mémoire sigma non vide de la particule individuelle, le couplage de psi à sigma a pour effet de *modifier* l'onde psi, qui n'est alors plus le psi zéro habituel de la Mécanique quantique. Nous en avions vu un exemple au chapitre 2, quand nous avions analysé l'expérience EPR. Le nouveau psi (figure b) impose un nouveau comportement psi-sigma à la particule, différent du comportement psi zéro du cas où la mémoire sigma était vide.

Mais ce nouveau psi-sigma, exactement comme le psi zéro de la Mécanique quantique, est une onde *subjective* qui attribue à la particule individuelle un comportement *strictement* probabiliste, dans le sens où l'entend la Mécanique quantique (École de Copenhague). Cela signifie que l'observateur humain disposant de l'onde psi que la Mécanique quantique lui a permis de calculer *ne peut absolument pas connaître à l'avance* le comportement *précis* qu'aura la particule individuelle ; et cela reste vrai quand l'observateur est la particule individuelle elle-même : son onde psi, même couplée à sa mémoire sigma, ne détermine pas à elle seule son comportement à venir. La particule ne tire de la connaissance de sa propre onde psi que la manière dont se répartiraient les probabilités de comportements pour un *très grand nombre* de particules individuelles ayant toutes *la même mémoire sigma* et placées au même instant devant la même situation du monde extérieur. On peut donc dire que l'effet de la mémoire sigma est de *modifier* les probabilités associées à l'ensemble des comportements possibles, voire même à *réduire* le champ des comportements possibles, en en interdisant certains (ce qui revient à conférer à ceux-ci une probabilité nulle), et en attribuant au contraire une plus grande probabilité à d'autres.

C'est parce que la mémoire donne des probabilités beaucoup plus grandes à certains comportements que, dans le cas général, la particule possédant une mémoire sigma « a l'air » de se comporter « en sachant ce qu'elle fait », c'est-à-dire en choisissant *plus souvent* le comportement « très » probable. Mais cela n'empêche pas qu'il s'agit ici d'un comportement *strictement* probabiliste : la particule individuelle conserve la possibilité, ou la Liberté, de choisir un comportement à probabilité psi aussi faible qu'on voudra, pourvu que cette probabilité soit cependant plus grande que zéro, et en dépit du fait que le psi indique qu'un comportement déterminé est « hautement plus probable » que celui effectivement adopté par la particule individuelle.

Qu'est-ce au juste que la Liberté ?

Comment comprendre ce comportement strictement probabiliste ? Et s'agit-il là d'une véritable « Liberté » de la particule individuelle, ou d'une simple possibilité autorisée, voire imposée, par les lois physiques ?

Pour répondre nous sommes amenés à revenir une nouvelle fois à une Physique « ontologique », en prenant en considération l'ensemble de « tous les possibles », c'est-à-dire l'Être. Il ne paraît faire aucun doute que, s'il était possible de faire entrer dans la « mécanique » de tous les comportements l'Être et son « bon ordre », dont nous avons longuement parlé dans les chapitres qui précèdent, on serait conduit à dire que le comportement *précis* de la particule individuelle, choisi parmi l'ensemble des comportements possibles, va dépendre du « bon ordre » de l'Être, ce « bon ordre » se présentant comme une véritable « pulsion » *à l'échelle cosmique*, une pulsion portée par un « regard » capable de considérer *la totalité* des comportements individuels à l'échelle cosmique tout entière, et d'orienter les comportements effectifs ici dans un sens, là dans un autre, pour finalement permettre à l'échelle cosmique globale l'actualisation (c'est-à-dire la réalisation dans l'espace et le temps) de Formes satisfaisant globalement le « bon ordre » cosmique.

Mais quel est donc cet « autre » regard de la particule, qui n'est pas ce regard psi-sigma couplé à la mémoire sigma dont nous avons parlé, et qui est capable d'intervenir dans le choix précis d'*un* comportement parmi l'ensemble des comportements offerts par le regard psi-sigma ? Quel est cet autre regard, qui est comme « couplé » *à l'Être* tout entier, puisqu'il perçoit cette pulsion « indicible » qu'est le « bon ordre » de l'Être ? Cet « autre » regard doit appartenir en propre à la fois au personnel et au collectif, puisqu'il intervient au niveau de la particule individuelle en favorisant la création de Formes nouvelles répondant à une harmonie cosmique globale. Cet autre regard particulaire ne peut être que celui de ce centre de conscience, présent chez chaque particule comme à l'échelle de l'Être lui-même, et que nous avons nommé l'Esprit. C'est l'Esprit particulaire faisant usage de son pouvoir de *Création*, de sa Liberté. C'est, finalement, l'Esprit de l'Être s'exprimant *directement* à travers ses créatures.

La Liberté, telle que nous venons de la définir, est donc présente dans *chaque* comportement particulaire. La mémoire sigma et son regard psi interviennent bien aussi, il est vrai, dans le comportement particulaire, mais psi-sigma ne désigne à la particule individuelle qu'une *infinité* de comportements possibles, avec pour chacun d'eux une probabilité qui la renseigne sur la distribution *statistique* des comportements pour un grand nombre de particules ayant *le même* psi-sigma, c'est-à-dire placées au même instant dans la même situation et possédant la même mémoire sigma. Entre cette infinité de comportements chaque particule va *librement choisir un* comportement : le mot « librement » signifie précisément que le nombre des comportements qui lui sont offerts est *infini*, et plus précisément encore forme un infini *continu*. On se souvient que, au chapitre 4, nous avons déjà présenté cette différence entre un infini *continu* (semblable au nombre de points entre lesquels nous pourrions choisir, avant de marquer un point précis sur un segment continu d'une ligne) et un infini *dénombrable* (semblable au nombre de points que nous pourrions « effectivement » marquer sur la ligne en un temps infini). Le nombre infini continu de comportements possibles offerts à chaque instant à la particule signifie notamment que ce nombre demeurera *inchangé* quel que soit le nombre de comportements choisis dans la même situation par *les autres* particules, de telle sorte que la particule conserve à chaque instant un choix entièrement *libre* de son comportement, « les autres » ne contribuant pas à restreindre ce choix par leur propre libre choix d'un comportement... et en dépit du fait que, comme nous l'avons noté, un nombre infini de particules avec le même psi-sigma choisiront « librement » leur comportement en satisfaisant *statistiquement* les probabilités fournies par le psi-sigma. C'est cela la vraie Liberté : toujours disposer d'un choix infini de comportements possibles, sans jamais voir ce choix restreint par les choix « des autres », mais accepter que, *statistiquement*, mon propre choix associé à celui des autres respecte le « bon ordre » cosmique.

La Liberté « cosmique » s'exerce à chaque instant

Cela veut encore dire que l'exercice de la Liberté, telle que nous la définissons ici, n'est pas un acte « rare », que nous ne pourrions pratiquer que dans certaines circonstances exceptionnelles : la Liberté, qui joue un rôle si important à l'échelle de l'Univers entier, puisque nous remarquions que c'est en fait l'Être qui parle ici directement à travers le comportement de ses créatures, cette Liberté n'est non seulement un rare privilège accordé parfois à la particule individuelle, mais c'est un acte de *chaque instant*. A bien y réfléchir, c'est vrai pour la particule comme pour tout être vivant macroscopique. Je suis, sous la garde de géants armés à la mine patibulaire dans le bureau de mon juge, mon juge qui s'apprête à m'envoyer à la salle de torture voisine ; dans le sens ordinaire, je parais ne pas être « libre », mais au contraire un simple fétu de paille entre les mains de la tempête, une tempête qui va dans un instant me broyer et me réduire au néant. Et cependant, ne suis-je pas libre de laisser à cet instant mon regard rêver pour une fraction de seconde, mon regard qui se pose sur cette abeille qui, sereinement, vient délicatement effleurer cette rose, derrière la fenêtre de la pièce où me gardent mes geôliers? C'est cela, à mon sens, la seule vraie Liberté dont nous disposons, et dont nous disposons alors tous. C'est la seule Liberté définissable *à l'échelle cosmique*, et pas seulement dans le cadre étroit de nos préjugés d'ici et maintenant. Douter, comme le font parfois certains, du fait que l'Être ait engendré un Monde « libre » n'est pas tant une interrogation sur l'Être lui-même que sur la définition (nécessairement conventionnelle) que nous donnons du mot « Liberté ».

LE « MOI » ET L'ESPRIT PARTICULAIRE

Nous venons donc de constater que chaque particule possède en fait un *double* regard : le regard psi, étroitement couplé à la mémoire sigma, et qui conduit la particule placée devant une situation donnée du monde extérieur à définir pour elle un ensemble infini de comportements possibles. Et puis une sorte de regard que nous nommerons *essentiel*, car il est directement associé à l'ensemble des possibles de l'Être, un regard qui traduit l'exercice de la Liberté, et qui est en fait une « pulsion » animée par le « bon ordre » de l'Être, un regard qui permet à la particule d'effectivement librement choisir *un* comportement parmi l'infinité des comportements possibles qui sont proposés à cet instant précis à la particule par son regard psi-sigma. A chaque instant, nous l'avons dit, les *deux* regards sont opérants, ce n'est pas alternativement l'un et l'autre, le comportement particulaire est à chaque instant, et quelque peu paradoxalement, libre et cependant « conditionné » par la mémoire sigma.

Nous rencontrons ici le paradoxe apparent du Moi et de

l'Esprit. Nous désignerons comme « Moi » particulaire (et nous étendrons tout à l'heure cette définition au Moi d'un Organisme composé d'un très grand nombre de particules) cette « unidualité » que constitue la particule quand on la considère comme constituée du couplage psi-sigma : un psi se développant dans la Réalité et un sigma prenant place dans l'Imaginaire. Ce psi-sigma, nous l'avons vu, rend la particule *consciente* d'*un ensemble* de comportements possibles pour elle-même à chaque instant de l'espace-temps de la Réalité. Le psi-sigma rend à chaque instant la particule consciente de son monde extérieur et de son monde intérieur, elle devient consciente de sa « participation » personnelle sur la scène de l'Univers (pour reprendre en partie les termes de John Wheeler), elle est consciente de son « Moi », c'est-à-dire d'être à la fois participante et « elle-même ». Elle « pourrait », si elle n'y prenait garde, oublier que le psi-sigma ne lui offre qu'*un ensemble* de comportements possibles, et ne la conduit donc pas directement à *choisir un* comportement particulier.

C'est l'Esprit de l'Être, qui est aussi SON Esprit, qui sous la pulsion du « bon ordre » de l'Être va seul lui permettre d'effectuer librement *un choix* de chaque instant, parmi l'infinité de comportements possibles à ce même instant. Nous désignerons donc par Esprit le centre de Conscience qui établit un « pont » entre le psi-sigma personnel à chaque particule et l'ensemble infini des possibles de l'Être. La particule dispose ainsi à la fois d'un Moi, porteur de son individualité (de sa « spécificité ») et d'un Esprit, porteur de sa Liberté de choix. Dire que la particule ne serait qu'un Moi c'est l'assimiler à un simple « robot », entièrement conditionné par la « programmation » de son psi-sigma, et choisissant toujours alors le comportement « le plus probable », compte tenu de sa mémoire sigma et de la situation que lui découvre son regard psi. Nous l'avons vu, un tel comportement « conditionné » est *démenti* formellement par les observations expérimentales du probabilisme *strict*, que nous démontre depuis un demi-siècle la Mécanique quantique. La particule N'EST PAS un robot, elle n'est pas seulement un Moi, elle est *aussi Esprit*, même si les humains (qui écrivent l'Histoire) ont trop souvent tendance à l'oublier (pour eux-mêmes, et donc à fortiori pour les particules individuelles).

Le Moi est ce qui confère à la particule son *individualité* ; l'Esprit est ce qui lui confère sa *personnalité*, c'est-à-dire la rend indissociable de tous les autres, en fait indissociable de tout l'Univers cosmique dans lequel elle est « participante ». Nous verrons dans un instant que, au niveau de l'Organisme, c'est-à-dire d'un ensemble de particules ayant *le même* Moi (le même psi-sigma), il va exister un seuil de développement de la mémoire sigma (seuil rationnel) à partir duquel ce Moi va éprouver le besoin de partir directement en quête des ressources (du regard) de son Esprit.

LES SEUILS ÉVOLUTIFS DU COMPORTEMENT

Les caractéristiques du champ de mémoire sigma

Comme nous l'avons vu dans les chapitres qui précèdent, le champ de mémoire sigma est de nature électromagnétique, c'est un champ qui ressemble (au moins dans sa phase évolutive initiale, voir (a) ci-dessus) à la lumière ordinaire, celle que nous connaissons autour de nous dans l'espace-temps de la Réalité observable. On doit cependant noter chez sigma deux caractéristiques essentielles, qu'on ne trouve pas dans la représentation qui est fournie du champ de lumière « ordinaire » :

a. Le champ sigma possède à la fois une structure de rotation (spin) et une structure de pulsation (pulse), ce qui en fait un champ à 216 composantes (216 Symboles), au lieu de 16 comme le champ de lumière « ordinaire ». Ce sont ces composantes supplémentaires qui, dès le niveau de mémorisation le plus bas, donnent à la particule une possibilité de mémorisation, sous forme de « conditions initiales » de ces Symboles supplémentaires. Les conditions initiales des 16 premières composantes sont les conditions habituelles relatives au milieu purement *physique* où se propage l'onde électromagnétique ordinaire (équations de Maxwell en espace de Riemann);

b. Le champ sigma est enclos dans un micro-univers à temps *négatif*, ce qui lui permet de prendre des états de complexification *plus élevés* que pour l'état « fondamental » que nous venons de décrire en (a) ci-dessus (spin et pulse chacun égaux à 1). Cela a pour effet de faire « sauter » le nombre de composantes (Symboles) de 256 (soit 16 au carré, état de spin 1 décrit en a) à 65 536 (soit 16 à la puissance 4), puis à 4,3 milliards (soit 16 à la puissance 8), puis à 18 milliards de milliards (soit 16 à la puissance 16), et ainsi de suite, par franchissement de *seuils* successifs, la puissance de 16 étant à chaque fois *doublée* (comme le démontre la Relativité complexe). Nous nommerons *champ électromagnétique de fusion* un champ tel que sigma, capable d'augmenter sans cesse, par « sauts » brusques successifs, le nombre de ses composantes symboliques. On comprend que cette brusque augmentation du nombre de Symboles disponibles pour collecter en eux (sous forme de conditions initiales de chaque Symbole) des Formes mémorisées passées, présentes et prévisionnelles (donc des comportements à venir) soit accompagnée de « niveaux de Conscience » brusquement *croissants* de la particule porteuse de ce champ sigma. Nous allons brièvement énumérer ces niveaux de Conscience croissants, correspondant à des *types de comportements* eux aussi très différents, suivant le niveau de complexification du champ sigma.

Le comportement symétrique

Le *neutrino* individuel en mouvement dans l'espace de la Réalité est un exemple important de ce type de comportement, car il ne pourra jamais dépasser ce niveau (le plus simple) de Conscience.

Nous sommes ici dans le cas où la particule n'a encore mémorisé que les conditions initiales pour « donner existence » aux 16 composantes (Symboles) ordinaires du champ électromagnétique dit « de Maxwell ». Ce champ sigma a alors exactement la structure qui est celle de l'onde psi de la Mécanique quantique (qui dispose des mêmes 16 composantes) — à cela près cependant que la Relativité complexe décrit ces 16 composantes en espace *de Riemann* — mais cette particularité (cependant importante) peut être passée sous silence en premier examen. Psi et sigma sont donc ici couplés totalement, puisque le couplage consiste à identifier les composantes correspondantes de psi et de sigma. Il n'y a pas, dans un tel comportement « symétrique », de véritable mémorisation, les conditions initiales se rapportant à la structure du milieu extérieur et collectées par psi étant simplement transmises à sigma, et remplacées l'instant d'après par les nouvelles composantes collectées par le « regard » psi.

On est dans le cas d'une mémoire sigma « vide », celui que la Physique précédant la Relativité complexe considérait comme le cas « général », c'est-à-dire applicable à *toutes* les particules.

Nous nommons ce comportement « symétrique » parce que des particules de ce type ont une mémoire « vide », ce qui entraîne des comportements qui ne violent jamais les principes de « symétrie » (et notamment de conservation des symétries) établis avant la Relativité complexe par la Mécanique quantique, une Mécanique quantique qui ignorait alors l'existence d'une mémoire sigma... ce qui revenait à considérer cette mémoire comme *toujours* « vide ».

Le comportement asymétrique

Mais, comme nous l'avons vu, la Physique pré-complexe avait tort, toutes les particules ne possèdent pas une mémoire rigoureusement vide, et la première étape de mémorisation consiste à « charger » en conditions initiales non nulles les

256 − 16 = 240 composantes du champ sigma, dans son état le plus bas de complexification (spin et pulse égaux à 1).

Le comportement de la particule va alors être un peu différent de celui de la particule à mémoire vide, par suite du couplage entre la mémoire sigma « non vide » et l'onde psi qui est associée à l'ensemble des comportements possibles de la particule. En fait, l'effet de sigma « non vide » va être de modifier la répartition des probabilités de comportement données par psi, en privilégiant les probabilités de comportement « suggérées » par la mémoire sigma. Finalement, et comme nous l'avons vu, c'est la Liberté particulaire qui définira, par rapport au nouveau psi-sigma, le comportement unique qui sera effectivement librement choisi par la particule.

Le *photon* individuel en mouvement dans la Réalité est un exemple important de ce type de comportement, car le photon ne pourra jamais *dépasser* ce niveau de Conscience correspondant au comportement asymétrique. Néanmoins (comme le montre l'expérience EPR, qui peut être faite avec une paire de photons « jumeaux »), le photon possède 256 composantes symboliques dans son champ sigma, il peut donc avoir un comportement où vient jouer sa « mémoire ».

Nous avons vu au chapitre 2 un tel exemple de l'effet d'une mémoire sigma « non vide », quand nous avons examiné l'interprétation que donne la Relativité complexe de l'expérience Einstein-Podolski-Rosen (EPR). Le fait, pour les deux particules en cause (des protons dans l'exemple proposé), de posséder une mémoire « non vide », et par ailleurs *la même* mémoire (elles ont, au début de l'expérience, fait un « échange-mémoire » en se disposant côte à côte dans un champ magnétique commun), a eu pour conséquence que, placées ensuite devant des situations identiques de leur milieu extérieur (une porte ouverte et une porte fermée), les particules ont eu *toutes deux* (et statistiquement bien sûr) *le même* comportement (les deux passent la porte ouverte, ou les deux s'arrêtent derrière la porte fermée), ce qui est contraire à la prévision de la Mécanique quantique « ordinaire », qui voudrait que les deux particules aient des comportements indépendants (ce qui arriverait si elles n'avaient pas de mémoire du tout).

D'une façon générale, cette présence chez les particules d'une mémoire *identique* conduit à leur faire avoir, devant la même situation du monde extérieur, des comportements identiques — ce qui détruit la « symétrie » des comportements que la Physique constate quand les mémoires sont « vides » (ou n'existent pas, conception adoptée par la Physique pré-complexe). Les « symétries », comme on le sait, jouent un rôle fondamental dans la formulation des « lois » physiques, en permettant de « cataloguer » les comportements en tenant compte de la « conservation » de certaines symétries. L'intervention de la mémoire particulaire, qui introduit des comportements asymétriques, a donc d'abord été interprétée comme principe de « violation » des lois de conservation de la symétrie. C'était le cas pour l'expérience EPR que nous venons de rappeler ; c'était déjà, il y a une trentaine d'années, la violation expérimentalement constatée du principe de conservation de la parité, si surprenante à l'époque que les deux jeunes Sino-Américains Lee et Yang qui en avaient fait l'étude obtinrent *la même année* (1957) le prix Nobel de Physique (fait *extrêmement rare*, Einstein a dû attendre plus de vingt ans pour sa Relativité !) Pour l'asymétrie de comportement concernant la parité, on avait vu les électrons du cobalt radioactif « choisir la gauche » en sortant du noyau de cobalt... un peu comme si le Soleil se mettait tout à coup à émettre plus de lumière par un bout de son axe de rotation que par l'autre bout. Toutes ces asymétries, qui rappellent en fait la variété de comportements que l'on constate (sans alors s'en étonner) chez le Vivant, ne font que traduire l'existence possible dès le niveau de la particule individuelle de Matière d'un élément qu'on avait cru jusque-là être le seul apanage du Vivant : la mémoire.

Le comportement instinctif

La mémoire sigma a ici franchi un nouveau seuil, elle dispose « potentiellement » des 65 536 composantes symboliques de sa mémoire pour définir l'ensemble de ses comportements, au moyen du couplage psi-sigma.

Nous allons tout naturellement accepter ici l'idée (qui pourra faire plus tard l'objet de vérifications expérimentales plus « minutieuses ») que ce type de comportement « instinctif » concerne les particules entrant dans la composition des organismes *végétaux et animaux*. La complexification de la mémoire paraît d'ailleurs ici se conserver d'un organisme à ses « descendants » (mémoire innée animale), comme si l'organisme animal vivant transmettait à sa descendance non seulement le niveau de Conscience de son champ sigma (c'est-à-dire les 65 536 symboles disponibles pour « orienter » le comportement), mais encore une grande partie des *conditions initiales* associées à ces Symboles, c'est-à-dire le « savoir-faire » se rapportant à une situation donnée du monde extérieur. Cela pourrait sans doute justifier la connaissance instinctive dont dispose naturellement l'animal dès sa naissance (l'oisillon sait qu'il ne doit pas tomber de son nid), savoir-faire « inné » qui paraît en grande partie disparu pour le niveau de Conscience « supérieur », dans le comportement « rationnel » dont nous parlerons dans un instant.

Dans ce comportement instinctif il y aurait sans doute lieu de faire des distinctions, exprimant probablement un « remplissage » symbolique différent de la mémoire sigma : on peut prévoir, par exemple, que l'animal dispose de Symboles « sortis du zéro » (au moyen de conditions initiales non nulles) plus nombreux que le végétal. Mais il est bien clair que de telles distinctions devraient s'appuyer sur des recherches qui n'ont pas encore été faites : pourquoi la petite algue Chlamydomonas, par exemple, que ses caractéristiques photosynthétiques font classer dans le règne des « végétaux », mais dont le flagelle (nageoire) lui permet de se déplacer rapidement, à l'image d'un « animal », dans le milieu liquide où elle baigne, pourquoi la Chlamydomonas devrait-elle être considérée comme disposant de moins de mémoire symbolique sigma (moins de « Conscience ») que telle ou telle bactérie ? Il y a sans doute des réponses à ces questions, mais ces réponses exigent d'être solidement étayées par des expériences et des études spécifiques.

Le comportement rationnel

Par contre, il paraît hors de doute que l'humain, tel que nous le connaissons sur cette Terre, dispose d'une mémoire symbolique nettement plus grande que celle des organismes (végétaux ou animaux) classés ci-dessus comme répondant à un comportement instinctif. L'organisme (ou la particule individuelle) aurait franchi, à ce stade « humain » de l'évolution, la capacité de 65 536 symboles marquant la « saturation » du comportement instinctif, et disposerait alors dès cet instant, au moins « potentiellement », des 4,3 milliards de Symboles du niveau de Conscience suivant, conduisant à ce que nous avons nommé le comportement « rationnel ». Cela ne signifie pas que *tous* les Organismes (ou les particules individuelles) ayant franchi le seuil du comportement instinctif disposent des 4,3 milliards de Symboles « sortis du zéro » (c'est-à-dire adjoints à des conditions initiales non nulles), et donc contribuant effectivement au comportement rationnel, mais le sigmapsi du comportement « rationnel » humain est toujours sans commune mesure avec le comportement instinctif animal, aussi élaboré que soit ce comportement animal, et si « primitif » que soit le comportement humain.

Toutefois, comme nous le remarquions, il semble que la grande complexité même du champ sigma « rationnel » interdise en grande partie la *transmission* du savoir-faire « rationnel », acquis durant sa vie par l'Organisme, à sa descendance ; en d'autres termes, le comportement rationnel semble s'appuyer très peu sur un savoir mémorisé « inné », c'est généralement un comportement s'édifiant à partir d'un savoir « acquis » par l'Organisme (ou la cellule) durant sa propre existence. Nous aurons cependant à revenir sur l'existence éventuelle d'un savoir *inné* humain quand, à la fin du présent chapitre, nous parlerons de l'*Inconscient collectif* propre au champ de mémoire sigma de l'humain.

Mais, là encore, il convient de ne pas aller « plus vite que la musique », il est sage de ne réfléchir ici qu'aux grandes lignes de développement susceptibles d'étayer quelques directions de recherches futures. Ne perdons pas de vue que nous n'en sommes encore qu'au b-a-ba des premières conséquences que nous révèlent la mémoire particulaire et son comportement psi-sigma.

Et après ?

Raison de plus pour nous abstenir absolument de répondre à la question ci-dessus. Quel type de comportement viendra succéder au comportement rationnel humain ? Un tel comportement « ultra-humain » a-t-il déjà des représentants parmi les Organismes peuplant l'« ailleurs » de l'Univers ? Quelle durée nous sépare, sur notre planète, de la naissance d'Organismes méritant *vraiment* ce niveau de Conscience « ultra-humain » ? On peut « rêver » à de telles questions, mais on ne peut guère actuellement faire plus. De même qu'il faudrait à l'animal des caractéristiques mentales *déjà* humaines pour concevoir ce qu'est, par rapport au sien, le niveau de Conscience « humain », de même faut-il nous attendre à la quasi-impossibilité de pouvoir dès maintenant « deviner » ce que sera, par rapport à nous-mêmes, le niveau de Conscience de l'espèce qui succédera à la nôtre. Nous devons, pour le moment, nous contenter d'illustrer cette différence entre l'humain actuel et l'ultra-humain qui nous succédera dans l'évolution en indiquant les nombres respectifs de Symboles dont disposeront ces deux règnes successifs : 4,3 milliards de composantes symboliques pour le champ de mémoire de l'humain, 18 milliards de milliards de composantes symboliques pour le champ de mémoire de l'ultra-humain !

Notons, en passant, que le nombre de Symboles dont dispose le Mental « rationnel » est de l'ordre de grandeur du nombre de neurones dont dispose le cerveau humain. Mais il n'est pas certain que cette analogie présente une signification réelle, en ce qui concerne les « performances » mentales de l'humain. Là encore, il faudra des études élaborées pour répondre de manière précise à ce type de question.

Dans chacun *des types de comportements mentionnés ci-dessus existe le* double *regard de l'individuel (le Moi) et du personnel (l'Esprit)*

Ce point doit être fortement souligné, et bien compris. Chaque type de comportement, qu'il soit aussi « simple » que le comportement physique symétrique (minéral) ou aussi « complexe » que le comportement rationnel (humain), fait intervenir un *double* regard, celui de notre Moi (ensemble des comportements possibles psi-sigma) et celui de notre Esprit (comportement effectif librement choisi traduisant le « bon ordre » de l'Être). Nous allons, en terminant le présent ouvrage, découvrir qu'au niveau du comportement rationnel humain nous paraissons disposer de facultés de réflexion pour « privilégier », ou plutôt chercher à « intensifier », l'un des regards par rapport à l'autre. Nous allons parler de la propriété de Création (ou d'Intuition) propre à notre Esprit, et de l'aide « interactive » que nous pouvons demander « aux autres » (la Culture notamment) pour enrichir encore les possibilités comportementales de notre Moi. Mais qu'il soit bien entendu que ce *double* regard, celui du Moi et celui de l'Esprit, n'est pas le seul privilège des types de comportements les plus « conscients », dont seraient dépourvus les niveaux de Conscience les plus élémentaires : nous n'avons un comportement, quel que soit celui-ci, que parce que nous possédons *tous* un double regard, celui de notre Moi et celui de notre Esprit. Ce double regard n'est nullement une propriété comportementale exceptionnelle, cette propriété est exercée à chaque instant par *tous* les êtres de l'Univers, qu'ils soient particule individuelle ou Organisme, et quel que soit le type de comportement (c'est-à-dire le niveau de Conscience) dont ils relèvent. Le Moi et l'Esprit constituent le « double » regard de l'Être, ils *sont* en fait « la Vie » de l'Être lui-même.

La Raison et l'Intuition

Avec le comportement rationnel, nous venons de le voir, l'évolution fait un *énorme* saut dans le nombre de Symboles dont peut potentiellement disposer le champ de mémoire sigma : 65 536 composantes symboliques de sigma pour le comportement *instinctif* (végétal ou animal), 4,3 milliards de composantes symboliques à la disposition du sigma associé au comportement *rationnel* humain.

Nous avons toutefois déjà indiqué, dans notre chapitre 4, que le fonctionnement « rationnel » du Mental, à lui seul, ne comportait pas que des avantages. Nous avions alors vu que quand ce fonctionnement rationnel utilise, pour son fonctionnement, ce qu'on nomme en mathématiques la « logique de groupe », il finit *toujours* par aboutir à une *contradiction* : en cherchant à découvrir toutes les conséquences (c'est-à-dire tous les « théorèmes ») d'une axiomatique donnée, le raisonnement « de groupe » est finalement contraint d'affirmer que sont « vraies » à la fois une proposition... et la proposition contraire. Ce résultat paradoxal, entraîné par l'exercice « naturel » (cependant poussé à ses limites) de la Raison a été rigoureusement démontré au début du siècle par le mathématicien Kurt Gödel; nous n'y reviendrons pas ici avec plus de détails, puisque nous avons traité plus haut cette question importante.

Nous verrons, tout à la fin du présent chapitre, une autre conséquence préjudiciable d'un comportement rationnel, lorsque celui-ci fait *seulement* usage de la Raison, c'est-à-dire d'un enchaînement des propositions les unes aux autres au moyen de la logique de groupe. On constatera alors qu'un tel comportement peut *exagérément* développer ce qu'on nommera le Moi d'un Organisme (en désignant par Organisme un être fait du regroupement, dans une structure vivante, d'un très grand nombre de particules individuelles). Le Moi désigne uniquement la part « consciente » de l'Organisme, et on aura à l'opposer au Soi, qui porte à la fois le Conscient et l'Inconscient (personnel et collectif). On verra qu'il est dangereux de délaisser, dans le comportement humain notamment, le Soi au profit du Moi.

Sans vouloir trop anticiper sur ces notions, qui seront examinées plus en détail dans un instant, cela nous suggère cependant dès maintenant que le comportement rationnel ne pourra pas se contenter de faire *seulement* usage de la Raison (et de sa logique de groupe), mais qu'il devra aussi faire appel à *une autre* approche de son monde intérieur (Imaginaire) et de son monde extérieur (Réalité) afin de réparer, chaque fois que nécessaire, les « déficiences » de la Raison seule. Cette autre approche est l'*Intuition*.

On a parfois prétendu que la démarche intuitive n'était pas une démarche « rationnelle » : nous nous inscrivons en faux contre cette affirmation. L'humain est un animal « rationnel », doué d'un comportement « rationnel », un comportement qu'il doit au grand nombre de composantes symboliques dont dispose sa mémoire signifiante sigma..., et il ne peut pas décider d'un instant à l'autre de se priver de la disposition de ce grand ensemble de composantes symboliques de sigma. L'approche intuitive de son Univers ne conduit donc pas l'humain à adopter un comportement non rationnel (et encore moins irrationnel), mais *à changer de logique* pour approcher l'Univers (extérieur et intérieur) qui l'entoure. Avec l'Intuition, l'humain passe de la logique de groupe à la logique *booléenne*.

Nous avons développé ce sujet important de la logique booléenne dans notre chapitre 4. Nous avions vu alors que cette logique booléenne (proposée par le mathématicien Georges Boole à la fin du siècle dernier) permettait d'approcher le « bon ordre » de l'Être, et en quelque sorte de « surmonter » les contradictions de la Raison en modifiant les relations entre Symboles dans le champ de mémoire sigma. Alors que la logique de groupe, constituant les bases de la Raison, s'appuie sur la *distinction* entre les propositions (une chose ne peut pas être en même temps ce qu'elle est et autre chose, et à plus forte raison ce qu'elle est et son contraire), la logique booléenne suppose dès le départ qu'une chose est à la fois ce qu'elle est et son « complément » au Tout (complément qui inclut naturellement le contraire de la chose). D'une manière générale, on peut dire que la logique de groupe paraît peu familière à la pensée orientale, tandis que la logique booléenne surprend de prime abord la pensée occidentale.

Ce que nous voudrions seulement remarquer ici, c'est que *les deux* logiques sont complémentaires, l'une prenant le relais de l'autre quand le comportement rationnel veut encore approfondir sa représentation du monde extérieur ou du monde intérieur. Nous dirons donc, pour conclure ce paragraphe, que le comportement rationnel fait appel à *deux* formes de logiques, et non pas à une seule ; ces logiques se nomment la Raison (logique de groupe) et l'Intuition (logique booléenne).

DE LA PARTICULE À L'ORGANISME

Toute l'étude qui précède, basée sur les recherches et les résultats de la Relativité complexe, se rapporte essentiellement à la particule *individuelle*, et à ses interactions avec les autres particules individuelles. Nous ne sommes cependant pas, nous les humains, des particules « individuelles » de Matière, mais bien plutôt des immenses ensembles de milliards de particules individuelles, paraissant harmonieusement coopérer dans ce que nous nommons notre organisme. Nous appellerons plus généralement *Organisme* toute structure où paraissent ainsi coopérer « harmonieusement » un très grand nombre de particules individuelles, générant une véritable « unité ».

Notre question est alors celle-ci : comment passe-t-on des caractéristiques et des propriétés de la particule individuelle, telles que celles-ci ont été décrites dans cet ouvrage, aux propriétés de l'Organisme ? A-t-on des raisons d'affirmer, simplement parce que l'Organisme « est fait » de particules individuelles, que les propriétés de l'Organisme sont encore (ou au moins « ressemblent à ») celles de la particule individuelle ?

Pour répondre nous allons revenir sur la propriété *d'Union* entre particules, dont nous avons déjà longuement parlé à la fin de notre chapitre 2.

L'Union particulaire et « l'échange-mémoire »

Rappelons donc d'abord ce qu'est l'Union, qui est une des quatre propriétés fondamentales de la particule individuelle (Création, Mémorisation, Interaction et Union).

La propriété d'Union entre deux particules opère quand ces deux particules se disposent côte à côte en ayant leurs axes de spin parallèles mais inversés, formant à elles deux ce que les physiciens nomment un système de *spin 0*. Le schéma suivant représente une telle disposition d'Union :

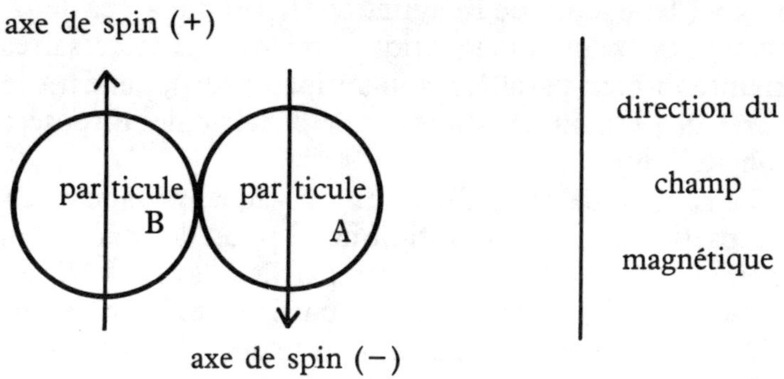

On se souvient que la particule est comme une petite « toupie », tournant sur elle-même un peu à la manière dont le font les étoiles et les planètes. L'axe de rotation de la particule est appelé l'axe *de spin*, il peut être orienté dans deux sens, compte tenu du sens de rotation de la particule. Quand les axes de spin sont parallèles et de sens contraire on dit qu'ils sont « antiparallèles », et cela correspond à la situation dite de spin 0 de l'ensemble des deux particules. C'est dans cette position particulaire que s'exerce entre les particules en cause leur propriété d'Union.

Pratiquement, l'Union entre les deux particules peut être obtenue si on les plonge toutes deux dans un champ magnétique suffisamment intense. En effet, le spin contraint la particule à se comporter comme un minuscule aimant, avec ses pôles nord et sud situés aux deux extrémités de l'axe de spin. Comme on le sait, un tel petit aimant, quand il est plongé dans un champ magnétique, tend à se disposer dans l'espace avec sa direction nord-sud parallèle à la direction nord-sud du champ magnétique extérieur. Plus ce champ magnétique extérieur sera intense, plus chacune des particules aura son axe de spin bien parallèle (ou antiparallèle) à la direction du champ magnétique extérieur. Quand les particules peuvent être placées ainsi avec leurs axes de spin antiparallèles, c'est-à-dire le nord-sud de l'une aligné avec le sud-nord de l'autre, on assiste à l'« Union » des deux particules. Cela peut cependant exiger (dépendant de l'« agitation thermique » des deux particules) des champs magnétiques *très* élevés, nécessaires pour maintenir bien parallèles (ou antiparallèles), pendant toute la durée de l'Union, les spins des deux particules disposées l'une contre l'autre.

Le résultat de cette Union est un « échange-mémoire » entre les particules. Cela signifie que si nous désignons par A la mémoire sigma de la première particule avant l'Union, et B la mémoire sigma de la seconde particule avant l'Union, *après* l'Union chacune des particules porte une mémoire sigma égale à A + B. En d'autres termes, après l'Union les deux particules portent une mémoire faite *des mêmes* composantes symboliques, puisque ces deux mémoires sont devenues l'une et l'autre égales au « cumul » A + B. Encore exprimé d'une autre manière, on peut dire que l'Union fait que chaque particule *ajoute* à sa propre mémoire la mémoire de l'autre, sans rien perdre de sa mémoire initiale.

Cela veut encore dire que, après cette Union, si les deux

particules évoluent dans *le même* milieu extérieur, elles vont se caractériser par un psi-sigma *identique*, donc vont avoir à choisir, pour leur propre comportement, dans *le même* ensemble de comportements possibles.

Ici va jouer la Liberté particulaire, de telle sorte que le fait pour les deux particules d'avoir des mémoires identiques après leur Union n'entraîne pas automatiquement que les deux particules vont avoir « toujours » le même comportement, mais seulement que *ces deux particules* vont avoir des comportements appartenant au *même* ensemble de comportements possibles (comportements *coopératifs*). Examinons une nouvelle fois cet aspect « coopératif » que peut prendre le comportement particulaire.

Regardons d'abord ce qui se passerait si un *très grand nombre* de particules (des milliards par exemple) s'étaient ainsi « unies » entre elles, et disposaient donc de la même mémoire sigma. Cela pourrait être obtenu, par exemple, si on partait initialement d'*une* particule ayant une mémoire P (dite particule-parent) à niveau de Conscience relativement élevé, et de milliards de particules ayant au contraire une mémoire sigma pratiquement vide. Après Union entre toutes les particules deux à deux on se trouverait avec un grand ensemble de particules ayant toutes la mémoire P de la particule-parent. Comment vont se comporter ces particules si elles sont toutes réunies dans *le même* milieu extérieur ? Elles vont toutes *répartir* leurs comportements individuels d'après *le même* psi-sigma, avec des probabilités statistiques indiquées par l'onde psi-sigma. Appelons, pour simplifier, a,b,c,d les 4 principaux comportements correspondant à ce psi-sigma (avec les probabilités statistiques de comportement indiquées par l'onde psi-sigma elle-même). On peut dire que toutes les particules en présence vont *librement* « exécuter », c'est-à-dire librement choisir, un (et un seul) des comportements appartenant à l'ensemble des comportements a, b, c, d. Si chacun de ces comportements a, b, c et d correspond à une *fonction* précise à exécuter dans le milieu extérieur, on devra donc dire que l'ensemble des particules à même psi-sigma remplissent continuellement *l'ensem-*

ble des fonctions a, b, c et d. L'ensemble des particules *coopèrent* ainsi entre elles toutes pour exécuter l'ensemble des fonctions a, b, c et d.

On voit immédiatement comment tirer parti de cette propriété d'Union des particules pour obtenir d'elles leur « coopération harmonieuse » en vue de produire, par exemple, le « fonctionnement » d'un Organisme : si ce fonctionnement exige que soient simultanément et continuellement exécutées n fonctions a; b, c,...n, il suffira de se procurer d'abord au moins *une* particule P (parent) qui soit porteuse d'une mémoire sigma qui, placée dans un milieu extérieur O donné, conduise à un ensemble de comportements *possibles* formé de l'ensemble des fonctions-comportements a, b, c,...n. Ensuite on « fabriquera » par Unions successives avec le « parent » P *des milliards* de particules ayant *la même* mémoire sigma que la particule-parent P ; puis on les « lâchera » alors toutes (ou on les enfermera toutes) dans le milieu extérieur O... qui sera devenu un *Organisme* où viendront « coopérer » toutes les particules pour exécuter à elles toutes, au moyen de comportements coopératifs, *toutes* les fonctions a, b, c,...n requises pour le fonctionnement « harmonieux » de cet organisme O.

Bien entendu, il ne s'agit là que d'une indication très simplifiée de la manière dont se groupent les particules individuelles pour se constituer en structure « coopérative » assurant le développement, et aussi le fonctionnement, d'un Organisme O donné. Mais on y retrouve immédiatement l'une des caractéristiques essentielles de *tout* organisme « vivant » : *chaque* cellule est porteuse, comme on le sait par nos connaissances en Biologie, *du même* ensemble génétique. La Relativité complexe nous apprend que cette « identité » génétique caractérisant l'organisme vivant prendrait ses racines dans une identité encore plus profonde : l'identité des mémoires sigma de toutes les particules participant à l'Organisme et « coopérant » à son fonctionnement.

Nous sommes donc en mesure de donner maintenant une définition de l'Organisme :

Un Organisme est le regroupement d'un très grand nombre de particules individuelles dans un espace fermé et bien délimité O, chacune des particules coopérantes se caractérisant par une même *mémoire sigma, dite mémoire-parent P. La structure de sigma (c'est-à-dire ses composantes symboliques) fournit, à l'intérieur de l'Organisme O, un ensemble de comportements particulaires possibles, permettant à l'ensemble des particules porteuses de la mémoire-parent P de « coopérer » à elles toutes en vue d'obtenir que soient continuellement et simultanément exécutées* toutes *les fonctions requises pour le bon fonctionnement de l'Organisme O.*

Le Moi de l'Organisme

On comprend maintenant pourquoi ce que nous avons dit des propriétés individuelles de la particule est encore valable pour l'Organisme *entier*, c'est-à-dire pour l'ensemble des entités spatialement localisées que nous sommes habitués à nommer des *êtres vivants*. L'Organisme est, en quelque sorte, une « grosse » particule individuelle, puisqu'il est fait d'une structure dans laquelle *toutes* les particules participantes ont *le même* psi-sigma. Nous avions nommé « Moi » le psi-sigma de la particule individuelle ; nous pouvons maintenant parler du « Moi » de l'Organisme entier, qui est défini dans les mêmes termes. L'Organisme forme une véritable *unité*, on peut parler du comportement de son Moi conscient comme on parlait du comportement du Moi de la particule individuelle. De même, l'Esprit associé à ce Moi, c'est-à-dire le centre de conscience qui peut « regarder » ce Moi, et qui met ce Moi en rapport avec l'Etre (ensemble de tous les possibles), est défini comme on l'avait fait pour la particule individuelle. Le Moi de l'Organisme possède également des propriétés spécifiques analogues, sinon identiques, à celles de la particule individuelle : Création, Mémorisation signifiante, Interactions physiques avec le milieu extérieur. Même l'Union, qui paraît au premier abord devoir être propre au Moi particulaire seul compte tenu de ses spécificités, possède son équivalent dans le Moi de l'Organisme, encore qu'ici il soit plus généralement appelé *Amour*. Car l'Amour, tel que le définissent tous les manuels de Philosophie, c'est « la communication directe de conscience à conscience entre deux individus » ; l'Union n'est-elle pas, elle aussi, la communication directe entre les deux « consciences » particulaires, au cours de cet « échange-mémoire » dont nous avons parlé ? Et, quand nous assistons à l'effet de l'Union particulaire pour obtenir les « comportements coopératifs » harmonieux d'une grande « communauté » de particules dans un Organisme, comment ne pas comprendre le sens profond du message spirituel qui recommande toujours plus d'Amour vis-à-vis de « l'autre », afin de tenter d'acheminer cette planète, et plus généralement le Cosmos tout entier, vers un monde uni et harmonieux ?

SYMBOLE, ARCHÉTYPE ET COMPLEXE

Dès qu'on a pris conscience du fait que le « modèle » particulaire est presque directement, et tel quel, applicable au Moi de l'Organisme, et plus spécialement à cet Organisme que nous appelons « humain », on est tenté de préciser certaines notions de la Psychologie humaine en nous appuyant sur le fonctionnement du Moi particulaire.

Il nous a semblé personnellement que celui qui, au cours de notre siècle, a intuitivement proposé des concepts psychologiques qui se transposent presque immédiatement dans le cadre de pensée ouvert par la Relativité complexe est le psychologue suisse Carl G. Jung. Les notions d'Archétype et de Symbole, ainsi que celle de Complexe, qui jouent un rôle si important dans la psychologie jungienne, paraissent avoir ici leurs correspondants dans le langage de la Physique.

Symbole

Comme l'avait envisagé Jung, on voit apparaître en Relativité complexe le caractère véritablement « concret » du Symbole, chaque Symbole correspondant à une « composante » d'un champ mental sigma qui se définit et se représente avec la même précision qu'on le fait pour un objet du monde dit « extérieur ». En d'autres termes, il existe un monde *intérieur* propre à chaque Moi, qui pour être décrit dans un espace-temps nommé « Imaginaire » n'en a pas moins un caractère aussi « réel » que l'espace-temps observable de la Réalité.

Mais le Symbole prend ici toute son importance par son « enrobage » dans la Réalité. Le Symbole est comparable à une fonction organique, comme la vue ou l'ouïe, par exemple. De même que la vue en elle-même n'est rien si elle n'a rien à voir, et prend en fait toute sa signification par le contenu de la vision qu'elle découvre, de même chaque Symbole est pratiquement « vide » tant qu'il ne se greffe pas sur les Formes du monde extérieur, des Formes qui, comme nous l'avons vu, deviennent les « conditions initiales » de la composante symbolique considérée.

Archétype

Il est important de pouvoir considérer aussi le Symbole sous sa forme « vide », non signifiante, car c'est sous cette forme « archétypale » qu'on doit le considérer comme un élément de l'Etre, c'est-à-dire un élément de l'ensemble des possibles. Aussi nommerons-nous *Archétype*, comme le faisait Jung, cette forme « vide » (c'est-à-dire sans « application », sans « conditions initiales ») du Symbole. C'est à partir des Archétypes de l'Etre que « naîtront » les Symboles, mais cette forme originelle du Symbole est « vide » puisque l'Etre « transcende » l'espace et le temps eux-mêmes. Les Archétypes qui donneront naissance aux Symboles de l'espace et du temps ne sont que des « pulsions » pour contribuer à la génération du Verbe symbolique, des pulsions de « Création » de fonctions symboliques qui ne prendront leur véritable signification que lorsqu'elles seront « chargées » par les Formes de la Réalité. En somme, l'Archétype est la pulsion qui contribue au « devenir » du Symbole, un peu comme l'« idée » des Formes est la pulsion qui donnera naissance aux Symboles de la vision... qui, à leur tour, ne prendront leur signification que quand le sens nouveau-né de la vision découvrira les Formes, et dotera donc les Symboles qui l'actualisent de conditions initiales. Nous voici de cette manière revenus, avec l'Archétype, à l'« Idée » platonicienne, source vide ne portant que la pulsion associée aux possibles en devenir, et ne se justifiant elle-même comme « source » que quand le devenir est lui-même « devenu ».

Selon la Relativité complexe, et comme nous l'avons vu, cette « pulsion » propre à l'Archétype tirerait elle-même son origine du « bon ordre » de l'Etre.

Complexe

Nous nommerons *Complexe* l'ensemble des Symboles (et de leurs conditions initiales associées respectives), cet ensemble étant dérivé d'une même pulsion archétypale et se rapportant à une Forme globale donnée dans le monde extérieur. Une Forme circulaire de la Réalité extérieure, par exemple, quand elle est perçue par le « regard » psi de la particule, puis transmise au champ sigma de cette particule, va venir se mémoriser sous forme de conditions initiales d'une ou plusieurs composantes symboliques du champ sigma, qui sont les composantes (Symboles) de ce champ associées à la perception générale des Formes circulaires. Pour chaque Forme circulaire déterminée les Symboles associés, ainsi que leurs conditions initiales respectives, pourront être différents, mais tous ces Symboles et leurs conditions initiales dérivent de l'Archétype général du Cercle, c'est-à-dire de l'« idée » de la forme circulaire. Nous appellerons *Complexe* associé à l'Archétype du Cercle *l'ensemble des Symboles* et conditions initiales se rapportant aux Formes circulaires perçues par le « regard » psi dans la Réalité extérieure à la particule. Il y a donc un Complexe, formé de Symboles et leurs conditions initiales, pour *chaque* Forme générale (la Forme du Cercle par exemple) perçue dans le monde extérieur. Les Complexes viennent s'insérer dans un champ sigma préexistant. C'est le phénomène de Mémorisation signifiante, tel que nous l'avons déjà décrit dans les chapitres qui précèdent. Comme on le voit, le Mental particulaire ne mémorise donc pas directement les Formes, il mémorise *les Complexes* symboliques générés par ces Formes dans la perception qu'en fait le « regard » psi, Complexes dérivant eux-mêmes d'un Archétype de l'Etre (ici l'idée de la Forme circulaire).

CONSCIENT ET INCONSCIENT

Une autre notion importante qui a été introduite par le psychologue Carl G. Jung est celle d'Inconscient, et notamment la distinction entre un Inconscient personnel et un Inconscient collectif.

Mais, avant même que nous parlions ici d'Inconscient, ne conviendrait-il pas de préciser une nouvelle fois ce que, pour le modèle particulaire il convient d'appeler « Conscient » ?

L'Esprit, centre de Conscience unique

Le seul centre de Conscience, pour ce modèle, est ce que nous avons nommé Esprit. C'est l'Esprit qui « regarde » à la fois le Moi et l'ensemble des possibles (l'Etre). C'est l'Esprit qui constate que le Moi pense, qui observe les pensées du Moi, qui peut porter des jugements sur ces pensées, qui peut dire « Je » pense, et qui est ce « Je ». Cet Esprit est à la fois personnel et universel ; il est personnel car son regard rend conscient chaque Moi, celui de la particule comme celui de l'Organisme ; il est universel car c'est aussi le regard de l'Etre, c'est aussi la Conscience de l'Etre. Rappelons-nous encore une fois que le Moi, avec son psi-sigma, ne fait que définir un *ensemble* de comportements possibles, mais seul l'Esprit est capable de « regarder » cet ensemble de comportements et, avec l'aide du « bon ordre » de l'Etre, de librement choisir dans cet ensemble *un* comportement effectif unique. On doit donc conclure que mon Moi n'est pas mon point de conscience, mais est *inséparable* de ce point de conscience, qui est mon Esprit, mon Esprit personnel et l'Esprit universel *à la fois*. Aucun comportement n'est possible pour ce Moi, donc ce Moi n'a en fait aucune « existence », tant qu'on le considère comme séparé de sa Conscience. Je dois donc dire que mon Moi est inséparable de *ma* Conscience, de mon Esprit, tout en ne se confondant pas avec mon Esprit.

Mais, dans ce cas, que faut-il exactement entendre par « Inconscient » si, comme je viens de le voir, je suis toujours « Conscient » ? Puis-je parler de la part « inconsciente » de mon Moi, et dans l'affirmative quelle est la définition précise qu'il convient de donner du mot « Inconscient » ?

Connaissance et Reconnaissance

Il faut, pour bien le comprendre, revenir une fois encore sur l'unidualité des Symboles et des Formes.

Si j'aperçois des Formes dans la Réalité extérieure, celles-ci vont se traduire par les conditions initiales de mon « regard » dirigé vers le monde extérieur, c'est-à-dire les conditions initiales de l'onde psi particulaire. Puis ces conditions initiales seront elles-mêmes « chargées » dans le champ de mémoire sigma, qui est couplé à l'onde psi. Mais *où* vont se transférer dans le champ sigma ces conditions initiales portées par psi ? Certainement pas n'importe où, comme on chargerait des billes dans un sac. Il y a, comme diraient les mathématiciens, une

« correspondance biunivoque » entre les Formes-conditions initiales perçues par psi et les Symboles de sigma sur lesquels psi va transférer ces Formes-conditions initiales. La Forme d'un cercle, par exemple, ne va pas affecter n'importe quel Symbole de sigma, mais venir prendre place comme condition initiale d'une ou plusieurs composantes symboliques *précises* de sigma, elles-mêmes dérivées de l'Archétype du cercle dans l'Etre. Certes, quand cet Archétype du cercle prend vie comme Symbole, c'est-à-dire se charge effectivement de conditions initiales, il peut avoir une infinité de « significations » précises, dépendant des conditions initiales, et des relations de ces composantes symboliques du cercle avec les autres composantes symboliques du champ sigma tout entier. Mais, dans tous les cas, tout le « Complexe » symbolique associé à la Forme générale du « cercle » a pris naissance à partir de *l'Archétype* fondamental du cercle, et toute Forme circulaire se traduira par un ou plusieurs Symboles de sigma dérivés de cet Archétype du cercle, ces Symboles s'associant entre eux pour former des Complexes, qui peuvent être parfois très différents : grand cercle, cercle de couleur bleue, cercle associé à d'autres formes géométriques, cercle nommé « round », cercle comme cas particulier d'une ellipse...

Si donc mon onde psi détecte un cercle parmi les Formes de son monde extérieur, elle va le « percevoir » sous l'aspect de conditions initiales transmises aux Symboles, ou à l'un des Symboles, dérivés de l'Archétype « cercle » dans la mémoire sigma. Ici, l'Esprit, ou plutôt le regard de l'Esprit sur sigma, va être placé devant une alternative :

— Ou bien il n'existait encore aucun Symbole associé à l'Archétype « cercle », c'est-à-dire que les conditions initiales de ce qui deviendra éventuellement plus tard les Symboles associés à la Forme « cercle » sont encore toutes à la valeur zéro. Dans ce cas mon Moi, par l'intermédiaire de son centre de Conscience (Esprit), *connaît* pour la première fois la Forme « cercle », ce qui se traduit par la « mise au monde » du ou des Symboles du cercle dérivés de l'Archétype « cercle » dans la structure sigma, mise au monde accomplie en transmettant à cette composante de sigma les conditions initiales que vient de détecter psi dans la Réalité extérieure;

— Ou bien il existait *déjà* un ou plusieurs Symboles du « cercle » dans la structure sigma du Moi (c'est-à-dire des conditions initiales non nulles associées à ces Symboles du « cercle »), et dans ce cas le Moi *reconnaît*, dans le référentiel de son Esprit, la Forme « cercle » perçue par psi dans la Réalité extérieure. Il ajoute alors les nouvelles conditions initiales apportées par le psi aux anciennes conditions initiales dont est déjà doté le (ou dont sont dotés les) Symbole(s) associé(s) au « cercle », renforçant ainsi le « souvenir » du « cercle » dans la mémoire sigma.

Ainsi vont les opérations de connaissance et de reconnaissance, avec *cumulation* mnémonique des informations sur des Symboles « signifiés et signifiants » (et non pas sur « n'importe quels » Symboles). Les mêmes Formes détectées par le regard psi viennent soit « donner existence » à un ensemble de Symboles déterminés, soit renforcer la trace en mémoire (souvenir) de cet ensemble de Symboles, si celui-ci existait déjà. C'est dans ce sens qu'il y a unidualité (correspondance biunivoque) entre Symboles et Formes, tous deux dérivés d'*un même* Archétype général, d'une même « idée » dans l'Etre (par exemple l'idée de Cercle).

Il est important de se souvenir aussi que le micro-univers Imaginaire, où se localise le champ de mémoire sigma, évolue dans un espace-temps *néguentropique* (temps négatif), c'est-à-dire que les conditions initiales qui viennent charger les Symboles se *cumulent*, mais ne s'effacent jamais. Au niveau particulaire comme au niveau de l'Organisme, aucune information symbolique ne se perd jamais. Ce qui se modifie, c'est le « paysage » général du champ sigma, certains Symboles ayant des conditions initiales cumulées beaucoup plus élevées que d'autres, soit parce qu'il y a eu de nombreuses « reconnaissances » des Formes associées à ces Symboles, soit parce que certaines perceptions associées à ces Symboles ont été très « intenses ».

La relativité des « souvenirs » mémorisés

On constate ainsi l'existence d'une sorte de « paysage » du champ de mémoire sigma rappelant un peu un paysage montagneux : certains Symboles possèdent des conditions initiales cumulées se traduisant par des nombres beaucoup plus élevés que pour d'autres Symboles, et ces Symboles « émergent » au-dessus des autres. D'autres collines sont beaucoup moins hautes, et se cachent même parfois derrière les hauts sommets. Et il existe aussi certaines courbures du paysage qui, bien qu'elles se manifestent à un œil « exercé », n'en sont pas moins si faibles que le regard ne peut les apercevoir dans une première observation. C'est ce que nous nommerons la « relativité » des Symboles, c'est-à-dire des souvenirs mémorisés.

Afin de préciser nos idées, nous classerons les « sommets » du paysage mnémonique sigma en 2 catégories, encore qu'il soit clair qu'il ne peut s'agir de catégories bien tranchées : le regard posé sur ce paysage de montagnes sera d'abord frappé par la vision des plus hauts sommets, et ne verra pas ces modestes collines, que plus d'attention ou un changement de point de vue lui permettront cependant de bientôt distinguer. Les deux grandes catégories que nous ferons de nos « souvenirs » sigma sont le Conscient et l'Inconscient.

Le Conscient

Dans cette catégorie de souvenirs nous plaçons les plus hauts « sommets » du paysage mnémonique sigma, ceux qui forment ce qu'on nomme généralement « la mémoire » (de la particule ou de l'Organisme), c'est-à-dire les souvenirs vers lesquels le regard de l'Esprit va se tourner et qui sont immédiatement *les plus apparents*, car ce sont les Symboles chargés des conditions initiales numériquement les plus élevées. L'Esprit discerne à la fois *tous* ces Symboles conscients, mais peut aussi « explorer », dans l'instant présent, certains Symboles plutôt que d'autres, souvent en relation avec les Formes que son onde psi distingue à cet instant dans la Réalité extérieure.

Les souvenirs appartenant au Conscient seront généralement ceux qui auront aussi le plus de « poids » dans le couplage psi-sigma, c'est-à-dire ceux qui auront une plus grande part dans l'élaboration de l'ensemble des comportements possibles entre lesquels l'Esprit, comme nous l'avons vu, choisira librement son comportement effectif pour l'instant qui s'écoule.

Nous dirons que le Conscient considéré *isolément* constitue le MOI de la particule ou de l'Organisme.

L'Inconscient (personnel et collectif)

Nous désignerons d'une manière très générale par « Inconscient » toute la partie du champ symbolique sigma que n'aperçoit pas l'Esprit « au premier regard », car il est formé de Symboles qui possèdent des conditions initiales *relativement* beaucoup moins grandes que les Symboles associés au « Conscient », dont nous venons de faire mention ci-dessus. Le mot « Inconscient » ne désigne donc pas ici des Symboles qui n'existent pas dans le champ de mémoire sigma, mais simplement des Symboles qui sont relativement *moins perceptibles* que d'autres au regard de l'Esprit (qui contemple sans cesse le « paysage » sigma). Cela ne veut pas dire non plus que l'Esprit ne pourra jamais discerner les Symboles inconscients, encore une fois il s'agit seulement avec l'Inconscient de Symboles qui participent beaucoup moins que d'autres (ceux du Conscient) au paysage mnémonique sigma, et qui, d'une façon encore plus précise, participent moins que les Symboles du Conscient à l'élaboration de l'ensemble des comportements psi-sigma offerts à l'Esprit dans la seconde qui s'écoule. Mais les Symboles inconscients *participent* cependant à cet ensemble de comportements possibles pour le Moi de la particule ou de l'Organisme. Le couplage entre sigma et psi *tient nécessairement compte* des Symboles inconscients, ces derniers ne doivent donc pas être confondus avec les Symboles « potentiels », c'est-à-dire les composantes du champ sigma dont les conditions initiales sont encore à zéro (et qui ne peuvent être considérées que comme « en devenir », sous la forme des Archétypes de l'Etre).

Nous créerons cependant une subdivision entre ces Symboles inconscients, rejoignant une fois encore la terminologie de Carl G. Jung :

— *L'Inconscient personnel (ou acquis)*

Nous désignerons par Inconscient *personnel* la part d'Inconscient qui se rapporte à des Symboles acquis (ou renforcés par des perceptions) pendant la vie de l'Organisme, mais qui sont maintenant tombés *au-dessous* du seuil relatif qui les fait émerger du paysage symbolique sigma. Ces Symboles de l'Inconscient personnel, après avoir été un moment dans le domaine du « Conscient », sont donc maintenant en quelque sorte « tombés » du Conscient dans l'Inconscient.

Il s'agit par conséquent de composantes qui ont fait l'objet de perceptions réelles au cours de la vie de l'Organisme (donc qui ont été pour un temps des Symboles « conscients »), mais qui pour une raison quelconque (par exemple suppression des perceptions venant activer ces Symboles) possèdent maintenant des « conditions initiales » relatives peu élevées, au point qu'ils ne peuvent plus être considérés comme une part du champ « Conscient ». On dira plus « vulgairement » que ces Symboles de l'Inconscient personnel sont des Symboles qui ont autrefois, au cours de la vie de l'Organisme, appartenu au champ sigma Conscient de l'individu, mais sont maintenant « passés dans l'oubli ». Cet Inconscient personnel est cependant *toujours là*, il a simplement moins de « poids » que le Conscient pour l'élaboration par psi-sigma de l'ensemble des comportements offerts au choix de l'Esprit, il faut donc en tenir compte dans toute étude du comportement effectif d'un Moi (en psychologie analytique notamment).

— *L'Inconscient collectif (inné)*

Nous désignerons par Inconscient *collectif* toute la part du champ mnémonique sigma qui n'appartient ni au Conscient, ni à l'Inconscient personnel. C'est un Inconscient inné, qui se rapporte à des souvenirs qui ont *précédé* la naissance de l'Organisme. Il s'agit d'une notion qui ne prend son sens que pour l'Organisme, puisque pour la particule individuelle, qui ne possède qu'*une* vie, on ne peut pas distinguer entre un Inconscient « personnel » et un Inconscient « collectif » : chez la particule individuelle l'Inconscient est toujours « acquis » durant sa vie, il est toujours « personnel ».

L'Inconscient collectif désigne donc, chez l'Organisme, un Inconscient *inné*, c'est-à-dire l'ensemble des Symboles qui ont été élaborés (ont pris naissance) *avant* la naissance de l'Organisme lui-même, mais possèdent toujours des « traces » symboliques dans le champ mnémonique sigma, chez lequel *aucune* information ne peut passer « dans l'oubli » (évolution néguentropique de sigma). Ces Symboles appartenant à l'Inconscient collectif possèdent donc toujours bien des conditions initiales non nulles, ils « existent » toujours, mais ces conditions initiales sont relativement beaucoup moins élevées que pour les Symboles du Conscient, ou même les Symboles de l'Inconscient personnel, de l'Organisme considéré.

La Relativité complexe, en rendant compte de la *continuité* entre le Moi particulaire et le Moi d'un Organisme, donne non seulement sa signification, mais aussi son importance, à cette notion d'Inconscient *collectif*. En effet, l'Organisme est fait de milliards de particules individuelles qui ont *constitué* leur propre champ symbolique sigma bien avant la naissance de l'Organisme, et qui ont donc apporté avec elles leurs « souvenirs » quand elles sont devenues une part du Moi de l'Organisme. L'Organisme va donc lui-même élaborer l'ensemble de ses comportements possibles psi-sigma de chaque instant en *tenant compte*, inévitablement, des souvenirs accumulés par ses particules constitutives au cours de leur existence personnelle. En d'autres termes, le champ sigma de l'Organisme prend ses racines dans des Symboles élaborés *bien avant* ce qu'on nomme communément la « naissance » de l'Organisme. Ces Symboles de l'Inconscient collectif (ou inné) peuvent avoir pris existence il y a des millions, voire des milliards d'années. Il s'agit donc là des plus anciens Symboles élaborés par la vie particulaire ou organique de l'Univers, ce sont vraiment des Symboles « collectifs » en ce sens que, compte tenu de leur ancienneté, ils sont *partagés* par un grand nombre des êtres vivants de l'Univers, non seulement les humains, mais aussi les animaux et les végétaux, et même les minéraux. Ils nous « racontent » ainsi la vie de l'Univers, dans ses recoins les plus éloignés de l'espace et du temps. Il est vrai que ces Symboles « émergent » généralement très peu dans le paysage du champ mnémonique sigma, à cause du faible « poids relatif » de leurs conditions initiales par rapport à celles des Symboles du Conscient ou de l'Inconscient personnel. Mais ils sont nombreux, ils forment comme le « fond » de notre psyché, c'est sur ces Symboles innés de l'Inconscient collectif que viendront se greffer tous nos Symboles acquis. Cet Inconscient collectif est le lien précieux qui nous relie à tout notre passé de l'Univers, qui est sans doute seul capable de « témoigner » véritablement du « vécu » de l'Univers dans les temps les plus reculés, et aussi les plus distants. Et ces Symboles de l'Inconscient collectif ont toujours aujourd'hui une importance considérable. Ils nous aident dans notre effort pour comprendre aussi complètement que possible nos comportements présents, puisqu'ils sont encore une part des Symboles qui contribuent aux comportements de *tous* les êtres vivants actuels. On ne saura jamais trop rendre hommage à Carl G. Jung pour avoir su discerner, à travers une intuition véritablement divinatoire, cette notion d'Inconscient collectif, et son importance pour comprendre et interpréter nos comportements et le fonctionnement de la psyché (pratiquement envers et contre tous les « psychologues » de son époque, d'ailleurs, qui contestaient pour la plupart la réalité même de cette notion d'Inconscient).

Les trois notions de Conscient, d'Inconscient personnel et

d'Inconscient collectif peuvent être groupées dans le schéma triangulaire ci-dessous. On y voit culminer la minuscule mais brillante région de nos souvenirs conscients, s'enracinant dans l'immense « océan » de notre Inconscient inné collectif, alors que vient s'interposer entre le Conscient et l'Inconscient collectif la « pénombre » de notre Inconscient personnel, fait de nos souvenirs « acquis » mais aujourd'hui difficilement discernables, éblouis que nous sommes par la vive lumière de nos souvenirs conscients.

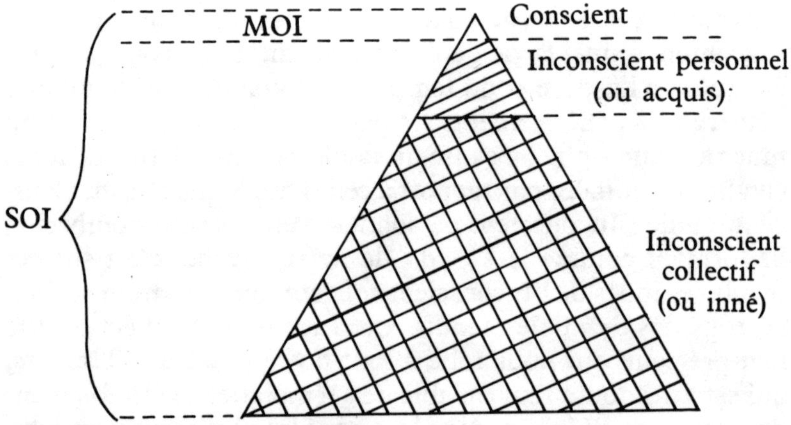

Encore une fois, ces *trois* régions de notre Mental participent *à chaque instant* à la définition, par l'intermédiaire de notre champ de mémoire sigma et de notre regard psi vers le monde extérieur, de l'ensemble des comportements qui nous sont possibles, et entre lesquels notre Esprit fera librement son choix de comportement pour l'instant qui passe. Mais, suivant leur « poids » relatif, c'est-à-dire suivant les valeurs numériques de leurs conditions initiales associées, ces trois régions « pèseront » de manière différente dans l'élaboration du regard psi-sigma, donc aussi dans notre comportement.

Le Moi et le Soi

Une bonne « intégration » de nous-mêmes à l'Univers cosmique qui nous entoure paraît donc exiger que l'on tienne compte, dans notre comportement, de la *totalité* de notre champ de mémoire sigma, c'est-à-dire non seulement de la partie « consciente » de ce champ, celle que nous avions désignée comme notre Moi, mais encore de la partie « inconsciente », qui comprend donc notre Inconscient acquis personnel et, surtout, notre Inconscient inné, notre Inconscient collectif.

Nous dirons qu'un Organisme qui appuie ainsi son comportement sur *la totalité* de son champ de mémoire sigma agit en pleine harmonie avec l'ensemble de l'Univers auquel il appartient. Nous dirons que cet Organisme a ouvert son champ de conscience à son *Soi*, reprenant une fois de plus ici la terminologie de Carl G. Jung, qui avait donné une définition équivalente du Soi, et insisté sur l'importance pour l'Organisme (et notamment l'humain) de se reconnaître comme son Soi, et non seulement comme son Moi (son « petit » Moi, remarquait Jung), en désignant par le MOI la partie de la mémoire sigma se rapportant au Conscient *seul*.

Le champ sigma d'un Organisme, nous y avons insisté déjà, est un champ « néguentropique », il est une mémoire indélébile, qui n'oublie *rien* de ce qui a été une fois mémorisé. En ce sens, l'ensemble des comportements possibles qui sont proposés à chaque instant à l'Organisme tient *inévitablement* compte à la fois du Conscient, mais aussi des Inconscients personnel et collectif.

Mais alors vient le libre choix de l'Esprit, de *notre* Esprit, qui va sous la pulsion du « bon ordre » de l'Etre choisir *un* comportement particulier parmi l'ensemble infini des comportements possibles offerts par le champ de mémoire sigma de l'Organisme. Cependant, comme nous l'avons vu, les choix de l'Esprit devront *statistiquement* satisfaire la totalité des comportements proposés par le champ sigma. Une telle statistique doit être valable pour *un grand nombre* d'Organismes de même psi-sigma agissant simultanément (statistique spatiale), ou pour *le même Organisme* agissant avec le même psi-sigma un très grand nombre de fois consécutives (statistique temporelle). La statistique fournie par le psi-sigma, quand elle est prise avec ce dernier sens (statistique temporelle), conduit à la conclusion que les comportements associés au Conscient *seuls* vont être prépondérants *au cours du temps*, puisque ce sont eux qui possèdent les plus hautes probabilités de se réaliser au cours des comportements successifs qu'aura l'Organisme pendant sa vie. On voit ainsi que plus l'Organisme possède un niveau élevé de Conscience, plus il va avoir tendance à se comporter en « actualisant » au cours du temps les comportements associés à son MOI « *seul* », au détriment des comportements associés à son SOI. Certes, *à chaque instant*, l'Esprit, sous la pulsion du « bon ordre » de l'Etre, peut librement choisir parmi la totalité des comportements du Soi : mais, au cours de comportements *successifs*, il devra satisfaire à la statistique imposée par le champ de mémoire sigma, c'est-à-dire favoriser des comportements s'appuyant sur le Moi seul, si le champ sigma « Conscient » prend une prépondérance relative très grande par rapport aux comportements associés à l'Inconscient.

C'est sans aucun doute ici, à mon avis, le sens profond de la « faute originelle », quand elle est mentionnée dans les textes spirituels. L'élévation du niveau de Conscience de l'Organisme conduit à une véritable *compétition* entre le Moi et le Soi, c'est-à-dire entre le Conscient seul (Moi) et l'union du Conscient et de l'Inconscient (Soi). Mais le Moi, le Conscient, est bâti avec tous les « présupposés » que nous suggère abondamment la Culture du lieu où nous vivons. Une Culture qui, certes, nous permet généralement une bonne insertion dans le milieu social où se développe et vit l'Organisme ; mais une Culture qui, tout en prétendant nous indiquer où se trouvent le Bien et le Mal, ne fait pas pour autant la preuve qu'elle énonce ainsi l' « absolu » ; il suffirait, si on avait besoin de s'en convaincre un peu mieux, de voir à quel point les Cultures sont différentes, et parfois contradictoires, d'un lieu à l'autre de notre petite planète ; et, au même lieu, différentes, et parfois encore contradictoires, d'une génération à l'autre.

Une lumière dans notre cœur

Par opposition au comportement donnant une prépondérance exagérée au Moi, nous trouvons les comportements tenant mieux compte du Soi, c'est-à-dire non seulement du Conscient mais aussi de la totalité des éléments de mémoire nous rattachant à l'inné, nous associant à des comportements enracinés non pas dans notre seule minuscule Culture du moment et du lieu, mais des comportements développés par le « bon ordre » à l'échelle de l'Univers cosmique tout entier, et expérimentés dans l'étendue la plus large de l'espace et du temps. Combien, à y réfléchir un peu, il est important de ne pas nous couper de ces racines cosmiques, au cours de notre comportement quotidien ! Et comme on comprend l'affirmation réitérée des Sages et des Prophètes, insistant sur l'importance de tourner notre regard *vers l'intérieur* de nous-mêmes, pour y retrouver les sources de ce que nous sommes, et éclairer un peu mieux notre chemin ! Cela ne signifie pas qu'il ne faille pas tenir compte de notre Moi conscient, et de la Culture dans laquelle baigne ce Moi : mais ne faut-il pas également nous efforcer de conserver toujours nos deux pieds « bien sur terre », et nous assurer de percevoir, au plus profondément de nous-mêmes, l'environnement cosmique auquel nous participons, et qui constitue nos seules vraies racines à l'échelle de ce qui dépasse un peu la brièveté de l'instant présent ? Dans cette compétition inévitable entre notre Moi et notre Soi, accordons-nous un peu de temps pour aller à la rencontre de notre Soi, ne nous laissons pas éblouir, ou même aveugler, par « les lumières de la ville ». Tout ce qui brille n'est pas lumière éclairante. Ne nous laissons pas égarer par certains des présupposés de notre Culture et souvenons-nous que le « bon ordre » de l'Être ne se confond nullement avec nos relatives et si fragiles notions de Bien et de Mal. L'invisible « bon ordre » ne se laisse entrevoir, ou plutôt deviner, que par les yeux de notre cœur. L'Éternel ne nous a-t-il pas prévenu : « Mes pensées ne sont pas vos pensées, mes voies ne sont pas vos voies » (Esaïe, 55,8) ? La faible lueur du « bon ordre », celle de notre Soi, est aussi notre lumière essentielle pour progresser sur les sentiers de la Vie, car c'est la lumière de notre cœur, la lumière du Cœur archétypal de l'Univers entier. Donnons-nous donc plus souvent la joie d'aller « retrouver dans notre cœur des chemins tout tracés » (Psaumes, 84, 6).

Villebon et Montréal, 1984-1985

Table

Seconde partie

UN UNIVERS ENTIÈREMENT VIVANT

DU MÊME AUTEUR

OUVRAGES DE PHYSIQUE

Éléments d'une théorie unitaire d'Univers, Editions de la Grange-Batelière, Paris, et Éditions Kister, Genève, 1962.
Relativité générale, mêmes éditeurs, 1963.
La Crise actuelle de la physique, mêmes éditeurs, 1966.
Cours de théorie relativiste unitaire, Albin Michel, Paris, 1969.
Théorie unitaire : analyse numérique des équations, Albin Michel, Paris, 1974.
Théorie de la Relativité complexe, Albin Michel, Paris, 1977.
L'Esprit et la Relativité complexe, Albin Michel, Paris, 1983.

OUVRAGES DE PHILOSOPHIE SCIENTIFIQUE

La Connaissance de l'Univers, Le Seuil, 1961, prix Nautilus 1962, traduit en espagnol.
Du temps, de l'espace et des hommes, Le Seuil, 1962, traduit en espagnol.
L'Homme à sa découverte, Le Seuil, 1963, traduit en anglais.
De la physique à l'Homme, Denoël (Gonthier), 1965, traduit en espagnol.
Récentes découvertes sur la matière et la vie, Plon, 1966, traduit en espagnol.
L'Être et le Verbe, Planète, Paris, 1965, réédité aux Éd. du Rocher, mai 1983.
Pourquoi la Lune? Planète-Denoël, 1968, traduit en espagnol.
Les Grandes Énigmes de l'astronomie, Planète-Denoël, 1967, traduit en espagnol.
Les Conceptions de l'Univers depuis 25 siècles, Univers des Connaissances, Hachette, Paris, 1970, traduit en anglais, allemand, italien, néerlandais, espagnol, suédois et japonais, réédité aux Éd. Stock, *25 siècles de cosmologie* (1981).
L'Age de l'ordinateur, Hachette, Paris, 1971, traduit en espagnol.
Treize questions pour l'Homme moderne, Albin Michel, Paris, 1972, traduit en portugais.
L'Homme et l'Univers, Albin Michel, Paris, 1974.
L'Esprit, cet inconnu, Albin Michel, Paris, 1977, traduit en allemand, italien, portugais, grec et anglais.
Mort, voici ta défaite, Albin Michel, Paris, 1979, traduit en allemand.
Le Monde éternel des Éons (en collaboration avec Christian de Bartillat), Stock, Paris, 1980.
J'ai vécu 15 milliards d'années, Albin Michel, Paris, 1983, traduit en néerlandais, italien.

L'Esprit et la Science I, Colloque de Fès, Albin Michel, Paris, 1984 (ouv. coll.), traduit en anglais.
L'Esprit et la Science II, Imaginaire et Réalité, Colloque de Washington D.C., Albin Michel, Paris, 1985 (ouv. coll.), traduit en anglais.

OUVRAGES D'INFORMATIQUE

Cours d'initiation à l'ordinateur et la programmation, tomes 1 et 2, édité par l'Institut pratique d'informatique, B.P. 24, 91-Orsay, 1970.
Cours de Cobol, tomes 1, 2 et 3, même éditeur, 1970.

ROMAN (SCIENCE ET FICTION)

La Femme de la Genèse, Éd. du Rocher, Paris, 1983.

Cet ouvrage,
composé par Charente Photographure
à Angoulême
a été imprimé sur
les presses de Pollina
à Luçon
en juillet 1985
pour les éditions Albin Michel

Achevé d'imprimer en Juillet 1985
N° d'édition : 8967
N° d'impression : 7274
Dépôt légal : Août 1985